Comment les enfants réussissent

Traduit de l'anglais par Florence Paban.

Publié pour la première fois aux États-Unis en 2012 sous le titre *How Children Succeed*, par Houghton Mifflin Harcourt.

Paul Tough

Comment les enfants réussissent

Détermination et curiosité, les pouvoirs cachés du caractère

MARABOUT

Sommaire

Pour Ellington,
qui préfère les livres
aux petits camions !

Introduction

Un jour de l'été 2009, quelques semaines après la naissance de mon fils Ellington, je suis allé visiter une crèche dans une petite ville du New Jersey. Les deux événements n'avaient aucun lien entre eux – je n'étais pas là en tant que futur parent d'élève, mais en tant que journaliste. Au premier coup d'œil, la salle 140 de la Red Bank Primary School semblait tout à fait banale. Les murs en parpaings étaient peints en jaune vif, le drapeau américain flottait à côté du tableau et les enfants se livraient avec bonheur aux distractions habituelles des élèves de 4 ans : construire des tours en Lego, faire rouler des camions dans des bacs à sable et assembler des puzzles. Mais au fil de la journée, j'ai réalisé que l'atmosphère qui régnait dans la salle 140 était tout à fait inhabituelle. La différence était aussi évidente que subtile. Pour commencer, les enfants étaient remarquablement calmes et appliqués. Ce jour-là, il n'y eut ni pleurs, ni crises, ni colères, ni conflits. Et pourtant, curieusement, l'enseignante, une jeune femme brune du nom de Miss Leonardo, ne semblait pas faire des pieds et des mains pour faire régner l'ordre, ni même franchement dicter leur conduite aux enfants. Il n'y avait ni réprimande, ni bon point, ni punition, ni propos du type : « Regardez comme Kellianne est attentive ! » En un mot, ni récompense pour bon comportement, ni punition pour mauvais comportement.

Les élèves de la salle 140 participaient à un programme appelé Tools of the Mind[1*], une crèche et une maternelle créées peu de temps avant par deux enseignants de Denver à partir d'une théorie

---

* Les appels de note numérotés renvoient aux références bibliographiques présentées à la fin de l'ouvrage. Les astérisques renvoient aux notes de la traductrice qui figurent en pied de page.

non conformiste sur le développement de l'enfant. De nos jours, aux États-Unis, la plupart des classes pour jeunes enfants cherchent à développer un ensemble de compétences préscolaires principalement liées au déchiffrage des textes et au maniement des nombres. Tools of the Mind ne focalise pas son attention sur les compétences en lecture et en mathématiques. Tout le dispositif vise au contraire à aider l'enfant à acquérir un autre type de compétences : contrôler ses impulsions, rester concentré sur une tâche, éviter les distractions et les pièges mentaux, gérer ses émotions et organiser ses idées. Selon les fondateurs de Tools of the Mind, ces compétences, qu'ils regroupent dans une même catégorie intitulée « autorégulation », contribuent davantage à la réussite des futurs élèves que le répertoire classique des compétences préscolaires.

Tools of the Mind enseigne aux élèves un ensemble de stratégies, d'astuces et d'habitudes pour rester concentré. Ils apprennent à utiliser un « discours interne ». Ainsi, pendant un exercice difficile (pour former la lettre W, par exemple), ils se parlent à eux-mêmes pour mieux se souvenir de l'étape suivante (« bas, haut, bas, haut »). Ils utilisent des « médiateurs » : des objets qui leur rappellent comment se déroule une activité donnée (ils se servent par exemple de deux cartes, l'une représentant des lèvres, l'autre une oreille, pour désigner à tour de rôle qui lit à haute voix et qui écoute). Chaque matin, ils remplissent des « plans de jeu » dans lesquels ils écrivent ou dessinent les activités du jour : « Je vais conduire le train », « Je vais emmener les poupées à la plage ». Et ils passent de nombreuses heures à élaborer des scénarios imaginaires longs et complexes dont les concepteurs de Tools of the Mind pensent qu'ils enseignent naturellement aux enfants à suivre les règles et à modérer leurs impulsions.

En observant les enfants de la salle 140, je n'ai pas pu m'empêcher de penser à Ellington, à ce minuscule être gazouillant, régurgitant et gémissant à 40 km de là, dans notre appartement de Manhattan. Je savais que je voulais qu'il soit heureux et qu'il réussisse sa vie, sans savoir exactement ce que j'entendais par là, ni simplement ce que ma femme et moi étions censés faire pour l'aider dans cette voie. Je n'étais pas le seul à nager en pleine confusion. Ellington est né dans une période particulièrement angoissante de l'histoire de l'éducation aux États-Unis. Et cette angoisse est particulièrement profonde dans des villes comme New York, où la concurrence pour les places dans les maternelles privilégiées est telle que les inscriptions relèvent du parcours du combattant. Un couple d'économistes de l'université de Californie a récemment qualifié cette course à la réussite scolaire dès la petite enfance de « Rug Rat Race[2] » (littéralement « la course du morpion »). Chaque année, cette course semble commencer de plus en plus jeune et être de plus en plus effrénée. Deux ans avant la naissance d'Ellington, la société de soutien scolaire Kumon a ouvert à New York sa première Junior Kumon. Dès l'âge de 2 ans, les enfants passent leurs matinées à remplir des fiches d'exercices et à s'entraîner à reconnaître les lettres et les nombres. « Trois ans est l'âge idéal, a déclaré le directeur financier de Kumon à un journaliste du *New York Times*. Mais si l'enfant est propre avant cet âge et capable de rester assis calmement 15 minutes avec un enseignant, nous l'acceptons[3]. »

Ellington pourrait donc grandir dans un monde dominé par une hypothèse cognitive. Cette hypothèse, rarement exprimée mais largement répandue, avance que la réussite d'un individu dépend avant tout de ses facultés cognitives – le type d'intelligence que mesurent les tests de QI, notamment la capacité à reconnaître les lettres et les mots, à calculer, à repérer des schémas – et que le meilleur moyen de développer ces facultés est de s'entraîner le plus possible, en commençant le plus tôt possible. L'hypothèse cognitive s'est si universellement imposée que l'on a tendance à oublier que c'est une invention relativement récente. Sa version contemporaine remonte en fait à 1994, date de la publication, par la Carnegie Corporation, d'un rapport tirant la sonnette d'alarme sur le développement cognitif des enfants américains intitulé *Starting*

Points: Meeting the Needs of Our Youngest Children (« Comment répondre aux besoins des plus jeunes[4] »). Ce rapport affirmait que les enfants ne faisaient plus l'objet d'une stimulation cognitive suffisante dans les trois premières années de leur vie, notamment face à l'augmentation du nombre de familles monoparentales et du travail des femmes. En conséquence, à leur entrée en maternelle, les enfants n'étaient pas prêts à apprendre à lire. Le rapport donna naissance à toute une gamme de produits éducatifs « de 0 à 3 ans » pour parents inquiets. Des milliards de dollars de livres, de tapis d'éveil, de vidéos et de DVD ont ainsi été vendus.

Le rapport de Carnegie et les études qu'il inspira ont eu de grandes répercussions sur les politiques publiques. Législateurs et philanthropes en ont déduit que les enfants défavorisés décrochaient rapidement par manque d'entraînement cognitif. De leur côté, les psychologues et les sociologues ont démontré l'existence d'un lien entre les mauvais résultats scolaires des enfants issus des classes les plus pauvres et le manque de stimulation verbale et mathématique à la maison et à l'école. L'une des études les plus connues[5] (dont j'ai parlé dans mon premier livre, *Whatever It Takes*, « Tous les moyens sont bons ») a été réalisée par Betty Hart et Todd R. Risley. Au début des années 1980, ces deux psychologues ont étudié à la loupe un groupe de quarante-deux enfants de Kansas City dont les parents exerçaient une profession libérale, appartenaient à la classe ouvrière ou vivaient de l'aide sociale. Hart et Risley ont observé que la principale différence éducative, et donc l'explication des écarts de résultats ultérieurs, se résumaient au nombre de mots que les enfants entendent leurs parents prononcer au début de leur vie. Ils ont établi que, à l'âge de 3 ans, les enfants dont les parents exerçaient une profession libérale avaient entendu 30 millions de mots, contre 10 millions pour ceux dont les parents vivaient de l'aide sociale. D'après les deux chercheurs, ce déficit expliquait à lui seul l'échec scolaire des enfants défavorisés, comme leurs difficutés ultérieures dans la vie.

L'hypothèse cognitive sonne indéniablement comme une évidence. Le monde qu'elle décrit est si clair, sa logique si rassurante, son lien de cause à effet si limpide ! Qui dit peu de livres à la maison dit moins de facilités de lecture ; qui dit moins de mots prononcés par les parents dit un vocabulaire plus limité pour les enfants ; qui dit plus d'exercices de mathématiques à la Junior Kumon dit de meilleurs résultats en mathématiques. Les chiffres sont d'ailleurs implacables : Hart et Risley ont calculé qu'un enfant dont les parents dépendent de l'aide solciale aurait besoin de 41 heures de cours intensifs par semaine pour combler l'écart de vocabulaire avec un enfant de la classe ouvrière.

Mais au cours de la dernière décennie, et surtout ces dernières années, une nouvelle génération d'économistes, de psychologues et de neuroscientifiques a commencé à remettre en question bon nombre des théories sur lesquelles repose l'hypothèse cognitive. D'après eux, ce qui compte le plus dans le développement de l'enfant, ce n'est pas la quantité d'informations dont nous pouvons abreuver son cerveau au cours des premières années. C'est de savoir si nous sommes capables de l'aider à développer des qualités comme la persévérance, la maîtrise de soi, la curiosité, l'application, la détermination et la confiance en soi. Les économistes parlent de compétences non cognitives, les psychologues de traits de personnalité. C'est ce que nous appelons parfois le caractère.

Dans certains cas, l'hypothèse cognitive repose sur un calcul entièrement juste : pour développer certaines compétences, l'important est de commencer *plus tôt* et de s'entraîner *plus*. Si vous voulez perfectionner votre coup franc, il sera plus utile de taper deux cents fois dans le ballon tous les après-midi que vingt fois. Si vous êtes en *fourth grade**, lire quarante livres pendant l'été

---

* Équivalent du CM1.

augmentera davantage vos compétences en lecture qu'en lire quatre. Certaines compétences sont assez mécaniques. Mais dès qu'il s'agit de développer des aspects plus subtils de la personnalité humaine, les choses se compliquent. Nous ne pouvons améliorer notre capacité à surmonter la déception en y travaillant plus et plus longtemps. Certains enfants ne sont pas moins curieux que d'autres simplement parce qu'ils n'ont pas exercé leur curiosité assez tôt. Les chemins par lesquels nous acquérons et perdons ces compétences ne sont pas aléatoires, mais ils sont complexes, mal connus et souvent assez mystérieux – même si les psychologues et les neuroscientifiques ont beaucoup appris ces dernières décennies sur la provenance et le développement de ces compétences.

Ce livre parle d'une idée qui gagne du terrain dans les salles de classe, les cliniques, les laboratoires et les colloques du monde entier. Cette idée est que la vision du développement de l'enfant élaborée ces dernières décennies est erronée. Nous avons concentré nos efforts sur les mauvaises compétences, et les stratégies utilisées pour nourrir et enseigner ces compétences chez l'enfant sont mauvaises. Il est peut-être prématuré de parler de nouvelle école de pensée, car les chercheurs alimentant ce vivier de connaissances sont souvent isolés. Mais ces scientifiques et ces enseignants tissent de plus en plus de liens et établissent des passerelles qui dépassent les frontières de leurs disciplines. Leur thèse a le pouvoir de changer notre manière d'élever nos enfants, de gérer nos écoles et de construire notre protection sociale.

James Heckman, économiste à l'université de Chicago, incarne à merveille ce nouveau réseau interdisciplinaire. Heckman peut sembler un candidat peu crédible pour défier la suprématie de l'hypothèse cognitive. C'est un universitaire des plus classiques avec ses lunettes à verres très épais, son QI stratosphérique et sa poche de chemise hérissée de porte-mines. Il a grandi à Chicago dans les années 1940. Son père était cadre moyen dans une société de conditionnement de viande. Aucun de ses parents n'était allé à l'université, mais ils ont compris très tôt que leur fils était un enfant précoce. À l'âge de 8 ans, Heckman a lu d'une traite un livre de développement personnel intitulé *30 Days to a More Powerful Vocabulary* (« 30 jours pour enrichir son vocabulaire »). À 9 ans, il a économisé pour s'acheter le manuel *Mathematics for the Practical Man* (« Les mathématiques pour l'homme de terrain ») qui faisait l'objet d'une publicité au dos d'une bande dessinée. Heckman avait un don pour les maths. Il était plus à l'aise avec les équations qu'avec n'importe quelle autre discipline. À l'adolescence, il avait l'habitude de s'amuser à diviser de tête des grands nombres en nombres premiers – ce que les mathématiciens appellent décomposer en facteurs premiers. Il m'a raconté que, à l'âge de 16 ans, quand il a reçu son numéro de sécurité sociale, son premier réflexe a été de le décomposer en facteurs premiers.

Heckman est devenu professeur en économie, d'abord à l'université Columbia, puis à l'université de Chicago. En 2000, il a remporté le prix Nobel d'économie pour une méthode statistique complexe qu'il avait inventée dans les années 1970. Dans le milieu des économistes, il est réputé pour ses compétences en économétrie, un type particulièrement pointu d'analyse statistique généralement incompréhensible pour toute personne étrangère à cette science. J'ai moi-même assisté à plusieurs de ses cours et j'ai fait de mon mieux pour m'accrocher, mais la plupart étaient impossibles à suivre pour un profane comme moi, car truffés d'équations déconcertantes et d'expressions du type « fonctions de production Leontief » et « effet de substitution Hicks-Slutsky », qui me donnaient envie de poser la tête sur mon bureau et de fermer les yeux.

Aussi impénétrables que semblent les formules de Heckman, les sujets qu'il a choisi d'étudier sont tout sauf obscurs. Depuis son prix Nobel, Heckman a utilisé l'autorité et le prestige que cette distinction lui a apportés non pas pour conforter sa réputation dans son domaine, mais pour étendre ses recherches et son influence dans de nouveaux domaines d'étude qui lui étaient peu, voire pas du tout, familiers, notamment la psychologie de la personnalité, la médecine et la génétique. Sur les étagères surchargées de la bibliothèque de son bureau, on peut apercevoir un exemplaire de *Genetics for Dummies** coincé entre deux pavés d'histoire de l'économie. Depuis 2008, Heckman organise régulièrement des conférences suivies à parts égales par des économistes et des psychologues travaillant tous d'une manière ou d'une autre sur les mêmes questions : quelles compétences et quels traits de caractère conduisent à la réussite ? comment se développent-ils dans l'enfance ? quel type d'intervention est susceptible d'aider les enfants à progresser ?

Heckman supervise un groupe d'une vingtaine d'étudiants et de chercheurs, en majorité étrangers, disséminés sur deux ou trois bâtiments du campus de Chicago. Ils se voient comme une tribu qu'ils ont baptisée, en ne plaisantant qu'à moitié, Heckmanland. Aujourd'hui, ils travaillent sur plusieurs projets à la fois, et quand Heckman évoque ses recherches, il saute d'un sujet à l'autre, aussi passionné par l'étude des singes dans le Maryland et l'étude des jumeaux en Chine que par sa collaboration avec un philosophe sur la question de la véritable nature de la vertu. (Au cours de l'une de mes conversations avec Heckman, je lui ai demandé de m'expliquer le lien entre ses différents domaines de recherche. Plus tard, quand son assistante m'a raccompagné vers la sortie, elle s'est tourné vers moi pour me dire : « Si vous trouvez, faites-nous savoir. »)

Heckman a amorcé ce virage dans sa carrière après avoir conduit, dans les années 1990, une étude sur le General Educational Development (GED). Ce programme permettait à un nombre croissant de lycéens décrocheurs d'obtenir l'équivalent d'un diplôme de fin

---

* Sorte de *Génétique pour les Nuls*.

d'études secondaires. Dans de nombreux quartiers, il était considéré comme un outil de démocratisation des études universitaires, car il offrait aux élèves issus de familles à faible revenu et des minorités – ceux-là même qui avaient le plus de chances d'abandonner le lycée – une autre porte d'entrée à l'université.

La popularité croissante du GED était une conséquence de l'hypothèse cognitive : si un adolescent a les connaissances et les compétences nécessaires pour obtenir ce diplôme, pourquoi perdrait-il son temps à *aller du bout* du lycée. Il peut se contenter de passer un test pour évaluer ces connaissances et ces compétences, et l'État peut certifier qu'il est, légalement, titulaire d'un diplôme du secondaire et aussi bien préparé que n'importe quel autre diplômé du secondaire pour entrer à l'université ou suivre toute autre formation supérieure. Cette solution est séduisante, surtout pour les jeunes qui ne supportent pas le lycée, et le programme s'est développé rapidement après son lancement dans les années 1950. À son apogée, en 2001, plus d'un million de jeunes passaient le test, et près d'un nouveau « diplômé » du secondaire sur cinq était détenteur d'un GED. (Le chiffre est redescendu à un sur sept.)

Heckman voulait vérifier que les jeunes détenteurs d'un GED étaient aussi bien préparés à poursuivre des études universitaires que les diplômés du secondaire. En analysant quelques grandes bases de données nationales, il a découvert que, par bien des aspects, le postulat était entièrement valable. D'après leurs scores aux tests, qui sont étroitement liés au QI, les détenteurs du GED étaient aussi intelligents que les diplômés du secondaire. Mais quand Heckman a examiné leur parcours dans l'enseignement supérieur, il a découvert que celui des titulaires du GED n'avait *rien à voir* avec celui des diplômés du secondaire. À l'âge de 22 ans, seulement 3 % des titulaires du GED poursuivaient un cursus universitaire ou avaient obtenu un diplôme supérieur, contre 46 % des diplômés du secondaire[6]. Heckman a même observé que, tous critères confondus – revenu annuel, taux de chômage, taux de divorce et usage de drogues –, les détenteurs du GED avaient le même profil que les lycéens décrocheurs, malgré un diplôme soi-disant précieux et une intelligence en moyenne très supérieure à celle des lycéens décrocheurs.

Cette découverte ne manquait pas d'utilité, mais était bien décourageante : à long terme, il semble que le GED ne permette pas d'améliorer l'avenir des jeunes concernés. Il aurait même un effet *négatif* puisqu'il les inciterait à quitter le lycée. Mais pour Heckman, ces résultats constituaient également une véritable énigme intellectuelle. Comme la plupart des économistes, il pensait que les facultés cognitives étaient l'indicateur le plus fiable du devenir d'un individu. Et il venait de découvrir un groupe – les titulaires du GED – dont les bons résultats aux tests ne semblaient pas avoir d'effet positif sur leur vie.

Heckman en a déduit que quelque chose manquait à l'équation : c'étaient les traits psychologiques qui avaient permis aux diplômés du secondaire de réussir leur scolarité. Ces traits – propension à poursuivre une tâche ennuyeuse et souvent ingrate, capacité à différer la récompense, faculté de mener un projet à son terme – s'avéraient précieux à l'université, dans le monde professionnel et dans la vie en général. Comme l'explique Heckman dans un article : « Le GED est devenu sans le vouloir un test qui sépare les décrocheurs brillants mais non persévérants et indisciplinés des autres décrocheurs. Les titulaires du GED sont des "resquilleurs" qui n'ont pas la faculté d'anticiper, de persévérer ou de s'adapter à leur environnement[7]. »

Ce que l'étude du GED ne dit pas, c'est s'il est possible d'aider les enfants à développer ces qualités. Il y a près de dix ans, pour tenter de répondre à cette question, Heckman s'est rendu dans le Michigan, à Ypsilanti, une ville industrielle à l'ouest de Detroit. Au milieu des années 1960, un groupe de psychologues et de chercheurs en sciences de l'éducation a engagé une expérience. Ils ont commencé par demander à des parents à faible revenu et à faible QI des quartiers noirs de la ville de faire suivre à leurs enfants de 3 et 4 ans le Perry Preschool Program* (programme préscolaire). Ces enfants ont ensuite été répartis au hasard entre un groupe expérimental et un groupe témoin. Les enfants du groupe expérimental ont été admis à Perry pour un cursus de haut niveau sur deux ans. L'idée était de suivre ces enfants tout au long de leur vie. Ils ont aujourd'hui autour de 40 ans. Les chercheurs ont donc pu observer les effets de Perry jusque dans leur vie d'adulte.

Le Perry Preschool Project est célèbre dans le monde des sciences sociales, et Heckman en avait entendu parler à plusieurs reprises. Plaidant pour une intervention dès la petite enfance, il a pourtant été considéré comme un échec. Les enfants du groupe expérimental ont certes beaucoup mieux réussi les tests cognitifs pendant leurs années à Perry, puis dans les deux années qui ont suivi, mais les bénéfices n'ont pas duré. Arrivés en *third grade***, leurs résultats aux tests de QI n'étaient pas meilleurs que ceux des enfants du groupe témoin. Mais quand Heckman et les autres chercheurs ont examiné les résultats à long terme du programme Perry, les chiffres se sont révélés plus prometteurs. Il est vrai que les enfants du groupe Perry n'avaient pas enregistré une amélioration durable de leur QI. Mais *quelque chose* d'important s'était néanmoins produit et les effets positifs ont trouvé un écho pendant des décennies. Les élèves du groupe Perry étaient plus nombreux à obtenir un diplôme du secondaire, à avoir un emploi à l'âge de 27 ans et à gagner plus de 25 000 dollars par an à l'âge de 40 ans que les enfants du groupe témoin, et moins nombreux à avoir subi une arrestation et à vivre de l'aide sociale que les enfants du groupe témoin[8].

---

* Un programme préscolaire destiné aux enfants de milieux défavorisés.
** Équivalent du CE2.

En examinant de plus près l'étude Perry, Heckman a découvert que, dans les années 1960 et 1970, les chercheurs avaient collecté des données qui n'avaient jamais été analysées, notamment des rapports d'évaluation du comportement personnel et du développement social des élèves du groupe expérimental et du groupe témoin établis par des enseignants de l'école élémentaire[9]. Le premier rapport portait sur la fréquence à laquelle chaque élève jurait, mentait, volait ou était absent ou en retard ; le second sur la curiosité des élèves et leurs relations avec les camarades de classe et les enseignants. Heckman les qualifia de « compétences non cognitives » car elles n'avaient aucun lien avec le QI. Au terme de trois années d'analyse minutieuse, Heckman et ses chercheurs ont été en mesure d'affirmer que les facteurs non cognitifs comme la curiosité, la maîtrise de soi et la fluidité sociale comptaient pour au moins deux tiers dans l'atout que l'expérience Perry avait constitué pour les élèves.

En d'autres termes, le Perry Preschool Project a eu un impact très éloigné de l'effet escompté. Les éducateurs bien intentionnés à l'origine de ce projet dans les années 1960 pensaient améliorer l'intelligence des enfants défavorisés. Pour eux comme pour tout le monde, c'était un moyen de les aider à s'en sortir. La première surprise a été que leur programme n'avait pas amélioré le QI à long terme, mais qu'il avait amélioré le comportement et les compétences sociales. Seconde surprise, il s'est quand même avéré – pour les enfants d'Ypsilanti, ces compétences et les traits dont elles étaient le reflet se sont révélés très précieux.

Pour écrire ce livre, j'ai passé beaucoup de temps à parler de réussite et de compétences avec toutes sortes d'économistes, de psychologues et de neuroscientifiques, dont bon nombre avaient un lien plus ou moins direct avec James Heckman. En parallèle, j'ai mené un autre type d'enquête dans les écoles publiques, les cliniques pédiatriques et les fast-foods où je parlais avec des jeunes dont la vie incarnait et illustrait d'une manière ou d'une autre la question complexe de savoir quels enfants réussissent et comment.

Il y a eu notamment Kewauna Lerma. Quand j'ai fait sa connaissance en 2010, elle vivait dans le South Side de Chicago – non loin du campus de l'université de Chicago où Heckman passait ses journées. Kewauna était née dans le South Side, dans un milieu très pauvre, dix-sept ans plus tôt. C'était la deuxième fille d'une mère qui avait eu son premier enfant, la sœur aînée de Kewauna, quand elle n'était encore qu'une adolescente. Kewauna a eu une enfance déracinée et perturbée. Quand elle était encore bébé, sa mère emmena la famille dans le Mississippi, puis dans le Minnesota, puis de retour à Chicago, au gré de ses relations amoureuses. Quand les choses tournaient mal, la famille séjournait quelque temps dans des foyers ou passait du canapé d'un ami à un autre. Parfois, l'arrière-grand-mère de Kewauna recueillait les enfants, le temps de laisser leur mère tenter de remettre de l'ordre dans sa vie.

« Je n'ai pas eu de vraie *famille* », m'a déclaré Kewauna lors de notre première rencontre. Nous étions assis dans un café du quartier de Kenwood, au creux de l'hiver rigoureux de Chicago. Les fenêtres étaient couvertes de buée. Kewauna est une jeune Afro-Américaine avec de grands yeux sympathiques et des cheveux noirs et tout raides. Elle se tenait penchée en avant, réchauffant ses mains autour d'une tasse de chocolat mousseux. « J'étais écartelée. Je n'avais pas de père, je vivais parfois avec ma grand-mère. J'étais complètement perturbée. »

Kewauna m'a expliqué qu'en grandissant elle s'est mise à détester l'école. Elle n'avait pas bien appris à lire et a accumulé du retard tous les ans à partir de l'école élémentaire*, s'attirant des ennuis,

* Équivalent de l'école primaire en France.

séchant les cours et répondant aux enseignants. En *sixth grade*, alors qu'elle vivait dans la banlieue de Minneapolis, elle a reçu 72 avertissements pour son comportement avant le milieu de l'année et a été envoyée en *slow class* (« classe lente »). Elle détesta cette situation. Quelques semaines avant la fin de l'année, elle fut renvoyée de l'école après s'être bagarrée.

Quand j'ai rencontré Kewauna, je m'intéressais déjà depuis plusieurs années aux enfants grandissant dans la pauvreté et j'avais entendu beaucoup d'histoires comme la sienne. Les familles malheureuses sont malheureuses chacune à leur manière, mais les familles engluées depuis des générations dans la pauvreté risquent de reproduire les mêmes schémas tristement familiers et de tomber dans un cycle apparemment sans fin d'absence ou de négligence parentale, de dysfonctionnements scolaires et de mauvaises décisions. Je savais comment se terminaient généralement les histoires comme celle de Kewauna. Aussi bien intentionnées soient-elles, les filles ayant un tel vécu abandonnent généralement le lycée. Elles tombent enceintes encore adolescentes. Puis se débattent pour élever seules leur famille, et leurs enfants finissent vite par glisser sur la même pente de l'échec.

Mais quelque part en chemin, la vie de Kewauna a pris un tour différent. Juste avant sa deuxième année de lycée, quelques semaines après sa première arrestation à la suite d'une altercation avec un officier de police, sa mère lui a dit qu'elle voulait lui parler. Kewauna a compris que c'était sérieux, car son arrière-grand-mère était là elle aussi. C'était le seul membre de sa famille que Kewauna avait toujours respecté. Les deux femmes l'ont fait asseoir, et sa mère a prononcé l'une des phrases les plus dures qu'un parent puisse dire : « Je ne veux pas que tu finisses comme moi. » Les trois femmes ont parlé pendant des heures, discutant du passé et de l'avenir, exhumant des secrets enfouis depuis longtemps. La mère de Kewauna lui a dit qu'elle connaissait très bien le chemin qu'elle prenait : elle aussi avait été renvoyée de l'école à l'adolescence ;

elle aussi avait été arrêtée pour s'être battue avec la police. Mais le chapitre suivant de l'histoire de Kewauna pouvait être différent. Contrairement à sa mère, la jeune fille pouvait éviter les grossesses non désirées. Contrairement à sa mère, elle pouvait aller à l'université. Contrairement à sa mère, elle pouvait avoir un métier.

La mère de Kewauna a pleuré tout le temps qu'a duré cette discussion. Kewauna, elle, n'a pas versé une larme. Elle s'est contentée d'écouter. Elle ne savait que penser. Elle ne savait pas si elle pouvait changer et elle ne savait pas si elle le voulait. Mais quand elle a repris le chemin de l'école, elle s'est mise à être plus attentive en classe. L'année d'avant, elle traînait avec un groupe de filles et des garçons toxicomanes, tous en rupture avec l'école. Elle a pris ses distances avec ces amis et a passé plus de temps seule à travailler et à réfléchir à son avenir. À la fin de sa première année de lycée, le GPA* de Kewauna était à peine de 1,8. Au milieu de l'année suivante, il était passé à 3,4.

En février, son professeur d'anglais l'a encouragée à s'inscrire à un programme intensif de préparation à l'université qui venait d'être mis en place sur trois ans dans son lycée. Kewauna a postulé et a été admise. L'aide qu'elle y a trouvé l'a incitée à travailler encore plus. Quand j'ai fait sa connaissance, elle était au milieu de son année de *junior*. Son GPA était de 4,2, et elle se demandait à quelles universités postuler.

Que s'était-il passé ? Si vous aviez rencontré Kewauna le premier jour de sa deuxième année au lycée, vous auriez été en droit de penser qu'elle n'avait aucune chance de réussir. Son destin semblait scellé. Mais quelque chose en elle avait changé. Une discussion sérieuse avec sa mère avait-elle suffi ? Était-ce aussi simple que cela ? Était-ce l'influence positive de son arrière-grand-mère ? L'interven-

* Grade Point Average, le système de notation en vigueur aux États-Unis.

tion de son professeur d'anglais ? Ou y avait-il quelque chose de profond dans son propre caractère qui la poussait à travailler et à réussir malgré les obstacles qu'elle avait affrontés et les erreurs qu'elle avait commises ?

Comment nos expériences d'enfant forgent-elles les adultes que nous devenons ? C'est l'une des grandes questions humaines, le thème d'innombrables romans, biographies et mémoires ; le sujet de plusieurs siècles d'essais philosophiques et psychologiques. Le passage de l'enfance à l'âge adulte peut parfois paraître prévisible, voire mécanique, ou arbitraire et capricieux ; nous avons tous rencontré des hommes et des femmes qui semblent piégés dans un destin tout tracé, et d'autres qui semblent avoir presque miraculeusement transcendé des débuts difficiles.

Jusqu'à une époque récente, nul n'avait jamais tenté sérieusement d'utiliser des outils scientifiques pour explorer les mystères de l'enfance, pour découvrir, par l'expérience et l'analyse, comment nos premières années forgent notre devenir d'adulte. Les efforts de cette nouvelle génération de chercheurs sont en train de changer la donne. Leur postulat est simple, voire radical : nous n'avons pas réussi à résoudre ces problèmes parce que nous n'avons pas cherché les solutions au bon endroit. Si nous voulons améliorer les chances des enfants en général, et des enfants pauvres en particulier, nous devons avoir une nouvelle approche de l'enfance, et commencer par poser des questions fondamentales sur l'influence des parents sur leurs enfants, sur le développement des facultés humaines et sur la formation du caractère.

Ce livre est avant tout une tentative ambitieuse de résoudre quelques-uns des plus grands mystères de la vie : qui réussit et qui échoue ? Pourquoi certains jeunes vont-ils de l'avant et d'autres pas ? Et que pouvons-nous faire pour guider un enfant – ou toute une génération d'enfants – sur la voie de la réussite ?

Chapitre 1

Apprendre à échouer (et apprendre à réussir)

1. FENGER HIGH SCHOOL

Nadine Burke Harris a grandi dans une famille aisée de Palo Alto, en Californie. Quand elle avait 4 ans, ses parents, des immigrés jamaïcains instruits, avaient quitté Kingston pour la Silicon Valley, où ils exerçaient une profession libérale. Nadine ne se sentait souvent pas à sa place dans son lycée de Palo Alto. Elle était l'une des rares élèves afro-américaines, la plupart étant à la fois Blancs et riches, et les filles pleuraient à la cafétéria quand elles n'avaient pas eu la voiture de leurs rêves pour leur seizième anniversaire.

Elizabeth Dozier est née dans un milieu beaucoup plus modeste, dans la proche banlieue de Chicago. Elle est le fruit d'une liaison improbable entre un détenu de la prison d'État de Joliet, dans l'Illinois, et une religieuse visiteuse de prisons qui tomba amoureuse. Sa mère l'éleva seule. Elle enseignait à l'école catholique locale et travaillait l'été comme femme de ménage dans un motel pour compléter son maigre revenu.

Nadine Burke Harris et Elizabeth Dozier ont donc vécu des enfances très différentes mais en sont sorties animées d'un même objectif: aider les jeunes à réussir, en particulier les jeunes en difficulté. Burke Harris fit des études de médecine pour devenir pédiatre, puis ouvrit une clinique dans le quartier le plus pauvre de San Francisco. Dozier devint quant à elle enseignante, puis proviseur dans des écoles de certains des quartiers les plus pauvres de Chicago. Quand je fis leur connaissance, il y a quelques années, ce qui me conduisit à elles n'était pas juste le fait qu'elles partageaient une vision similaire de leur mission, mais plutôt qu'elles avaient en commun une frustration profonde. Les deux femmes étaient récemment parvenues à la conclusion que les meilleurs outils à leur disposition dans leurs professions respectives n'étaient pas à la hauteur des défis qu'elles devaient relever. Elles se trouvaient toutes deux à un tournant de leur carrière et de leur vie. Elles étaient à la recherche de nouvelles stratégies : en fait, elles recherchaient une nouvelle approche.

En août 2009, quand Elizabeth Dozier fut nommée proviseur de la Christian Fenger High School, le lycée traversait une crise majeure – même si, sur les vingt précédentes années, il était difficile de trouver une période où Fenger n'avait pas été en crise. Le lycée se trouve depuis plus de quatre-vingts ans au cœur de Roseland, dans le South Side, un quartier jadis prospère de Chicago devenu l'un des plus mal lotis de la ville, tous critères confondus – pauvreté, chômage et criminalité, sans parler de l'atmosphère désolée et stérile qui règne dans les rues. Les entreprises prospères et les maisons individuelles ont cédé la place à des terrains vagues envahis par les mauvaises herbes. Roseland est géographiquement isolé (à la limite sud de Chicago, loin du terminus du réseau ferroviaire) et souffre de ségrégation raciale : dans une ville dont la population totale est à peu près équitablement répartie entre Blancs, Afro-Américains et Hispaniques, Roseland est à 98 % peuplé d'Afro-Américains. Et comme la plupart des grands lycées publics des quartiers pauvres, Fenger High School a toujours cumulé les mauvais chiffres : de faibles résultats aux tests, un fort absentéisme, des problèmes de discipline chroniques et un fort taux de décrochage scolaire.

La situation des établissements comme Fenger est souvent la conséquence d'une longue série de négligences : d'un côté, une école marginalisée ; de l'autre des élèves qui ont été oubliés et ignorés par les bureaucrates de la ville et de Washington. Mais ce qui est étrange avec la Fenger High School, c'est qu'elle n'a *pas* été oubliée. Bien au contraire. Au cours des deux dernières décennies, elle a été au centre de réformes ambitieuses menées par quelques-uns des responsables de l'éducation et des philanthropes les plus respectés du pays. Toutes les stratégies susceptibles de remédier à la faillite des lycées publics ont été tentées, sous une forme ou sous une autre, à Fenger.

Le dernier épisode de l'histoire de Fenger débute en 1995, quand le maire de Chicago, Richard M. Daley, se voit accorder la la responsabilité des écoles de la ville par l'État de l'Illinois. Fidèle à son souci d'efficacité, Daley décide alors que le chef de l'académie ne serait plus appelé recteur mais PDG. Daley nomme le pugnace Paul Vallas directeur du budget et ce dernier concentre aussitôt son attention sur Fenger et les autres lycées de la ville qui enregistrent de mauvais résultats. Vallas crée un système d'évaluation municipal qui classe les établissements selon l'aide dont ils ont besoin. Pour Fenger, le verdict est sans appel : le lycée est classé dans la catégorie « mise à l'épreuve[1] ». Adolescent, Vallas avait passé deux ans à Fenger. C'est peut-être ce qui explique les efforts qu'il déploya pour ce lycée. Il mit au point un programme de restructuration qui comprenait l'embauche d'un intervenant extérieur pour former les enseignants à l'enseignement de la lecture et de l'écriture. Il créa une académie pour les élèves de première année[2] *(freshman*)* : un étage entier serait désormais réservé aux nouveaux élèves, qui feraient l'objet d'une attention particulière pendant toute leur année de

---

* La *high school* américaine est l'équivalent du lycée en France mais commence une année plus tôt et se répartit en quatre classes : *freshman* (les élèves sont plus jeunes d'un an par rapport aux étudiants rentrant en seconde en France), *sophomore*, *junior* et *senior*.

freshman. Puis, en 1999, il créa une académie de mathématiques et de sciences équipée d'un laboratoire sponsorisé par la NASA (l'investissement était de 525 000 dollars[3]). Deux ans plus tard, il fit de Fenger un lycée expérimental spécialisé en technologie[4].

Mais aucune des réformes entreprises par Vallas ne sembla améliorer réellement le sort des élèves de Fenger. Rien ne changea non plus avec Arne Duncan, son successeur. En 2006, Duncan désigna Fenger comme école pilote dans le cadre d'une collaboration de grande envergure entre l'académie de Chicago et la Bill and Melinda Gates Foundation[5]. Le projet, baptisé High School Transformation, se vit accorder une subvention de 21 millions de dollars par la fondation. (Trois ans plus tard, l'enveloppe totale du projet avait atteint 80 millions de dollars[6].) À l'annonce de cette initiative, Duncan déclara que c'était « un jour historique, pas seulement pour les écoles publiques de Chicago et pour la ville, mais aussi pour le pays[7] ». Deux ans plus tard, face à l'accumulation des preuves indiquant que High School Transformation ne produisait pas les résultats escomptés, Fenger instaura la dernière phase de la réforme de Duncan : le High School Turnaround (le « redressement des lycées[8] »). Le proviseur du lycée et au moins la moitié des enseignants furent remplacés par une nouvelle équipe. Le tout nouveau proviseur arrivé en 2009 à Fenger dans le cadre du Turnaround fut Elizabeth Dozier.

Il est important de noter que Vallas et Duncan ne sont pas des bureaucrates ordinaires. Tous deux sont des spécialistes de l'éducation américaine. Après avoir quitté Chicago, Vallas dirigea les écoles de Philadelphie, puis il se fit connaître au niveau national pour avoir été l'homme qui reconstruisit et transforma le système scolaire de La Nouvelle-Orléans après le passage de l'ouragan Katrina. Après Chicago, Duncan eut une carrière encore plus illustre : en 2009, il devint le secrétaire à l'Éducation du président Obama. Mais malgré toutes les réformes bien intentionnées et souvent très onéreuses de ces deux personnalités, les tristes statistiques de la Fenger High School restèrent plus ou moins à leur niveau de 1995 : entre la moitié et les deux tiers des nouveaux élèves de *freshman* abandonnaient le lycée avant la fin de l'année de *senior*. Et la minorité d'élèves poursuivant jusqu'au diplôme restaient très rares à obtenir de bons résultats scolaires : en 2008, dernière année de Duncan à Chicago, moins de 4 % des élèves de Fenger répondaient aux exigences des tests d'entrée à l'université présentés aux *juniors* et aux *seniors* de l'État. Pendant le mandat de Duncan, le lycée ne fit jamais de « progrès annuel satisfaisant » tel que le définissait la loi fédérale No Child Left Behind*. Et la « mise à l'épreuve » décrétée par Vallas, destinée à l'origine à révéler un état d'urgence temporaire, devint un état de fait. En 2011, le lycée fut placé en mise à l'épreuve pour la seizième année consécutive.

Quand Elizabeth Dozier arriva à Fenger, cette jeune femme ambitieuse et déterminée pensait que l'arsenal de base du réformateur moderne contenait tout ce dont elle avait besoin pour changer la situation des élèves du lycée. Elle avait passé un an dans un programme haut de gamme de formation de proviseur intitulé New Leaders for New Schools, qui soutenait qu'un chef d'établissement dynamique pouvait améliorer les résultats de ses élèves, quel que soit leur milieu socio-économique, dès lors que son personnel s'impliquait dans son travail. Dozier fit le ménage à Fenger. Elle remplaça plusieurs administrateurs et la plupart des enseignants. La première fois que je la rencontrai dans son bureau, un peu plus d'un an après son arrivée au lycée, seuls 3 des 70 enseignants étaient là avant le Turnaround. La plupart des nouveaux enseignants étaient jeunes, ambitieux et non titulaires. Dozier n'aurait donc aucun mal à s'en séparer s'ils n'étaient pas à la hauteur de ses exigences.

---

* « Aucun enfant laissé pour compte », loi de 2002 pour l'égalité des chances dans l'enseignement.

Mais Elizabeth Dozier me confia que sa vision de l'école avait changé depuis son arrivée à Fenger. « J'ai toujours pensé que si une école n'obtenait pas de bons résultats, c'était parce que le proviseur ou les enseignants étaient incompétents, expliqua-t-elle. Mais la vérité, c'est que Fenger est une école de quartier, et donc le reflet d'une communauté. Vous ne pouvez pas espérer résoudre les problèmes d'une école sans tenir compte de ce qui se passe au sein de cette communauté. »

En faisant connaissance avec les élèves de Fenger, elle fut maintes fois déconcertée par la gravité des problèmes qu'ils rencontraient chez eux. « La majorité de nos élèves vivent dans la pauvreté depuis toujours, me dit-elle. Et beaucoup vivent dans des quartiers où sévissent des gangs. Je ne connais pas un enfant de l'école qui ne fait pas face à de graves difficultés. » Un quart des filles sont soit enceintes, soit déjà mères. Quand je lui demandai d'évaluer le nombre des élèves vivant avec leurs deux parents biologiques, elle me lança un regard perplexe. « Je n'en vois pas un, me répondit-elle. Mais je sais que nous en avons. »

La violence semblait toujours planer comme une menace sur les élèves de Fenger. À Chicago, la criminalité est deux fois supérieure à celle de Los Angeles et plus de deux fois supérieure à celle de New York. Les gangs y sont plus présents et plus dangereux que dans n'importe quelle autre grande métropole américaine. Quand Elizabeth Dozier arriva à Fenger, le lycée venait de connaître une flambée de violence par arme à feu chez les jeunes : en 2008, 83 adolescents avaient été assassinés dans la ville, et plus de 600 avaient été blessés par balles[9].

Elizabeth Dozier savait que le Turnaround de Fenger serait un lourd défi, mais rien ne l'avait préparée à ce qui se produisit seize jours après son arrivée. Une bagarre impliquant une cinquantaine d'adolescents, essentiellement des élèves de Fenger, éclata à quelques pâtés de maison de l'école. Il n'y avait ni armes à feu ni couteaux, mais certains jeunes s'emparèrent de traverses de chemin de fer. Un élève de Fenger, Derrion Albert, 16 ans, qui s'était mêlé à la bagarre, reçut un coup à la tête, puis des coups de poing au visage. Alors qu'il gisait à terre, inconscient, quelques jeunes le frappèrent à la tête à coups de pied. Il mourut sous les coups de ses agresseurs.

La mort de Derrion Albert en septembre 2009 n'était pas fondamentalement très différente de dizaines d'autres cas de lycéens de Chicago décédés de mort violente cette année-là. Mais la bagarre et la mort de l'adolescent avaient été filmées par un passant. La vidéo fut d'abord visible sur YouTube avant de passer aux infos sur le câble. Les médias locaux et nationaux débarquèrent à Fenger. Pendant des semaines, des camions de régie stationnèrent dans les rues autour du lycée et des veillées de prières et des manifestations furent organisées devant l'établissement. Le procureur général des États-Unis*, Eric Holder, vint à la rencontre des élèves. Puis Fenger refit la une de l'actualité en octobre, quand trois bagarres de gangs éclatèrent simultanément à trois étages du lycée. Des dizaines de voitures de police débarquèrent, cinq élèves furent arrêtés et le bâtiment fut bouclé pendant trois heures.

À la suite de cette bagarre générale, Elizabeth Dozier instaura une politique de tolérance zéro à l'égard des actes violents et de tout comportement pouvant entraîner des violences : les élèves affichant des signes de reconnaissance de gangs se voyaient automatiquement signifier une suspension de dix jours par Elizabeth Dozier. S'ils se battaient, elle appelait la police et les faisait arrêter, et elle mettait tout en œuvre pour les expulser définitivement de son établissement. Quand je me rendis pour la première fois à Fenger, plus d'un an après la mort de Derrion Albert, les couloirs

* Équivalent du ministre de la Justice en France.

étaient plutôt tranquilles, mais ne ressemblaient pas vraiment aux couloirs d'un lycée. Des agents de sécurité armés patrouillaient en permanence dans le hall ; les élèves ne pouvaient se déplacer sans leur carte d'identité pendue à leur cou au bout d'un cordon aux couleurs de Fenger. Quand un élève voulait se rendre aux toilettes pendant un cours, il devait être muni d'un bon de sortie jaune vif de 60 cm de long. Pendant les interclasses, les haut-parleurs diffusaient dans les couloirs le générique du *Flic de Beverly Hills*. Les élèves savaient qu'ils devaient être arrivés à leur cours suivant avant que résonne la dernière note. Ces règles strictes n'empêchèrent pas de nouveaux incidents. Lors de mon premier entretien avec Elizabeth Dozier, nous fûmes interrompus à deux reprises par des cris dans le hall, et elle dut à chaque fois intervenir.

Au milieu de sa deuxième année à Fenger, Elizabeth Dozier me confia qu'elle commençait à penser que les principaux outils à sa disposition étaient de ceux qui ne s'enseignent pas. Après le meurtre de Derrion Albert, Eric Holder et Arne Duncan promirent 500 000 dollars de subventions fédérales à Fenger pour financer des programmes extrascolaires de gestion de la colère et de soutien psychologique. Le lycée mit ainsi en place un soutien aux élèves, mais aussi à leurs familles. Dozier inscrivit 25 élèves dans un programme de tutorat intensif. Elle était à l'affût de toute mesure susceptible de gérer ce qui lui semblait être le problème le plus urgent de Fenger : non pas les difficultés scolaires de ses élèves, bien qu'elles fussent lourdes et affligeantes, mais un ensemble de problèmes plus profonds, conséquences d'une vie mouvementée et souvent traumatisante qui leur compliquait la vie au quotidien. « Au début de ma carrière, je dédaignais les questions du type : “De quelles familles sont issus les jeunes ?” et “Quel impact la pauvreté a-t-elle sur les enfants ?” avoua-t-elle un matin. Mais depuis mon arrivée à Fenger, j'ai évolué. »

2. NADINE BURKE HARRIS

Quel impact la pauvreté a-t-elle sur les enfants ? C'est la question que se pose aussi Nadine Burke Harris à l'autre bout du pays. Comme elle est médecin, elle l'aborde sous l'angle de la santé physique de ses patients. Depuis 2007, Burke Harris est pédiatre en chef du Bayview Child Health Center, dans le quartier de Bayview-Hunters Point à San Francisco. Cette morne zone industrielle située à l'extrême sud-est de la ville regroupe quelques-unes des cités les plus étendues et les plus violentes de la ville. Quand Nadine Burke Harris fonda la clinique, elle venait d'obtenir son diplôme à la Harvard School of Public Health. Cette jeune idéaliste avait été engagée par le California Pacific Medical Center, une chaîne hospitalière privée, pour mener à bien une mission vague mais noble : identifier et remédier à la disparité des soins dans la ville de San Francisco. Ces disparités n'étaient pas difficiles à cerner, surtout à Bayview-Hunters Point : le taux d'hospitalisation pour insuffisance cardiaque y était cinq fois supérieur à celui du Marina District, à quelques kilomètres de là. Et avant l'ouverture de la clinique, cette communauté où vivaient de plus de 10 000 enfants ne comptait qu'un seul pédiatre libéral.

Ayant étudié les disparités de santé à Harvard, Nadine Burke Harris connaissait les préconisations des plans de santé publique pour y remédier. Il s'agissait d'améliorer l'accès des familles à faible revenu aux soins médicaux, en particulier aux soins primaires. Quand la clinique ouvrit ses portes, Nadine Burke Harris avait pour objectif de s'atteler aux problèmes de santé là où les disparités entre enfants riches et enfants pauvres étaient les plus flagrantes et les mieux connues, à savoir le traitement de l'asthme, la nutrition et la vaccination contre la diphtérie, la coqueluche et le tétanos. En quelques mois à peine, les progrès furent considérables. « Il s'avéra étonnamment facile d'augmenter les taux de vaccination et de faire baisser les taux d'hospitalisation pour l'asthme, me dit-elle lors de ma première visite à la clinique. Et pourtant, j'avais le sentiment que nous ne nous attaquions pas aux racines de ces disparités. Autant que je sache, aucun enfant de cette communauté n'est mort de tétanos depuis très longtemps. »

Nadine Burke Harris se trouva dans une situation similaire à celle d'Elizabeth Dozier. Elle avait décroché le poste de ses rêves, elle disposait de gros moyens, elle avait une solide formation, elle travaillait dur – pourtant, son action semblait n'avoir aucun impact sur la vie des jeunes qu'elle essayait d'aider. Ils continuaient de vivre dans la violence et les difficultés, à la maison comme dans la rue, et ils en payaient le prix fort, aussi bien sur le plan physique que sur le plan émotionnel. Les enfants qu'elle recevait dans sa clinique étaient souvent déprimés ou anxieux, certains même gravement traumatisés, et le stress de leur vie quotidienne se manifestait par toutes sortes de symptômes, allant des crises de panique aux troubles alimentaires en passant par des comportements suicidaires. Parfois, elle se voyait moins comme une pédiatre que comme une chirurgienne de guerre rafistolant ses patients avant de les renvoyer au front.

Nadine Burke Harris se mit à chercher d'autres réponses et sa démarche l'amena vers une réflexion nouvelle et inhabituelle sur la pauvreté et l'adversité, une réflexion qui n'était jamais formulée dans les revues de politique publique ni les symposiums de sciences politiques, mais que l'on pouvait rencontrer dans les publications médicales et les conférences sur les neurosciences. Elle finit par adopter un point de vue qui lui avait semblé au premier abord peu crédible : dans les quartiers comme Bayview-Hunters Point et Roseland, les problèmes que nous envisageons souvent comme des problèmes sociaux – apanage des économistes et des sociologues – sont généralement mieux analysés et mieux gérés au niveau moléculaire, qui relève de la biologie humaine.

3. L'ÉTUDE ACE

Le cheminement de Nadine Burke Harris débuta avec la lecture d'un article paru dans une revue médicale déposée sur son bureau un jour de 2008 par Whitney Clarke, un psychologue de la clinique. L'article était intitulé « The Relationship of Adverse Childhood Experiences to Adult Health : Turning Gold into Lead[10] » (« Le lien entre les expériences négatives de l'enfance et la santé à l'âge adulte, ou Comment transformer l'or en plomb »). L'auteur, Vincent Felitti, était chef du département de médecine préventive de Kaiser Permanente, une importante mutuelle de santé basée en Californie. Dans cet article, il décrivait l'étude Adverse Childhood Experiences (« Expériences négatives de l'enfance »), couramment appelée étude ACE, qu'il avait menée dans les années 1990 avec Robert Anda, épidémiologiste aux Centers for Disease Control d'Atlanta. À la lecture de cet article, Nadine Burke Harris eut un déclic : « Les nuages se dissipèrent, me dit-elle en souriant. Les anges se mirent à chanter. Comme dans la scène finale de *Matrix* où Neo voit l'univers se déformer. »

À partir de 1995, les patients qui venaient effectuer à Kaiser des examens complets recevaient un questionnaire sur leur histoire personnelle. Ce questionnaire comprenait dix catégories d'expériences négatives de l'enfance, des mauvais traitements aux abus sexuels en passant par la négligence physique et émotionnelle, et listait différents critères de dysfonctionnements familiaux comme le divorce ou la séparation des parents, la présence dans la famille de personnes en prison ou victimes de maladie mentale ou d'addiction. En quelques années, plus de 17 000 patients remplirent et retournèrent ces questionnaires – soit un taux de réponse de près de 70 %[11]. Les personnes interrogées étaient essentiellement issues de la classe moyenne à supérieure : 75 % étaient Blancs, 75 % étaient allés à l'université et l'âge moyen était de 57 ans.

Une fois les réponses synthétisées sous forme de tableau, Anda et Felitti furent d'abord surpris par la fréquence des traumatismes d'enfance dans cette population généralement aisée. Plus d'un quart des patients disaient avoir grandi avec une personne alcoolique ou toxicomane et autant avaient été battus dans l'enfance. À partir de ces données, les médecins calculèrent le nombre d'ACE de chaque patient en comptant un point pour chaque type de traumatisme subi. Ils découvrirent alors que les deux tiers des patients avaient subi au moins une ACE et que 1 patient sur 8 avait un nombre d'ACE de 4 ou plus[12].

Quand Anda et Felitti comparèrent le nombre d'ACE à l'historique médical détaillé de tous les patients de Kaiser, ils eurent une seconde surprise, encore plus grande. La corrélation entre les expériences négatives de l'enfance et la situation à l'âge adulte était tellement flagrante qu'elle les stupéfia, écrivit plus tard Anda. D'autant que cette corrélation semblait suivre un schéma étonnamment linéaire : plus le nombre d'ACE était élevé, plus les résultats étaient mauvais sur presque tous les critères médicaux, des addictions aux maladies chroniques[13]. À partir de ces données, Anda et Felitti produisirent toute une série d'histogrammes. Tous dessinaient plus ou moins le même tracé. L'axe des abscisses représentait le nombre des ACE subies par les patients, l'axe des ordonnées la fréquence d'une situation indésirable donnée : obésité, dépression, sexualité précoce, tabagisme, etc. Sur chaque graphique, la courbe augmentait constamment et systématiquement de gauche (0 ACE) à droite (plus de 7 ACE). Comparées à des personnes sans ACE[14], les personnes comptant 4 ACE ou plus avaient deux fois plus de risques de fumer[15], sept fois plus de risques de devenir alcooliques et sept fois plus de risques d'avoir eu leur premier rapport sexuel avant l'âge de 15 ans. Elles étaient aussi deux fois plus nombreuses à avoir eu un cancer, une maladie cardiaque[16] ou une maladie du foie[17], et quatre fois plus nombreuses à souffrir d'emphysème ou de bronchite chronique. Sur certains graphiques, la montée de la courbe était même vertigineuse : les adultes affichant plus de 6 ACE avaient trente fois plus de risques de se suicider que ceux ayant 0 ACE[18]. Et les hommes ayant un nombre d'ACE supérieur à 5 avaient quarante-six fois plus de chances de devenir toxicomanes que les hommes sans ACE[19].

Ces comportements, surprenants par leur ampleur, ne firent pourtant que confirmer certaines intuitions. Les psychologues pensent en effet depuis longtemps que les événements traumatiques de l'enfance peuvent produire une mauvaise estime de soi ou une impression d'inutilité, et on peut raisonnablement supposer que ces sentiments peuvent conduire à des addictions, des dépressions, voire à des suicides. Il est aussi très probable que certains des effets sur la santé révélés par l'étude ACE, comme les maladies de foie, le diabète et le cancer du poumon, proviennent, du moins en partie, de comportements autodestructeurs de type alcoolisation massive, suralimentation et tabagisme. Mais Anda et Felitti découvrirent aussi que les ACE avaient un impact négatif sur la santé des adultes, *même en l'absence de comportements autodestructeurs*. En examinant de près les patients présentant un nombre d'ACE élevé (7 ou plus) qui ne fumaient pas, ne buvaient pas trop et ne souffraient pas de surpoids, ils observèrent que le risque de maladie coronariennes (la première cause de mortalité aux États-Unis) restait 3,60 fois plus élevés que celui des patients affichant 0 ACE[20]. Les épreuves auxquelles ces patients avaient été confrontés dans l'enfance les rendaient malades, quel que soit leur comportement.

4. L'EFFET CASERNE

Cette première étude ACE mit Nadine Burke Harris en quête d'autres articles de chercheurs. Très vite, elle se lança à corps perdu dans les études sur ce sujet, veillant tard le soir, plongée dans les revues médicales et scrutant les notes de bas de page et les références dans la base de données PubMed. Les documents qu'elle rassembla pendant ces mois de recherche intensive sont réunis dans quatre épais classeurs rangés sur une étagère de son bureau à la clinique. Ils couvrent de nombreuses disciplines scientifiques, mais la plupart proviennent de deux disciplines assez confidentielles : la neuroendocrinologie (étude de l'interaction entre le système nerveaux et le système endocrinien) et la physiologie du stress (étude de l'impact du stress sur l'organisme). Si Anda et Felitti n'ont pas compris tout de suite les mécanismes biologiques révélés par l'étude ACE, les travaux scientifiques de la dernière décennie ont fini par montrer que c'est essentiellement le *stress* des épreuves vécues dans la petite enfance qui provoque des dégâts sur les organismes et les cerveaux en formation.

Notre organisme régule le stress à l'aide d'un système appelé axe HPA – *hypothalamic-pituitary-adrenal axis*, ou axe hypothalamo-hypophyso-surrénalien, aussi appelé axe corticotrope, un terme alambiqué qui décrit la manière dont ces signaux chimiques se bousculent dans le cerveau et le corps face à des situations intenses. Devant un danger potentiel, la première ligne de défense est l'hypothalamus, la zone du cerveau qui contrôle des processus biologiques inconscients comme la température du corps, la faim et la soif[21]. L'hypothalamus libère une substance chimique qui déclenche des récepteurs dans l'hypophyse, laquelle libère à son tour des hormones qui stimulent les glandes surrénales. Celles-ci envoient de leur côté des hormones de stress appelées glucocorticoïdes, qui provoquent une série de réactions de défense.

Nous connaissons tous certaines de ces réactions. Ce sont des émotions comme la peur et l'anxiété, et des réactions physiques comme une augmentation du rythme cardiaque, les mains moites et la bouche sèche. Mais d'autres effets de l'axe HPA sont moins visibles : activation des neurotransmetteurs, augmentation des taux de glucose, afflux de sang dans les muscles et afflux de protéines inflammatoires dans le sang.

Dans son livre aussi instructif que divertissant, *Why Zebras Don't Get Ulcers* (« Pourquoi les zèbres n'ont pas d'ulcère »), le neuroscientifique Robert Sapolsky explique que notre système de réaction au stress, à l'instar de celui de tous les mammifères, est conçu pour faire face à un stress bref et intense. Ce système fonctionnait bien à l'époque où les êtres humains vivaient dans la savane et devaient échapper à leurs prédateurs. Mais aujourd'hui, nous sommes rarement attaqués par des lions. Notre stress vient essentiellement de processus mentaux – de nos inquiétudes. L'axe HPA n'est pas conçu pour gérer ce type de stress. Nous activons « un système physiologique qui a appris à faire face à des situations d'urgence physique intense, écrit Sapolsky, et nous le faisons fonctionner pendant des mois, nous inquiétant pour nos crédits, notre vie sociale et notre carrière. » Au cours des cinquante dernières années, les scientifiques ont découvert que ce phénomène n'est pas seulement inefficace ; il est aussi profondément destructeur. Surcharger l'axe HPA, en particulier dans l'enfance, produit toutes sortes d'effets négatifs – physiques, psychologiques et neurologiques – graves et durables.

Le plus pernicieux, toutefois, réside dans le fait que ce n'est pas le stress qui est nuisible. C'est la réaction de notre organisme face au stress. Au début des années 1990, Bruce McEwen, neuro-endocrinologie à l'université Rockefeller, proposa une théorie sur ce mécanisme qui est aujourd'hui largement acceptée[22]. Selon lui, le processus de gestion du stress, qu'il appelle « allostasie », provoque des tensions dans l'organisme. Si les systèmes de gestion du stress sont surmenés, ils finissent par céder. McEwen qualifie ce processus de charge allostatique et affirme que ses effets destructeurs sont visibles dans tout l'organisme. Par exemple, le stress intense augmente la tension artérielle, dans le but d'alimenter suffisamment en sang les muscles et les organes qui ont besoin de réagir à une situation dangereuse. C'est une bonne chose. Mais la répétition de ces hausses de tension est à l'origine de l'athérosclérose, elle-même cause de crises cardiaques. Et cela, ce n'est pas une bonne chose.

Le mécanisme de réaction au stress a beau être d'une grande complexité, dans la pratique, il a la précision d'un maillet de croquet. Selon le type de stress que vous subissez, la meilleure réponse peut venir de n'importe lequel des mécanismes de défense. Si vous êtes sur le point d'être blessé, par exemple, il serait bon que votre système immunitaire se mette à produire des anticorps en quantité. Si vous devez prendre la fuite pour échapper à des agresseurs, vous voulez que votre rythme cardiaque et votre tension montent. Mais l'axe HPA ne fait pas la distinction entre les différents types de menaces. Face à n'importe quelle menace, il active toutes les défenses en même temps. Nous avons donc hélas des réactions au stress tout à fait inutiles. Vous est-il déjà arrivé de devoir prendre la parole en public et d'avoir soudain la gorge sèche ? C'est tout simplement que votre axe HPA, flairant le danger, retient les fluides en prévision d'une attaque. C'est ce qui explique que vous vous retrouviez alors en train de chercher désespérément un verre d'eau et d'avoir des difficultés à avaler.

L'axe HPA est une sorte de caserne de pompiers luxueuse dotée d'une flotte de camions high-tech possédant chacun leur boîte à outils hyperspécialisée et leur équipe de pompiers surentraînés. Quand l'alarme sonne, les pompiers ne prennent pas le temps d'analyser le problème et de se demander quel camion est le mieux adapté pour cette intervention. Les camions se précipitent tous en même temps sur les lieux, à toute vitesse, toutes sirènes hurlantes. À l'instar de l'axe HPA, ils réagissent rapidement avec tous les outils dont ils pourraient avoir besoin. C'est peut-être la bonne stratégie pour sauver des vies en cas d'incendie, mais il peut aussi arriver qu'une dizaine de camions se précipitent pour éteindre une poubelle en feu – ou, pire encore, pour une fausse alerte.

5. MORTE DE PEUR

Nadine Burke Harris observait chaque jour les conséquences de cet effet caserne sur ses patients. Un jour, à la clinique de Bayview, elle me présenta une adolescente du nom de Monisha Sullivan, qui était venue pour la première fois à la clinique à 16 ans, alors qu'elle venait d'accoucher. Monisha avait eu plus que sa part de stress dans son enfance : elle avait été abandonnée quelques jours après sa naissance par sa mère, grosse consommatrice de crack et autres drogues. Enfant, Monisha avait vécu avec son père et son frère aîné dans un quartier de Hunters Point en proie aux violences des gangs, jusqu'à ce que son père plonge à son tour dans la drogue. À l'âge de 10 ans, la petite fille avait été placée dans une famille d'accueil avec son frère. Depuis ce jour-là, elle avait été ballottée par le système, passant une semaine, un mois ou un an dans chaque famille ou dans un foyer d'accueil, jusqu'à ce qu'inévitablement les tensions montent à propos de la nourriture, des devoirs ou de la télévision et qu'elle s'enfuie ou que les familles jettent l'éponge. Elle passait alors dans une autre famille. Au cours des six dernières années, elle avait ainsi vécu dans neuf foyers différents.

Quand je fis sa connaissance à l'automne 2010, elle venait d'avoir 18 ans. Trois jours plus tôt, elle avait quitté le système de placement en foyer d'accueil qui avait régi près de la moitié de sa vie. Son expérience la plus pénible, me confia-t-elle, avait été le jour de son premier placement en foyer. Un travailleur social qu'elle ne connaissait ni d'Ève ni d'Adam était venu la chercher dans sa classe sans la prévenir et l'avait conduite chez de parfaits inconnus. Elle resta plusieurs mois sans avoir le moindre contact avec son père. « Je me souviens de ce premier jour comme si c'était hier, me dit-elle. Chaque détail. J'en rêve encore. J'ai l'impression que je suis blessée à jamais. »

Nous étions assis dans la salle de consultation de la clinique. Je demandai à Monisha de me décrire cette blessure. Elle parle étonnamment bien de son état émotionnel – peut-être parce que quand elle se sent triste ou déprimée, elle écrit des poèmes. Elle me décrivit ses symptômes avec précision. Elle souffrait d'insomnies et faisait des cauchemars. Parfois, elle avait aussi des douleurs inexpliquées. Par moments, ses mains tremblaient sans qu'elle puisse les contrôler. Elle commençait même à perdre ses cheveux et portait un foulard vert pâle pour cacher sa chevelure clairsemée. Surtout, elle se sentait anxieuse : anxieuse à propos de l'école, anxieuse à propos de sa fille, anxieuse à propos des tremblements de terre. « J'ai des pensées bizarres, me dit-elle. Je pense à la fin du monde. Quand un avion passe au-dessus de ma tête, je me dis qu'il va larguer une bombe. Je vois mon père mourir. Si je le perds, je ne sais pas ce que je vais devenir. » Elle était même anxieuse de son anxiété. « Quand j'ai peur, je me mets à trembler. Mon cœur s'emballe. Je me mets à transpirer. Vous savez, quand on dit : "J'étais morte de peur", eh bien j'ai peur que cela m'arrive vraiment un jour. »

La métaphore de la caserne peut nous aider à comprendre ce qui arrivait à Monisha. Quand elle était encore une enfant, son alarme se déclenchait constamment, à plein volume : « Ma mère et ma belle-mère se battent ; je ne reverrai jamais mon père ; il n'y a personne à la maison pour préparer le dîner ; ma famille d'accueil ne va pas s'occuper de moi. » À chaque fois que son alarme se déclenchait, son système de réaction au stress envoyait tous les camions au feu, toutes sirènes hurlantes. Les pompiers cassaient des fenêtres et inondaient les tapis. Lorsque Monisha atteignit l'âge de 18 ans, son plus gros problème ne venait pas des menaces du monde qui l'entourait. Il venait des dégâts causés par les pompiers.

Quand McEwen évoqua pour la première fois la notion de charge allostatique, dans les années 1990, il ne la voyait pas comme un indicateur mesurable. Mais récemment, sous la direction de Teresa Seeman, gérontologue à UCLA, lui et d'autres chercheurs tentèrent de « mesurer » la charge allostatique – d'établir pour chaque individu un nombre qui exprimerait les dégâts causés par une vie de gestion du stress[23]. Aujourd'hui, les médecins s'appuient en permanence sur des indicateurs de risque comparables, en particulier la tension artérielle. Ces chiffres peuvent manifestement les aider à anticiper certains problèmes de santé (c'est pour cela que votre médecin prend votre tension à chacune de vos visites, quelles que soient les raisons qui vous conduisent dans son cabinet). Mais la tension artérielle ne permet pas à elle seule de prédire les risques futurs avec précision. Pour être plus précis, un indicateur de charge allostatique devrait inclure non seulement la tension artérielle et le rythme cardiaque, mais aussi d'autres mesures du stress, à savoir les taux de cholestérol et de protéine C réactive (un marqueur essentiel des maladies cardiovasculaires) ; les taux de cortisol et autres hormones du stress dans l'urine et les taux de glucose, d'insuline et de lipides dans le sang. Seeman et McEwen ont montré qu'un indice complexe comprenant toutes ces valeurs serait un indicateur de risque beaucoup plus fiable que la tension ou n'importe quelle mesure unique en vigueur actuellement.

Cette idée est séduisante et fascinante, mais aussi légèrement effrayante : vers l'âge de 20 ans, un chiffre pourrait résumer à lui seul à la fois le stress que vous avez subi jusque-là dans votre vie et les risques médicaux auxquels vous êtes confrontés du fait de ce stress. Ce serait une sorte de version sophistiquée du nombre d'ACE. Mais contrairement à lui, qui repose sur votre propre vision de votre enfance, le chiffre de votre charge allostatique ne refléterait que des données médicales objectives : les véritables effets physiques des épreuves de l'enfance, gravés dans votre corps, dans votre chair.

6. FONCTIONS EXÉCUTIVES

En tant que médecin, Nadine Burke Harris s'intéressait aux manifestations physiologiques des traumatismes de la petite enfance et du stress non géré : par exemple, les tremblements de mains, la chute des cheveux et les douleurs inexpliquées de Monisha. Mais elle observa rapidement des impacts tout aussi graves sur d'autres aspects de la vie de ses patients. Elle soumit plus de 700 d'entre eux à une version modifiée du questionnaire ACE de Felitti et Anda, et mit ainsi en évidence une corrélation très forte entre le nombre d'ACE et les difficultés scolaires. Parmi ses patients ayant 0 ACE, seulement 3 % avaient été répertoriés comme ayant des problèmes d'apprentissage ou de comportement[24]. Parmi ceux qui présentaient un nombre d'ACE de 4 ou plus, ce chiffre atteignait 51 %.

Les spécialistes du stress donnèrent une explication biologique à ce phénomène. La zone du cerveau la plus affectée par le stress subi durant la petite enfance est le cortex préfrontal, qui est essentiel aux activités d'autorégulation de tous types, émotionnelles et cognitives. Les enfants qui ont grandi dans des environnements stressants ont donc en général plus de mal à se concentrer, à rester calmes, à se remettre d'une déception et à respecter des règles – ce qui a des répercussions directes sur leurs résultats scolaires. Quand vous êtes submergé par des pulsions incontrôlables et distrait par des sentiments négatifs, il est vous difficile d'apprendre l'alphabet. En fait, quand les enseignants de maternelle sont questionnés sur leurs élèves, ils disent que les enfants qui posent le plus de problèmes ne sont pas ceux qui ne connaissent pas les lettres et les nombres ; ce sont ceux qui ne parviennent pas à se contrôler ou à se calmer dans les situations conflictuelles. Selon une étude américaine, 46 % des enseignants de maternelle estiment qu'au moins la moitié des enfants de leur classe ont des difficultés à respecter les règles[25]. Une autre étude révèle que les enseignants du programme Head Start* observent que plus de 25 % de leurs élèves montrent de graves dysfonctionnements dans la maîtrise de soi, ce qui se

* Programme du département de la Santé, de l'Éducation et des Services sociaux destiné aux enfants et aux familles à faible revenu.

manifeste notamment par des coups ou des menaces exercées sur d'autres élèves au moins une fois par semaine[26].

Certains des effets du stress sur le cortex préfrontal sont d'ordre émotionnel ou psychologique. C'est le cas de l'anxiété et de la dépression. Pendant les quelques mois où je suis resté en contact avec Monisha, j'ai pu observer bon nombre de ces symptômes émotionnels chez elle. Elle était assaillie de doutes – sur son poids, sa faculté d'être mère, son avenir en général. Un soir, elle fut même agressée par un ancien petit ami peu fiable qu'elle avait commis l'erreur d'inviter chez elle pour rompre sa solitude. Elle devait constamment faire face à un flot d'émotions qui semblait toujours sur le point de la submerger. « Parfois le stress est tout simplement insurmontable, me dit-elle un jour. Je ne vois pas comment les gens font pour le gérer. »

Chez Monisha, le stress en excès dans son cortex préfrontal impliquait qu'elle avait toutes les peines du monde à canaliser ses émotions. Mais pour beaucoup d'autres jeunes, ce phénomène agit surtout sur leur capacité à canaliser leurs pensées. Ce mécanisme sollicite un ensemble précis de compétences cognitives baptisées fonctions exécutives et qui sont gérées par le cortex préfrontal. Dans les établissements privilégiés, l'expression « fonction exécutive » est aujourd'hui sur toutes les lèvres. C'est le dernier gadget pédagogique dont il faut à tout prix faire l'évaluation et le diagnostic. Mais si les scientifiques qui étudient les enfants vivant dans la pauvreté s'intéressent de très près aux fonctions exécutives, c'est pour une raison bien précise : améliorer la fonction exécutive semble être un outil prometteur pour combler l'écart de réussite entre les enfants pauvres et les enfants de la classe moyenne.

Nous savons maintenant que les fonctions exécutives sont un ensemble de facultés mentales supérieures ; Jack Shonkoff, chef du Center on the Developing Child de Harvard, les a comparées à une équipe de contrôleurs aériens chargés de superviser les fonctions cérébrales[27]. Plus globalement, elles font référence à la capacité à gérer des situations et des informations confuses et imprévisibles. L'un des outils les plus connus pour tester les fonctions exécutives est appelé le test de Stroop. Il consiste à écrire par exemple le mot « rouge » en vert, puis à demander au sujet dans quelle couleur le mot est écrit. Le sujet doit faire un effort pour s'empêcher de dire « rouge », et les compétences mises en œuvre pour résister à cette impulsion relèvent des fonctions exécutives. Ces compétences sont particulièrement précieuses à l'école. Nous demandons sans cesse aux enfants de gérer des informations contradictoires. Le son « O » s'écrit soit « O », soit « AU », soit encore « Ô ». « Corps » et « cor » se prononcent de la même façon, mais ont des sens différents. Le chiffre 0 signifie une chose lorsqu'il est tout seul et une autre entièrement différente lorsqu'il est précédé d'un autre chiffre. Mémoriser ces nombreuses règles et exceptions exige une certaine dose de contrôle de ses impulsions cognitives. C'est une compétence qui, au niveau neurologique, relève du contrôle des impulsions émotionnelles – qui empêche un enfant de frapper celui qui vient de prendre sa petite voiture préférée. Dans le test de Stroop et dans l'exemple de la petite voiture, c'est le cortex préfrontal qui permet de surmonter sa réaction immédiate et instinctive. Que ce soit dans le domaine émotionnel ou dans le domaine cognitif, cette faculté de maîtrise de soi est cruciale pour affronter une journée d'école, de la maternelle à la terminale.

7. SIMON

Nous savons depuis longtemps que ces fonctions exécutives sont étroitement liées au revenu familial, sans pour autant comprendre pourquoi. En 2009, Gary Evans et Michelle Schamberg, deux chercheurs de l'université Cornell, réalisèrent une expérience qui mit pour la première fois clairement en lumière les répercussions de la pauvreté sur les fonctions exécutives des enfants[28]. Ils examinèrent surtout une fonction exécutive, la mémoire immédiate, ou mémoire à court terme, qui implique la capacité à mémoriser un ensemble de faits en même temps. Contrairement à la mémoire à long terme, la mémoire immédiate ne sert pas à se souvenir du nom de son enseignant de primaire, par exemple ; elle sert à se souvenir de la liste des courses. Pour mesurer la mémoire immédiate, Evans et Schamberg choisirent un outil amusant – le jeu électronique Simon. Si, comme moi, vous avez grandi dans les années 1970, vous vous souvenez peut-être de ce jeu de la marque Hasbro. C'est un disque aux allures de soucoupe volante de la taille d'un 33 tours, plus épais, comportant quatre grosses touches de couleurs différentes. Ces touches s'allument et émettent un bruit différent en suivant des séquences que vous devez ensuite reproduire.

Evans et Schamberg utilisèrent Simon pour tester la mémoire immédiate de 195 jeunes de 17 ans dans une zone rurale du nord de l'État de New York. Ces adolescents étaient suivis par Evans depuis leur naissance. Environ la moitié d'entre eux avaient grandi dans des familles vivant sous le seuil de pauvreté et l'autre moitié appartenaient à la classe moyenne et ouvrière. Evans et Schamberg découvrirent un lien étroit entre la durée de la situation de pauvreté et le résultat des enfants au test de Simon : en d'autres termes, les enfants ayant vécu dix ans dans la pauvreté réussissaient moins bien que ceux qui n'y avaient passé que cinq ans. Ce n'était pas surprenant en soi ; des chercheurs avaient déjà établi une corrélation entre pauvreté et mémoire immédiate.

La nouveauté, c'est qu'Evans et Schamberg intégrèrent à leur étude des mesures biologiques du stress. Lors d'examens réalisés sur les enfants à 9 ans, puis à 13 ans, les chercheurs relevèrent un certain nombre d'indicateurs physiologiques, comme la tension artérielle, l'indice de masse corporelle et le dosage de certaines hormones du stress, dont le cortisol. À partir de ces données biologiques, Evans et Schamberg créèrent leur propre indice de charge allostatique pour mesurer les effets physiques d'un surmenage du système de réaction au stress. À l'examen de toutes ces données et du score de chaque enfant au test de Simon, ils observèrent une corrélation entre les trois mesures – plus le temps passé dans la pauvreté était long, plus la charge allostatique était élevée et plus les scores au test de Simon étaient bas. Mais ils eurent ensuite une surprise : en excluant des statistiques l'effet de la charge allostatique, l'impact de la pauvreté disparaissait complètement. Ce n'était donc pas la pauvreté elle-même qui compromettait les fonctions exécutives des enfants vivant dans des milieux défavorisés, c'était le stress qui l'accompagnait.

Cette découverte était potentiellement un grand pas dans la compréhension de la pauvreté. Imaginez deux garçons jouant côte à côte à Simon pour la première fois. L'un est issu d'une famille aisée, l'autre d'une famille défavorisée. Le premier mémorise beaucoup mieux les séquences. Que risquons-nous d'en déduire ? Que la cause est génétique – il existe peut-être un gène Simon que les enfants riches ont plus de chances de posséder. Ou bien qu'elle est liée aux avantages matériels d'un foyer aisé – plus de livres, plus de jouets, plus de jeux électroniques. Ou qu'une école sait mieux que l'autre stimuler la mémoire à court terme. À moins que ce ne soit une combinaison de ces trois facteurs. Mais ce qu'Evans et Schamberg avaient mis en valeur, c'est que le handicap majeur d'un jeune issu d'un milieu défavorisé est sa charge allostatique élevée. Un autre jeune issu d'un milieu défavorisé mais présentant une charge allostatique faible – malgré la grande pauvreté de sa famille, il aurait bénéficié d'une enfance moins stressante que le premier – ferait sans doute tout aussi bien qu'un enfant issu d'un milieu aisé en jouant à Simon. Mais en quoi un mauvais score au jeu de Simon est-il important ? Parce qu'au lycée, à l'université et dans le monde du travail, la vie est pleine de tâches où la mémoire immédiate est indispensable pour réussir.

Si les chercheurs qui étudient l'écart entre riches et pauvres s'intéressent d'aussi près aux fonctions exécutives, c'est que ces fonctions ne sont pas seulement de puissants indicateurs de la réussite future. Elles sont aussi assez malléables – beaucoup plus que les autres compétences cognitives. Le cortex préfrontal réagit davantage aux stimuli que les autres zones du cerveau et il reste flexible jusqu'à l'adolescence et au début de l'âge adulte. Par conséquent, si nous parvenons à améliorer l'environnement d'un enfant de manière à développer précisément ses fonctions exécutives, nous pouvons augmenter très efficacement ses chances de réussite.

8. MUSH

C'est dans la petite enfance que notre cerveau et notre corps sont les plus sensibles aux effets du stress et des traumatismes. Mais c'est dans l'adolescence que les dommages causés par le stress peuvent causer les problèmes les plus graves et les plus durables. Notamment parce que c'est l'âge où l'on devient grand. Au primaire, quand vous avez du mal à contrôler vos émotions, les conséquences sont relativement limitées : vous risquez d'être envoyé dans le bureau du directeur, vous risquez de perdre un ami. À l'adolescence, les décisions impulsives que vous pouvez prendre – conduire en état d'ivresse, avoir des rapports sexuels non protégés, abandonner le lycée, voler un portefeuille – peuvent souvent avoir des répercussions sur toute votre vie.

Les chercheurs ont aussi découvert qu'il existe un déséquilibre propre au cerveau adolescent qui augmente les risques de laisser ses impulsions le pousser à prendre de mauvaises décisions[29]. Laurence Steinberg, psychologue à l'université Temple, a étudié deux systèmes neurologiques différents qui se développent chez l'enfant et le jeune adulte et qui, à eux deux, ont un impact profond sur la vie des adolescents[30]. Le problème est que ces deux systèmes ne sont pas en phase. Le premier, appelé système socio-émotionnel, vous pousse à rechercher les sensations, à réagir avec vos émotions, à être plus attentif à l'information sociale. (Vous devez savoir de quoi je parle.) Le second, appelé système de contrôle cognitif, vous permet de réguler toutes ces pulsions. Si l'adolescence est depuis toujours une période périlleuse, explique Steinberg, c'est qu'au début de cette période le système socio-émotionnel tourne à plein régime, alors que le système de contrôle cognitif n'arrive à maturité que vers 20 ans. Il y a donc quelques années d'activité débridée où nous cherchons intensément des stimulations socio-émotionnelles sans système de contrôle adapté pour conserver la maîtrise de notre comportement. Et si vous ajoutez à cette étrange neurochimie adolescente un axe HPA surchargé, vous obtenez un mélange particulièrement toxique.

Cette combinaison de facteurs, c'est exactement ce qu'Elizabeth Dozier se sentit incapable de gérer chez beaucoup de ses élèves de la Fenger High School. Après la quasi-révolte qui avait éclaté au lycée en octobre 2009, elle avait décidé qu'elle devait purement et simplement expulser un certain nombre d'élèves. Au premier rang desquels Thomas Gaston, un garçon de 16 ans que tout le monde surnommait Mush (« Bouillie »). Dozier voyait en lui un meneur, un chef de gang capable de déclencher des bagarres géantes à Fenger d'un simple regard adressé à l'un de ses lieutenants. « C'était un vrai dur, me dit Dozier. Quand il arrivait au lycée, il mettait le feu aux poudres sous n'importe quel motif. »

Je fis la connaissance de Mush quand, avec une vingtaine d'autres élèves de Fenger, il fut inscrit à un programme de tutorat intensif financé par les écoles publiques de Chicago et mis en place par l'association Youth Advocate Programs, ou YAP. Fin 2010 et début 2011, je passai beaucoup de temps à Roseland avec plusieurs ambassadeurs YAP et les étudiants dont ils étaient les tuteurs, dont Mush. Mon principal interlocuteur était Steve Gates, le sous-directeur de YAP à Chicago, un grand gaillard frisant la quarantaine, baraqué et décontracté, avec des dreadlocks, un semblant de barbe et des yeux d'un bleu cristallin. Comme Mush, Gates vivait à Roseland, à quelques pâtés de maisons de Fenger. Il avait grandi dans les mêmes conditions que l'adolescent et il avait fait les mêmes bêtises que Mush ferait vingt ans plus tard : traîner avec un gang, porter une arme et risquer chaque jour sa vie et son avenir. Par son passé de délinquant, Gates connaissait à fond les pressions que Mush et ses copains subissaient et pouvait leur faire ressentir l'urgence qu'il y avait à intégrer le programme YAP pour s'assurer un avenir meilleur.

YAP s'était implanté à Chicago à l'invitation de Ron Huberman, le successeur d'Arne Duncan à la direction de l'académie de Chicago en 2009. Quand Richard Daley, le maire de Chicago, avait nommé Huberman à ce poste, il s'inquiétait de la recrudescence des violences par arme à feu chez les jeunes de la ville. Il confia à Huberman une mission inhabituelle pour ce poste : il lui demanda d'empêcher les élèves de s'entre-tuer. Huberman avait une confiance absolue dans les chiffres. À sa sortie de l'université, il était entré dans la police de Chicago, où il avait travaillé sur CompStat, le système d'analyse de données ultra-sophistiqué qui avait permis de faire chuter de manière vertigineuse la criminalité à New York dans les années 1990. Sa première mesure fut d'engager une équipe de consultants pour réaliser une analyse de type CompStat sur les homicides et les fusillades parmi les jeunes de Chicago. Les consultants créèrent un modèle statistique pour repérer les élèves ayant le plus de risques d'être victimes de violences par arme à feu au cours des deux années suivantes. Ils identifièrent ainsi 1 200 lycéens de Chicago qui, selon leur modèle, avaient au moins 1 risque sur 13 d'être tués avant l'été 2011. Parmi eux se trouvaient 200 élèves « à très haut risque » ayant chacun au moins 1 risque sur 5 d'être victime de violences par arme à feu au cours des deux prochaines années. Ce sont ces élèves qui furent confiés à YAP, puis affectés à un ambassadeur dans le cadre d'un programme de tutorat et de soutien de 20 heures par semaine.

Mush figurait sur cette liste. Un jour d'automne 2009, Steve Gates alla le chercher pour l'inscrire à YAP et le confier à un ambassadeur. Au même moment, Elizabeth Dozier essayait d'expulser Mush de Fenger. Peu après son entrée à YAP, elle parvint à ses fins, du moins provisoirement, l'envoyant pour un semestre au Vivian E. Summers Alternative High School, un établissement qui ressemblait plus à une prison qu'à un lycée, à huit pâtés de maisons de Fenger. Mush n'aimait pas beaucoup Vivian Summers, mais il sembla s'y épanouir, sous le regard vigilant de ses tuteurs de YAP. Le premier ambassadeur de Mush lui trouva un travail chez un carrossier du quartier, où il put donner libre cours à ses talents artistiques en faisant de la peinture. Pendant un temps, il sembla que Mush avait tourné le dos à son passé et commencé à entamer une vie plus constructive.

Un soir de juin 2010, l'ambassadeur de Mush le déposa tard le soir devant chez lui. Au lieu de rentrer chez lui, Mush décida de retourner dans la rue. Quelques heures plus tard, il se retrouvait à la prison de Cook County en compagnie de son ami Bookie, tous deux inculpés de vol de voiture aggravé, c'est-à-dire avec arme à feu. Bookie et lui risquaient vingt et un ans de prison, mais l'ambassadeur YAP réussit à convaincre le juge de les condamner à huit mois en centre de redressement. Ce fut une véritable épreuve pour Mush – entre l'entraînement quasi-militaire, les pompes et les courses de 15 km à l'aube –, mais il puisa en lui une discipline qui semblait lui faire défaut à Fenger et il purgea sa peine.

Lorsque je fis la connaissance des ambassadeurs YAP et de leurs élèves, Mush était encore là-bas. Bien avant de le rencontrer, j'avais beaucoup entendu parler de lui – par Gates, par Dozier, par ses amis de YAP, et même par sa mère, que Gates et moi passâmes voir un soir, quand Mush était encore au centre de redressement. Dozier parlait de Mush avec effroi, comme s'il était un personnage maléfique. Gates me dit que les adultes avaient une peur bleue de lui. Sa mère, bien sûr, était moins impressionnée par sa réputation de caïd ; elle s'amusa à nous raconter qu'elle lui achetait des boxers à l'effigie d'Arthur, un héros de dessins animés, pour l'obliger à remonter son pantalon. Pourtant, quand vint le moment de faire sa connaissance, j'étais un peu nerveux, comme si j'allais rencontrer une célébrité. Mush ressemblait à n'importe quel adolescent du South Side, en plus petit – il ne mesurait pas plus de 1 m 50 et il était maigre malgré huit mois passés à faire des pompes. Il avait une démarche raide et les pieds plats, un peu à la Chaplin. Il portait un rosaire autour du cou, une casquette des Yankees rabattue sur les yeux et une veste beaucoup trop grande qui aurait facilement pu contenir deux ou trois Mush.

Il nous retrouva sur Western Avenue pour discuter devant des œufs et du café. Comme tous ses amis, Mush avait été élevé par sa mère, une femme que Gates décrivait comme « une personne formidable, mais pas forcément dotée des meilleures compétences en matière d'éducation. » Dans sa famille, les actes de violence et les problèmes judiciaires étaient monnaie courante. Parmi ses frères, sœurs, cousins et autres parents, beaucoup étaient morts ou en prison. Mush raconta que, à l'âge de 9 ans, il vit son oncle se faire tuer chez lui. « C'était fou, dit-il. C'est arrivé juste sous mes yeux. » En l'entendant parler, je me vis augmenter mentalement son nombre d'ACE, le compteur tournant d'un cran à chacun des traumatismes vécus durant son enfance.

L'histoire de Mush était différente de celle de Monisha Sullivan – dans son enfance, il fut témoin de beaucoup plus d'actes de violence qu'elle –, mais les ruptures familiales que la jeune fille avait subies étaient plus profondes : après avoir été abandonnée par sa mère et séparée de son père, elle avait passé toute son adolescence en famille ou foyer d'accueil. Mais leurs enfances respectives avaient été marquées par un stress constant et chacun d'eux en avait été profondément et durablement abîmé. Ni l'un ni l'autre n'avaient eu la possibilité (ou même l'envie) de se soumettre à la mesure de la charge allostatique à laquelle McEwen, Evans, Schamberg et d'autres chercheurs soumettaient leurs sujets, mais s'ils l'avaient fait, leurs chiffres auraient vraisemblablement explosé les courbes. Pourtant, même si les dégâts causés par une enfance difficile sur leur organisme et sur leur cerveau pouvaient être comparables, l'impact de ces dégâts sur leur vie fut très différent. Monisha intériorisa ce stress, manifestant de la peur, de l'anxiété, de la tristesse, des doutes et des tendances autodestructrices. Mush, par contre, l'extériorisa en bagarres, chahut en classe, voire infractions pénales en tous genres.

Mush avait commencé très tôt à avoir des ennuis : à l'école élémentaire, il fut renvoyé pour s'être battu avec le directeur. Son comportement empira sérieusement quand il eut 14 ans et que son frère, qui s'était engagé dans l'armée pour échapper à la violence du South Side, fut tué lors d'un cambriolage près de sa base de Colorado Springs. « C'est ce qui m'a anéanti, me dit Mush. Après ça, je me moquais de tout. » À ses yeux, le seul moyen d'échapper à la douleur de cette mort fut de se lancer dans une guerre des gangs. « J'en avais tellement gros sur le cœur, dit-il. J'étais une bombe à retardement. Pour me vider la tête, je passais mon temps dans les rues à me conduire mal, à jouer avec des armes à feu, et tout ça. »

Les chercheurs de Northwestern University ont fait récemment passer des tests psychiatriques à plus d'un millier de jeunes détenus du Cook County Juvenile Temporary Detention Center de Chicago[31] – un établissement par lequel la majorité des élèves de YAP étaient déjà passés. Leurs recherches ont montré que 84 % des détenus avaient subi au moins deux traumatismes graves dans leur enfance et que la majorité en avaient subi six ou plus. Les trois quarts avaient été témoins d'un meurtre ou de blessures graves. Plus de 40 % des filles avaient été victimes d'abus sexuels dans l'enfance. Plus de la moitié des garçons s'étaient déjà retrouvés au moins une fois dans des situations si dangereuses qu'ils avaient pensé qu'eux-mêmes ou des personnes à proximité allaient mourir ou être gravement blessés. Ces traumatismes répétés avaient naturellement eu un effet dévastateur sur la santé mentale des détenus : les deux tiers des garçons souffraient d'au moins un trouble psychiatrique.

Scolairement, ils étaient sérieusement à la traîne : à l'échelle nationale, leurs scores aux tests standardisés de vocabulaire se situaient en moyenne dans les cinq derniers centiles[32]. En d'autres termes, ils étaient inférieurs à ceux de 95 % des jeunes de leur âge.

En parlant avec Mush et avec les autres jeunes habitants de Roseland, j'ai souvent pensé aux recherches en neurosciences et en physiologie du stress qui avaient radicalement changé le point de vue de Nadine Burke Harris. Un après-midi, nous avions sillonné ensemble les cités de Bayview-Hunters Point en voiture, échangeant des regards avec les jeunes garçons du coin. Nadine Burke Harris parlait comme si elle pouvait observer le flux et le reflux de cortisol, d'ocytocine et de norépinéphrine dans l'organisme et le cerveau de ces jeunes. « Quand nous observons ces enfants et leur comportement, ils peuvent nous paraître très mystérieux, dit-elle. Mais ce que nous voyons n'est qu'un ensemble complexe de réactions chimiques : le repliement d'une protéine, l'activation d'un neurone. Ce qui est passionnant, c'est qu'on peut les traiter. C'est au niveau moléculaire que se joue la guérison. La solution est là. »

Nadine Burke Harris me raconta l'histoire d'un de ses patients, un adolescent afro-américain qui vivait dans un foyer stressant lui ayant valu un nombre d'ACE particulièrement élevé. Burke Harris gérait sa clinique depuis suffisamment longtemps pour avoir vu le garçon grandir. Quand elle l'avait rencontré la première fois à la clinique, il avait 10 ans. C'était un enfant malheureux dans une famille malheureuse, mais c'était encore un enfant. Même s'il avait subi des coups durs, il semblait avoir encore une chance d'échapper à sa funeste destinée. Il avait désormais 14 ans. C'était un adolescent en colère. Du haut de son 1 m 80, il traînait dans les rues. Il semblait chercher les ennuis. C'était un voyou en puissance, peut-être même un criminel déjà passé à l'acte. Nous sommes enclins à éprouver de l'empathie envers un garçon de 10 ans – c'est encore un enfant, et clairement une victime. Mais envers un garçon de 14 ans – sans parler du garçon de 18 ans qu'il deviendra bientôt –, nos sentiments sont généralement moins cléments : nous éprouvons de la colère et de la peur, voire un profond découragement. Nadine Burke Harris, grâce à son expérience et à son recul de clinicienne, pouvait voir bien entendu que le garçon de 10 ans et le garçon de 14 ans étaient les mêmes, réagissant aux mêmes influences environnementales, malmené par les mêmes processus neurochimiques puissants.

Lorsque je me trouvais avec les jeunes de YAP, j'étais souvent tiraillé par des sentiments de culpabilité et de honte. À quel moment un garçon innocent devient-il un homme coupable ? Je n'avais rien à dire contre le fait que le vol de voiture aggravé soit un délit et que ceux qui s'y livrent, même si ce sont des garçons sensibles et gentils comme Mush, doivent en assumer les conséquences. Mais je comprenais aussi le point de vue de Steve Gates. Pour lui, ces très jeunes hommes sont pris dans un système implacable qui dicte leurs décisions, au point qu'il leur est quasi impossible de résister. Gates définissait le système en termes essentiellement socio-économiques tandis que Burke Harris l'envisageait d'un point de vue neurochimique. Mais plus je passai du temps à Roseland, plus ces deux visions semblaient converger.

9. LÉCHAGE ET TOILETTAGE (LT)

Les découvertes des psychologues et des neuroscientifiques peuvent souvent sembler décourageantes à qui se donne pour mission d'essayer d'améliorer l'avenir des enfants défavorisés. Nous savons maintenant que le stress et les épreuves de l'enfance peuvent littéralement se graver dans un jeune organisme et y causer des dommages durables. Mais les chercheurs sont également porteurs de bonnes nouvelles. Car ils ont découvert qu'il existe un antidote particulièrement efficace aux effets néfastes du stress dans la petite enfance. Cet antidote ne vient pas des sociétés pharmaceutiques ni des éducateurs, mais des parents. Les parents capables de nouer des liens proches et enrichissants avec leurs enfants peuvent faciliter une résilience qui les protègera contre les pires effets d'un environnement difficile. Ce message, en apparence subjectif, il s'appuie sur des études scientifiques objectives et fiables. Pour les neuroscientifiques, l'impact de l'éducation n'est pas seulement émotionnel ou psychologique ; il est aussi biochimique.

Le chercheur qui a le plus œuvré pour une meilleure connaissance de la relation entre éducation et stress est un neuroscientifique de l'université McGill, Michael Meaney. Meaney réalise beaucoup d'expériences sur les rats, le rat et l'être humain ayant des architectures cérébrales similaires. Son laboratoire accueille donc en permanence des centaines de rats qui vivent dans des cages de Plexiglas ; en général, chaque cage abrite une maman rat et une portée de bébés rats.

Les bébés rats sont continuellement examinés et pesés. Un jour, il y a une dizaine d'années, les collègues de Meaney ont remarqué un phénomène curieux : quand ils remettaient les bébés rats dans leur cage, certaines mamans rats se précipitaient et passaient quelques minutes à les lécher et à les toiletter. Les autres se contentaient de les ignorer[33]. En examinant les bébés rats, les chercheurs découvrirent que cette pratique en apparence anodine avait un impact physiologique évident : quand un assistant de laboratoire s'occupait d'un bébé rat, ce geste provoquait chez l'animal une anxiété qui se manifestait par une poussée d'hormones du stress. Le fait que la maman rat le lèche et le toilette compensait cette anxiété et calmait cette poussée d'hormones.

Intrigués, Meaney et ses collègues ont voulu en savoir plus sur le rôle de ce geste de léchage et de toilettage et sur son impact sur les bébés rats. Ils poursuivirent leurs observations, passant des jours et des nuits le nez collé contre le Plexiglas. Après des semaines d'observation intense, ils firent une autre découverte : les mamans rats avaient différentes manières de lécher leurs bébés, même quand ces derniers n'étaient pas sortis de la cage. L'équipe de Meaney entreprit alors une nouvelle expérience, avec de nouvelles mamans rats, pour essayer de quantifier ces comportements. Cette fois-ci, au lieu de sortir les bébés rats des cages, les chercheurs commencèrent par observer les cages, heure après heure, huit fois par jour, pendant les dix premiers jours de la vie des bébés rats. Ils comptabilisèrent chaque moment de léchage et de toilettage maternel[34]. Au bout de dix jours, ils séparèrent les mamans rats en deux catégories : celles qui léchaient et toilettaient beaucoup leurs bébés, et qu'ils appelèrent mères à fort LT (pour léchage et toilettage), et celles qui léchaient et toilettaient peu leurs petits, qu'ils qualifièrent mères à faible LT.

Les chercheurs voulaient savoir quels pouvaient être les effets à long terme de ces différences de comportement parental. Quand les bébés rats eurent 22 jours, ils furent sevrés, séparés de leur mère et placés avec des rats du même sexe. Puis quand ils parvinrent à maturité, c'est-à-dire à 100 jours environ, l'équipe de Meaney leur fit passer une batterie de tests pour comparer les petits des mamans rats à fort LT et ceux qui n'avaient pas été beaucoup léchés et toilettés quand ils étaient bébés.

Ils utilisèrent principalement ce que l'on appelle un test *open-field*, une procédure courante dans l'étude du comportement de l'animal. Dans le premier test, un rat est placé pendant 5 minutes dans une grosse boîte ronde ouverte qu'il est libre d'explorer à sa guise. Les rats nerveux ont tendance à raser les murs, à tourner en rond en longeant les parois ; les rats plus téméraires osent s'aventurer plus loin et explorer tout l'espace. Dans un second test, destiné à mesurer leur crainte, des rats affamés sont placés dans une autre cage pendant 10 minutes et se voient proposer de la nourriture. Les rats anxieux, comme des invités mal à l'aise dans une soirée, ont tendance à prendre plus de temps pour goûter à la nourriture et à manger moins que les rats plus calmes et plus confiants.

Dans les deux tests, la différence entre les deux groupes s'est avérée très marquée. Les rats qui n'avaient pas été beaucoup léchés et toilettés quand ils étaient bébés passaient en moyenne moins de 5 secondes sur les 5 minutes à oser explorer le centre de l'espace, tandis que les autres rats passaient en moyenne 35 secondes au centre de l'espace, soit sept fois plus de temps. Et dans le test alimentaire, les rats à fort LT commençaient à manger en moyenne au bout de 4 minutes et mangeaient plus de 2 minutes, tandis que les rats à faible LT mettaient en moyenne plus de 9 minutes à commencer à manger et ne mangeaient ensuite que quelques secondes.

Les chercheurs enchaînèrent alors les tests pour vérifier si leurs observations étaient ou non confirmées. À chaque fois, les bébés rats à fort LT se montraient meilleurs dans les labyrinthes, plus sociables, plus curieux et moins agressifs. Ils se contrôlaient mieux, étaient en meilleure santé et vivaient plus longtemps. Meaney et ses chercheurs n'en revenaient pas. Ce qui semblait n'être qu'une infime variation du style de maternage dans la petite enfance, si infime que des générations de chercheurs ne l'avaient pas remarquée jusque-là, provoquait des différences de comportement énormes chez les rats adultes, des mois après que le léchage et le toilettage avaient eu lieu. Et l'impact n'était pas que comportemental. Il était aussi biologique. Quand les chercheurs de Meaney examinèrent les cerveaux des rats adultes, ils observèrent des différences importantes dans les systèmes de réaction au stress, entre autres des grandes variations de taille, de forme et de complexité des zones du cerveau qui régulent le stress.

Meaney se demanda alors si la fréquence de léchage et de toilettage d'une maman rat n'était pas tout simplement l'expression de certains traits génétiques qui se transmettaient de la mère à l'enfant. Les mamans rats nerveuses produisaient peut-être des bébés rats d'un tempérament nerveux, et il se trouvait que ces mamans rats étaient aussi moins enclines à lécher et à toiletter. Pour valider cette hypothèse, Meaney et son équipe opérèrent un certain nombre d'échanges : à la naissance, ils retirèrent les bébés rats d'une maman à fort LT et les placèrent dans la cage d'une maman à faible LT, et inversement, suivant toutes sortes de combinaisons[35]. Quelles que soient les permutations et l'expérience entreprise, les résultat provoquaient tous la même conclusion : ce qui compte, ce ne sont pas les habitudes de léchage et de toilettage de la *mère biologique*, mais les habitudes de léchage et de toilettage de la *mère nourricière*. Si un bébé rat connaît l'expérience rassurante du léchage et du toilettage quand il est encore bébé, il devient plus courageux, plus téméraire et plus équilibré qu'un bébé rat qui n'a pas eu cette expérience, que ce soit ou non sa mère biologique qui l'a léché et toiletté.

10. ATTACHEMENT

Meaney et d'autres neuroscientifiques ont été surpris de découvrir qu'un phénomène de l'ordre de l'effet LT existait également chez les êtres humains. Ces dix dernières années, en collaboration avec des généticiens, son équipe réussit en effet à démontrer que le léchage et le toilettage d'une maman rat n'affectent pas uniquement ses bébés rats au niveau des hormones et des neurotransmetteurs. L'impact est beaucoup plus profond, jusqu'au contrôle de l'expression des gènes[36]. Lécher et toiletter un bébé rat dans les premiers jours de sa vie affecte la manière dont certaines molécules se fixent sur certaines séquences d'ADN des bébés rats. Ce processus est appelé « méthylation ». La méthode du séquençage du génome permit à l'équipe de Meaney d'établir quelle partie du génome d'un bébé rat était « activée » par le léchage et le toilettage. C'était précisément le segment par lequel l'hippocampe du rat contrôle la gestion des hormones du stress à l'âge adulte.

Cette découverte fit l'effet d'une bombe dans le monde des neurosciences. Elle montrait que, du moins chez les rats, les comportements parentaux avaient des effets prévisibles et durables liés à l'ADN et que ces effets pouvaient être suivis et observés. Cette découverte trouva un écho au-delà du monde des rongeurs avec une expérience menée par l'équipe de Meaney sur le tissu cérébral de personnes suicidées[37] – certaines ayant été victimes de maltraitance et d'abus sexuels dans l'enfance, d'autres non. À partir de ces tissus cérébraux, les chercheurs examinèrent les régions de l'ADN liées à la réaction de stress dans l'hippocampe – l'équivalent humain de la séquence ADN du rat activée par un comportement parental dans la petite enfance et affectant profondément les réactions futures du rat. Ils découvrirent que les suicidés ayant été victimes de maltraitance et d'abus sexuel dans leur enfance avaient subi une méthylation du même segment d'ADN, mais avec un effet opposé à l'effet du léchage et du toilettage : cette maltraitance avait désactivé la fonction saine de réaction au stress que le léchage et le toilettage avaient activée chez les bébés rats.

Cette étude sur le suicide est véritablement étonnante, mais elle n'apporte pas de preuve concluante sur l'impact du comportement parental sur le stress des êtres humains. Mais des preuves plus probantes commencent à voir le jour grâce à de nouvelles études qui s'appuient sur les recherches de Meaney. Clancy Blair, chercheur en psychologie à l'université de New York, mena une expérience à grande échelle sur un groupe de plus de 1 200 bébés qu'il a suivis dès l'âge de 7 mois[38]. Chaque année, Blair mesurait la montée en flèche de leurs niveaux de cortisol en réaction à des situations de stress. C'est un moyen simple d'évaluer si un enfant gère bien le stress, une sorte d'indice brut de la charge allostatique. Blair découvrit que les risques environnementaux tels que les problèmes familiaux, l'instabilité et la surpopulation ont un impact majeur sur les niveaux de cortisol des enfants – mais seulement si la mère est indifférente ou insensible. Quand les mères affichent de hauts niveaux de sensibilité, l'impact de ces facteurs environnementaux sur les enfants semble quasiment nul[39]. En d'autres termes, un maternage de qualité peut être un véritable rempart contre les dégâts que les épreuves infligent au système de réaction au stress d'un enfant, de la même manière que le léchage et le toilettage des mamans rats semblent protéger les bébés rats.

Gary Evans, le chercheur qui est à l'origine du test du jeu Simon dont nous avons parlé plus haut, réalisa une expérience similaire à celle de Blair, mais sur des collégiens[40]. Il réunit trois types de données différentes pour chaque enfant : un score de risque cumulatif qui prenait en compte tous les facteurs, du bruit ambiant dans la maison aux réponses à un questionnaire sur les tensions et conflits familiaux ; une mesure de charge allostatique comprenant la tension artérielle, le niveau d'hormones du stress dans les urines et l'indice de masse corporelle ; et une évaluation de la sensibilité maternelle reposant sur les réponses de l'enfant à une série de questions sur sa mère et l'observation par un chercheur de la mère et de l'enfant jouant ensemble à Jenga (encore un jeu Hasbro !). Les découvertes d'Evans furent globalement conformes aux attentes des chercheurs : plus le risque environnemental est élevé, plus la charge allostatique est élevée – *sauf* si la mère est particulièrement à l'écoute de son enfant. Dans ce cas, l'impact de tous ces facteurs de stress environnementaux, de la surpopulation à la pauvreté en passant par l'instabilité familiale, disparaît presque entièrement.

Quand nous examinons l'impact de l'éducation sur les enfants, nous avons tendance à penser que les effets les plus spectaculaires vont apparaître à une extrémité ou à une autre du paysage éducatif. Nous supposons qu'un enfant qui a subi des violences physiques va se porter beaucoup moins bien qu'un enfant qui a simplement été délaissé ou découragé. Et que l'enfant d'une super-maman qui bénéficie de soutien scolaire et de cours particuliers fera beaucoup mieux qu'un enfant moins entouré par ses parents. Pourtant, les recherches de Blair et Evans suggèrent que de bonnes habitudes éducatives – la capacité à être aimable et attentif pendant une partie de Jenga – ont un profond impact sur les perspectives d'avenir d'un enfant.

Pour certains psychologues, chez les êtres humains, le phénomène le plus proche du léchage et du toilettage est ce que l'on appelle l'attachement. La théorie de l'attachement a été mise au point dans les années 1960 par John Bowlby, psychanalyste britannique, et Mary Ainsworth, chercheuse à l'université de Toronto[41]. À l'époque, l'étude du développement de l'enfant était dominée par les béhavioristes, qui pensaient que les enfants se développent de manière mécanique, adaptant leur comportement selon le renforcement positif ou négatif qu'ils reçoivent. Selon eux, les enfants n'ont pas une vie émotionnelle très intense. Le désir apparent d'un bébé pour sa mère n'est rien de plus que la manifestation de ses besoins biologiques en matière d'alimentation et de confort physique. Dans les années 1950, il était généralement conseillé aux parents d'éviter de « gâter » les bébés en les prenant dans les bras et en les consolant quand ils pleuraient. Ces conseils s'appuyaient sur la théorie béhavioriste.

Dans une série d'études menées dans les années 1960 et au début des années 1970, Ainsworth montra que l'impact réel de l'attention maternelle est à l'opposé de ce que pensent les béhavioristes. À l'âge d'un an, les bébés dont les parents ont eu une réaction rapide et appropriée aux cris dans les premiers mois de la vie sont plus indépendants et plus audacieux que les bébés dont les parents ont ignoré les cris. À l'école maternelle, le schéma se répète – les enfants dont les parents ont été plus sensibles aux besoins émotionnels quand ils étaient bébés sont plus autonomes. Selon Ainsworth et Bowlby, des parents chaleureux et sensibles offrent une « base de sécurité » qui permet à un enfant d'explorer le monde.

Les psychologues des années 1960 avaient à leur disposition de nombreux tests pour évaluer les facultés cognitives des bébés et des enfants, mais ils n'avaient aucun moyen fiable de mesurer les facultés émotionnelles d'un enfant. Ainsworth inventa donc un protocole expérimental original appelé « situation étrange ». À l'université Johns Hopkins de Baltimore, où elle enseignait, Ainsworth fit venir des mères et leurs enfants de 12 mois dans un laboratoire aménagé en salle de jeux. Après avoir joué avec leur enfant pendant un moment, les mères quittaient la pièce, laissant l'enfant avec un inconnu ou complètement seul, puis revenaient peu de temps après. Ainsworth et ses chercheurs observaient la scène à travers des miroirs sans tain afin de pouvoir classer la réaction des enfants selon différentes catégories.

La plupart des enfants accueillaient le retour de leur mère avec bonheur, courant vers elle et rétablissant le contact, parfois en pleurs, parfois avec joie. Dans ce cas, Ainsworth parlait d'« attachement sécure ». Les expériences menées au cours des décennies suivantes permirent aux psychologues de penser que cet attachement sécure concernait environ 60 % des enfants américains. Pour les autres enfants, les retrouvailles n'étaient pas chaleureuses – ils semblaient ignorer leur mère à leur retour, s'en prenaient à elle, se mettaient en boule par terre. Dans leur cas, Ainsworth parla d'attachement anxieux. Elle démontra ainsi que la réaction d'un enfant au test de la « situation étrange » est directement liée au degré de réceptivité des parents au cours de la première année de vie. Les parents à l'écoute de l'humeur de leur enfant et sensibles à ses signaux créaient un attachement sécure, tandis que les parents distants, en conflit ou hostiles, créent un attachement anxieux chez leurs enfants. D'après Ainsworth, les effets psychologiques de cet attachement dans la petite enfance se font sentir toute la vie.

11. MINNESOTA

Mais à ce stade, l'hypothèse d'Ainsworth selon laquelle l'attachement dans la petite enfance a des répercussions à long terme n'était qu'une théorie. Personne n'avait trouvé de moyen fiable de la vérifier. En 1972, l'un des assistants d'Ainsworth, Everett Waters, diplômé de Johns Hopkins, entama une thèse sur le développement de l'enfant à l'université du Minnesota. Il rencontra Alan Sroufe, une étoile montante de l'Institute of Child Development de l'université. Waters lui parla du travail d'Ainsworth. Fasciné, Sroufe adhéra rapidement à ses idées et à ses méthodes. Ensemble, ils installèrent un laboratoire où ils purent réaliser le test de « situation étrange » avec des mères et des enfants. L'institut devint rapidement un pôle majeur dans la recherche sur l'attachement.

Sroufe s'associa à Byron Egeland, psychologue de l'université qui avait obtenu une bourse du gouvernement fédéral pour réaliser une étude sur les mères à faible revenu et leurs enfants. Ensemble, ils recrutèrent auprès de la clinique publique de Minneapolis 267 femmes enceintes, toutes primipares et vivant sous le seuil de pauvreté. 80 % de ces femmes étaient blanches, les deux tiers célibataires et la moitié adolescentes. Egeland et Sroufe commencèrent à suivre les enfants dès leur naissance[42] – l'étude est d'ailleurs toujours en cours ; les sujets ont aujourd'hui une trentaine d'année, et Egeland et Sroufe ont pris leur retraite. Les premières conclusions de cette étude, qu'Egeland, Sroufe et deux coauteurs résumèrent dans un ouvrage paru en 2005, *The Development of the Person* (« Le développement de l'individu »), restent à ce jour l'évaluation la plus complète réalisée sur les effets à long terme des relations parentales sur le développement de l'enfant.

Les chercheurs du Minnesota ont mis en évidence qu'un attachement n'a rien de définitif : il arrive que les rapports d'attachement changent au cours de l'enfance, et que des enfants ayant un attachement anxieux réussissent dans la vie. Mais pour la plupart des enfants, le type d'attachement à un an, tel qu'il est mesuré entre autres par le test de « situation étrange », induit grand nombre de développements ultérieurs. Les enfants ayant un attachement sécure dans leur plus jeune âge ont de meilleures compétences sociales tout au long de leur vie. Ils parviennent mieux à se mêler à leurs camarades de maternelle, à avoir des amitiés fortes au milieu de l'enfance et à maîtriser les dynamiques complexes des réseaux sociaux à l'adolescence.

À l'école maternelle, les deux tiers des enfants de l'étude du Minnesota qui avaient un attachement sécure dans leur petite enfance étaient qualifiés par leurs enseignants de « compétents » en termes de comportement, c'est-à-dire attentifs, impliqués et rarement indisciplinés en classe[43]. Parmi les enfants ayant un attachement anxieux quelques années plus tôt, seul 1 sur 8 était placé dans la catégorie « compétent », la majorité des autres ayant, selon les enseignants, au moins un problème de comportement. (Les enseignants ne connaissaient pas les résultats du test de « situation étrange ».) Les enfants dont les parents avaient été qualifiés d'indifférents ou émotionnellement absents lors des premières évaluations obtenaient les moins bons résultats à la maternelle. Les enseignants recommandèrent un programme spécial ou un redoublement pour les deux tiers d'entre eux. Quand on demandait aux enseignants de classer les élèves selon leur degré de dépendance, 90 % des enfants ayant un passé d'attachement anxieux entraient dans la moitié de classe la plus dépendante, contre seulement 12 % des enfants avec un passé d'attachement sécure[44]. Quand les enseignants et les autres enfants étaient interrogés à leur sujet, les enfants ayant un attachement anxieux étaient plus souvent qualifiés d'agressifs, asociaux et immatures[45].

Quand les enfants eurent 10 ans, les chercheurs invitèrent un groupe de 48 d'entre eux choisis au hasard à passer quatre semaines dans un camp de vacances où ils furent étroitement surveillés et discrètement étudiés. Les conseillers (là encore, ils n'avaient pas été informés du type d'attachement à un an) observèrent que les jeunes ayant un attachement sécure avaient plus confiance en eux et géraient mieux les difficultés[46], alors que les enfants ayant eu un attachement anxieux passaient moins de temps avec leurs camarades et plus de temps seuls ou avec les moniteurs.

Quand les enfants furent de nouveau étudiés à l'âge du lycée, les chercheurs découvrirent que l'attention parentale dans la petite enfance permettait de prédire avec plus de fiabilité que le QI ou les résultats aux tests d'aptitude quels élèves obtiendraient leur diplôme de fin d'études[47]. En s'appuyant sur la seule attention parentale dans la petite enfance et en occultant les qualités et les capacités des élèves, il était possible de prédire dès l'âge de 4 ans, avec un taux de précision de 77 %, quels enfants abandonneraient le lycée[48].

Le parallèle entre les résultats des recherches conduites par Michael Meaney sur les bébés rats à Montréal et les études d'Alan Sroufe et Byron Egeland sur les enfants du Minnesota saute aux yeux. Dans les deux cas, certaines mères reproduisent des comportements parentaux idiosyncratiques précis dans les premiers jours de la vie de l'enfant. Ces comportements – léchage et toilettage chez les rats, écoute et réaction aux signaux de l'enfant chez les êtres humains – semblent avoir un effet puissant et durable sur l'avenir des enfants. On observe notamment quelques constantes : les bébés humains et les rats ayant reçu plus d'attention dans la petite enfance sont, plus tard, plus curieux, plus autonomes, plus calmes et plus capables de surmonter les obstacles. L'attention de la mère favorise chez eux une résilience qui agit comme un rempart contre le stress. Face aux difficultés de la vie, même des années plus tard – lors d'un test *open-field* (voir p. 60) ou d'un conflit avec d'autres enfants –, les rats comme les humains sont capables de s'affirmer, de puiser dans leurs réserves de confiance en eux et d'aller de l'avant.

12. INTERVENTIONS ÉDUCATIVES

Il existe un lien entre les recherches de Mary Ainsworth sur l'attachement et la clinique de Nadine Burke Harris, et ce lien est Alicia Lieberman, psychologue à San Francisco. Au milieu des années 1970, Lieberman étudia avec Ainsworth à l'université

Johns Hopkins. Ainsworth dirigeait alors sa première grande étude sur l'éducation et l'attachement. Sous la direction d'Ainsworth, Lieberman, alors en troisième cycle universitaire, passa de longues heures à visionner des cassettes vidéo de jeunes mamans s'occupant de leurs bébés, observant les petits signes de sensibilité et d'écoute maternelles susceptibles de favoriser un attachement sécure chez les nourrissons. Aujourd'hui, Lieberman dirige le Child Trauma Research Program de l'université de Californie à San Francisco, où elle collabore avec Nadine Burke Harris.

Lieberman, malgré tout le bien qu'elle pensait des travaux menés par Sroufe et Egeland dans le Minnesota, me confia qu'elle avait le sentiment que leur étude omettait deux points importants. Le premier était la reconnaissance explicite de la difficulté qu'éprouvent de nombreux parents de quartiers comme Bayview-Hunters Point à nouer un attachement sécure avec leurs enfants. « Souvent, les conditions de vie d'une mère entravent sa capacité naturelle à faire face, me dit Lieberman lors d'une visite de l'une des cliniques de San Francisco où elle exerce. Quand vous êtes englué dans la pauvreté, l'incertitude et la peur, il faut des qualités surhumaines pour assurer les conditions d'un attachement sécure. » Le propre passé de la mère en matière d'attachement peut d'ailleurs aggraver la situation : les recherches menées lors de l'étude du Minnesota et d'autres montrent que si une jeune maman a connu un attachement anxieux avec ses parents dans son enfance (quel que soit son milieu social), il lui sera plus difficile de créer un environnement protecteur et épanouissant pour ses propres enfants.

Le second élément que l'étude du Minnesota sous-estime, selon Lieberman, est que les parents peuvent malgré tout *surmonter* un traumatisme et un manque d'attachement passés ; qu'ils peuvent changer d'attitude envers leurs enfants et passer d'une attitude qui produit un attachement anxieux à une attitude qui favorise un attachement sécure et un fonctionnement sain. Selon Lieberman, certains parents accomplissent seuls cette transformation, mais la plupart ont besoin d'aide. Et c'est précisément ce qu'elle a passé le plus clair de sa carrière à faire : se demander comment les aider au mieux. Dans les années qui suivirent son départ de Johns Hopkins, elle mit au point un traitement, appelé psychothérapie enfant-parent, qui conjugue les théories d'Ainsworth sur l'attachement et les travaux plus récents sur le stress traumatique. Les thérapeutes travaillent simultanément avec des parents en danger et leurs nourrissons pour améliorer les relations d'attachement et protéger à la fois les parents et les enfants contre l'impact du traumatisme. Actuellement, deux thérapeutes du programme de Lieberman s'occupent de dizaines de patients à la clinique de Burke Harris.

La thérapie de Lieberman est assez intensive. Elle comporte des séances hebdomadaires pouvant se poursuivre pendant un an. Mais son principe, qui consiste à améliorer le devenir des enfants en favorisant des liens forts avec leurs parents, est de plus en plus utilisé aux États-Unis dans différentes interventions. Et le résultat, après évaluation de ces interventions, est souvent probant.

Dante Cicchetti, psychologue à l'université du Minnesota, suivit par exemple 137 familles ayant un passé de maltraitance infantile – donc des familles à très haut risque pour les enfants. Chaque famille avait un enfant d'un an[49]. C'est lui qui était au cœur de l'intervention. Pour commencer, tous les enfants furent évalués par le test de la « situation étrange ». Comme on pouvait s'y attendre, les résultats étaient effarants : un seul des 137 bambins montra un attachement sécure et 90 % avaient un attachement désorganisé, le type d'attachement anxieux le plus problématique. Puis les familles furent réparties au hasard entre un groupe expérimental et un groupe témoin. Le groupe expérimental suivit pendant un an la psychothérapie de Lieberman tandis que le groupe témoin bénéficiait du suivi standard proposé par les services sociaux aux familles connues pour maltraitance. À l'âge de 2 ans, 61 % des enfants du groupe expérimental avaient formé un attachement sécure avec leurs mères, contre seulement 2 % dans le groupe témoin.

Cicchetti montrait ainsi que l'éducation propice à l'attachement pouvait être inculquée aux parents les plus en difficulté, et ce pour le plus grand bien à la fois des parents et des enfants.

D'autres études ont prouvé que des interventions moins intensives que la thérapie de Lieberman pouvaient avoir un impact sur le type d'attachement des enfants mais aussi sur le bon fonctionnement de leur système de réaction au stress. L'une d'elles, intitulée Multidimensional Treatment Foster Care for Preschoolers, est dirigée par Philip Fisher, psychologue à Eugene, Oregon[50]. Elle propose aux familles d'accueil six mois de formation et de conseils sur les techniques de gestion des conflits et des situations difficiles. Les enfants placés en famille d'accueil ont souvent des difficultés à réguler leur système de réaction au stress (comme c'était le cas de Monisha Sullivan). L'une des expériences a montré que, au bout de six mois de traitement, les enfants ayant suivi le programme Fisher affichaient non seulement des signes accrus d'attachement sécure, mais aussi des niveaux de cortisol entièrement normaux, après avoir été jugés dysfonctionnels.

Mary Dozier, psychologue à l'université du Delaware, a mis elle aussi au point une intervention intitulée Attachment and Behavioral Catch-up (ABC[51]) à destination des familles d'accueil de jeunes enfants. ABC incite les parents de ces familles à se montrer plus attentifs, plus chaleureux et plus calmes face aux signaux des nourrissons qu'ils accueillent. Après seulement dix visites, les enfants en ABC affichent des taux d'attachement sécure supérieurs, et leurs niveaux de cortisol sont identiques à ceux des enfants lambda ne vivant pas en famille d'accueil[52].

Le plus remarquable dans l'intervention de Dozier est peut-être que seuls les parents suivent le traitement, pas les enfants qui leur sont confiés. Pourtant, ce programme a un impact profond sur le fonctionnement de l'axe HPA des enfants.

13. MAKAYLA

J'ai pu observer cette approche à l'œuvre un après-midi de printemps dans le South Side de Chicago, en rendant visite à Jacqui, 16 ans, et à son bébé de 18 mois, Makayla, dans la maison où elles vivaient avec la mère de la jeune fille. Je n'étais pas le seul visiteur. Une Afro-Américaine d'un certain âge du nom d'Anita Stewart-Montgomery était là elle aussi. Cette employée des Catholic Charities se rend régulièrement chez les parents à risque (généralement des mères célibataires) dans le cadre d'un programme dirigé par une association caritative de Chicago, l'Ounce of Prevention Fund. Après la visite, j'ai pu discuter avec Nick Wechsler, spécialiste de la petite enfance, qui supervise les programmes de visite à domicile d'Ounce depuis plus de deux décennies. Il m'expliqua qu'Ounce s'intéressait aux questions traditionnelles dont discutent les visiteurs à domicile et les jeunes parents – alimentation du nourrisson, arrêt du tabac et développement du vocabulaire –, mais que les recherches avaient convaincu les responsables de l'association que l'amélioration de l'avenir des enfants passait par l'amélioration de l'attachement – le levier le plus puissant à leur disposition. C'était donc devenu leur priorité.

Wechsler doit souvent rappeler aux visiteurs que leur mission n'est pas d'essayer de résoudre les nombreux problèmes qu'ils observent, mais qu'ils doivent se concentrer sur l'attachement. « C'est un immense défi pour les visiteurs, car notre instinct nous pousse à vouloir en faire davantage, me dit Wechsler. Vous ne pouvez pas toujours résoudre les problèmes de logement ou de scolarisation des parents, mais vous pouvez forger chez eux une force intérieure et une résilience leur permettant d'être les meilleurs parents possible. »

Il est vrai que les problèmes ne manquaient pas dans le monde de Makayla. En les observant jouer et parler, elle, Jacqui et Stewart-Montgomery, sur le tapis du salon, je me pris à souhaiter que la maison soit moins bruyante, que les meubles aient des arêtes moins tranchantes, que la fillette, sa mère et sa grand-mère ne vivent pas dans un immeuble délabré au bord d'un terrain vague et que l'on ne sente pas la fumée de cigarette en provenance de l'appartement voisin. Mais Stewart-Montgomery restait concentrée sur Jacqui, l'observant observer Makayla, faisant des commentaires encourageants, lui apportant le type même de soutien chaleureux et bienveillant qu'elle espérait voir Jacqui adopter envers Makayla.

Les recherches menées par Hart et Risley sur l'importance des compétences langagières dans la petite enfance avaient donné naissance à une série d'interventions visant essentiellement à encourager les parents à enrichir le vocabulaire de leurs enfants. Il fallut toutefois se rendre à l'évidence : si votre vocabulaire est limité, ce qui est le cas de nombreux parents à faible revenu, il vous est très difficile d'apporter à vos enfants un vocabulaire riche. Leur lire plus d'histoires peut aider, mais les enfants ne s'imprègnent pas du langage parental uniquement dans des moments dédiés à l'apprentissage du vocabulaire. Ils s'en imprègnent *à chaque instant*. C'est pourquoi, en matière de vocabulaire, les lacunes se transmettent souvent de génération en génération – un cercle vicieux que des crèches et des écoles maternelles peuvent en grande partie rompre, mais qu'il est difficile aux parents de briser seuls.

Fisher, Dozier, Cicchetti et Lieberman ont montré que le potentiel de développement et de progression était beaucoup plus grand en matière d'attachement. Contrairement à ce qui se passe avec le langage, il est possible de remédier à une éducation anxiogène par une intervention relativement mineure, et donc de briser le cercle vicieux du manque d'attachement. Il suffit d'une action ciblée pour qu'une mère à faible revenu qui éprouve des problèmes d'attachement soit capable de nouer un attachement sécure avec son enfant – ce qui changera énormément la donne dans la vie de cet enfant. Si Anita Stewart-Montgomery réussit à aider Jacqui et Makayla à tisser un lien d'attachement sécure, Makayla aura non seulement plus de chances d'être une enfant heureuse, mais elle aura aussi plus de chances de décrocher un diplôme, d'échapper à la prison, de ne pas se retrouver enceinte à l'adolescence et d'avoir une relation plus positive avec ses propres enfants.

14. STEVE GATES

Peu après l'annonce par Ron Huberman de son projet d'engager des ambassadeurs YAP comme tuteurs des adolescents à « très haut risque » de Chicago, Heather Mac Donald, du très conservateur Manhattan Institute, publia un long article dans le *City Journal*, la revue trimestrielle de l'institut, sur la violence des jeunes dans la ville[53]. Elle reprochait à Huberman et à YAP – donc à Barack Obama par la même occasion – d'ignorer ce qu'elle appelait la première cause de dysfonctionnement de Roseland, à savoir « la disparition de la famille noire biparentale ». Elle assimilait YAP au travail de Saul Alinsky, politicien américain de gauche (1909-1972) qui inventa dans les années 1960 le concept de *community organizing**, et remettait en cause les interventions « résolument non moralisatrices » des ambassadeurs YAP. Elle préconisait une intervention dans laquelle les ambassadeurs agiraient comme des « chefs scouts » et « donneraient à leurs protégés des occasions d'apprendre l'autodiscipline et la persévérance, éveilleraient leur imagination avec des vertus masculines, et leur parleraient d'honnêteté, de politesse, du bien et du mal ». Ce genre de discours viril, écrivait Mac Donald, pourrait faire avancer la lutte contre la faillite sociale du South Side.

---

* Expression que l'on pourrait traduire par « animation de quartier ». Alinsky défendait l'idée que pour s'attaquer aux problèmes sociaux, il faut mettre en place, à l'échelle des quartiers, des organisations permettant aux habitants de se mobiliser. À 24 ans, Barack Obama aura lui-même été un des *organizers* imaginés par Alinsky.

Étrangement, aussi acerbes qu'aient été les critiques portées par Mac Donald sur YAP, l'attitude et les propos des ambassadeurs YAP étaient très proches de ce qu'elle préconisait. Loin d'éviter de parler de faillite familiale, les ambassadeurs comme Steve Gates semblaient préoccupés par le sujet. Ils disaient clairement qu'ils n'auraient pas à faire ce qu'ils faisaient si les familles de Roseland fonctionnaient comme elles auraient dû le faire.

« Si vous examinez les structures familiales de nos enfants, vous comprenez parfaitement pourquoi ils sont ce qu'ils sont, me confia Gates un matin. Il existe un lien étroit entre les problèmes familiaux et le comportement des enfants à l'école. Éducation défaillante, dysfonctionnements… – tous ces problèmes déteignent sur les enfants, qui les emportent à l'école, dans la rue, partout. »

Gates ne nie pas les nombreux autres problèmes auxquels sont confrontés les jeunes de Roseland ; il est pleinement conscient des facteurs sociaux, économiques et politiques qui ont dévasté le quartier depuis qu'il le connaît. Le départ des Blancs, par exemple : au début des années 1970, quand Gates arriva à Roseland avec ses parents peu après sa naissance, ils étaient l'une des rares familles afro-américaines du pâté de maisons. Cela n'a pas duré. « Quand j'ai commencé à marcher, me dit Gates, tous les enfants blancs étaient partis. » Et pas seulement dans son pâté de maisons. En 1960, plus de 45 000 Blancs vivaient à Roseland ; en 1990, ils n'étaient plus que 493. Dans le même temps, la zone industrielle du South Side, où travaillaient le grand-père, le père et les oncles de Gates, disparut elle aussi. Les usines fermèrent ou déménagèrent les unes après les autres. Il ne resta plus à Roseland qu'un tissu de pathologies sociales allant de mal en pis d'année en année, chaque problème ne faisant qu'empirer et en aggraver d'autres, de l'assistanat à la toxicomanie en passant par la violence de gang.

Gates est bien décidé à ne pas reprocher aux parents de Roseland la crise du quartier, mais il est convaincu que le meilleur moyen d'améliorer l'avenir de ces enfants ne passe pas par l'école, ni par le travail des Églises, ni même par l'agence pour l'emploi, mais par la famille – voire par la création de structures familiales de substitution ou complémentaires pour les enfants qui n'en ont pas. Cette approche n'obtient certainement pas 100 % de réussite, et dans les mois que j'ai passés à observer Steve Gates, j'ai été témoin de nombreux échecs et tragédies. Des adolescents qu'il suivait ont été arrêtés, emprisonnés, blessés ou même tués. Mais cette méthode peut fonctionner dans bien des cas et les transformations que les ambassadeurs YAP parviennent à susciter chez les jeunes qu'ils suivent sont souvent stupéfiantes.

15. KEITHA JONES

L'élève YAP dont l'avenir semblait le plus prometteur est aussi celui dont l'histoire fut pour moi la plus douloureuse à entendre. Quand je fis sa connaissance dans le bureau d'Elizabeth Dozier, à l'automne 2010, Keitha Jones était en classe de *senior* à la Fenger High School*. À 17 ans, elle avait tout d'une vraie dure. Elle arborait des tatouages sur tous les bras, un piercing à la lèvre inférieure et une vilaine mèche rouge dans ses cheveux en bataille. Elle vivait chez sa mère à l'angle de Parnell Avenue et de la 113e Rue, à quelques pâtés de maisons de Fenger, dans un secteur de Roseland appelé les Hundreds. Quand elle était enfant, cette petite mansarde délabrée, bruyante et surpeuplée résonnait de conflits incessants et accueillait toutes sortes de locataires : frères et sœurs, demi-frères, demi-sœurs, oncles et cousins, mais aussi, plus rarement, le père de Keitha, qu'elle décrivait comme un « joueur ». Ce mécanicien vivait avec sa femme et sa famille à quelques rues de là, ayant plusieurs maîtresses (dont la mère de Keitha) disséminées dans tout le quartier et un

* Pour les équivalences des niveaux scolaires, voir note p. 29.

total de dix-neuf enfants. En grandissant, quand Keitha rencontrait une fille qui lui ressemblait beaucoup, elle se disait : « Tiens, voilà encore une de mes sœurs. » La mère de Keitha avait été scolarisée à Fenger dans les années 1980 avant de se faire renvoyer en dernière année après s'être présentée au lycée en état d'ivresse. Elle était devenue accro au crack, me dit Keitha, comme beaucoup des membres de sa famille. Certains revendaient aussi de la cocaïne et, quand Keitha était petite, la police débarquait régulièrement dans la maison de Parnell Avenue, à la recherche de drogues et d'armes à feu. Les policiers retournaient les tiroirs, renversaient les poêles et les casseroles, puis repartaient généralement avec l'un des membres de la famille menotté.

À l'entrée au collège, Keitha fut victime d'abus sexuels par un membre de la famille, un vieil homme qu'elle appelait Cousin Angelo, lui aussi accro au crack, qui vivait avec eux depuis qu'elle était enfant. « J'étais vraiment jeune, et j'avais peur. Je me disais : "Quoi que tu fasses, il faut que ça se passe et puis ce sera fini. » Les abus durèrent des années et la rongeaient intérieurement. Keitha espérait que sa mère remarquerait quelque chose et interviendrait. Elle n'en parla jamais – elle avait peur que sa mère ne la croie pas. Elle ne l'aurait pas supporté. Elle garda donc le silence, mais sa colère enfla. Elle se disputait sans arrêt avec sa mère, sans toutefois en venir aux mains. Keitha s'interdisait de frapper un adulte. « J'allais à l'école pour me battre, me confia-t-elle. C'était ma manière de relâcher la pression. Je ne parlais à personne de mes problèmes. Je les laissais s'accumuler en moi jusqu'au point où j'allais exploser. Quand j'arrivais à l'école, dès que quelqu'un me disait quelque chose qui me déplaisait, je laissais exploser ma colère parce que je savais que je ne pouvais pas frapper ma mère. » En année de *freshman* à Fenger, Keitha multiplia les infractions à la discipline, enchaînant les suspensions de dix jours. Elle finit par devenir l'un des jeunes les plus violents de cette école déjà violente. « Tout le monde me voyait ainsi, dit-elle. Une bagarreuse. Et j'en étais fière. »

En juin 2010, Elizabeth Dozier demanda à ce que Keitha soit affectée à un ambassadeur YAP. Le premier auquel Steve Gates confia Keitha ne convint pas – elle le jugeait trop « vieux jeu ». Gates fit un nouvel essai, adressant Keitha à une ambassadrice à temps partiel, Lanita Reed, 31 ans. Cette habitante de Roseland ne s'occupait que d'un seul autre jeune YAP. Elle travaillait à plein-temps dans son salon de beauté, le Gifted Hanz – une boutique chaleureuse et accueillante qui égayait un coin plutôt désolé de la 103e Rue. Keitha avait toujours eu envie de devenir coiffeuse. Reed l'engagea comme shampouineuse. Elle faisait les shampoings, balayait le salon et donnait de temps en temps un coup de main pour les tresses, les twists ou les dreadlocks très appréciés des garçons du quartier.

Reed est croyante, ce qui ne l'empêche pas de trouver important qu'une femme prenne soin de son apparence physique. Elle entreprit donc avec Keitha ce que l'on pourrait appeler un relooking à la fois interne et externe. Keitha n'était pas du genre à se faire une manucure, mais Reed réussit à la convaincre de se faire les ongles et de se faire coiffer. Elle lui apprit aussi à se maquiller, à se poser des faux cils et à s'habiller. Elles passaient des heures au salon et dans le quartier à manger, à jouer au bowling ou juste à discuter : c'était une sorte de thérapie permanente. Pour Keitha, Reed était comme une grande sœur idéale. Elle organisait des dîners le dimanche pour Keitha et quelques autres filles du programme YAP. Elles pouvaient ainsi parler de leurs mères négligentes et de leurs pères absents, des garçons, de la drogue et de leur colère. Keitha, qui ne s'était jamais confiée à personne, commença à se livrer. « Ma vision de la vie a alors complètement changé », m'expliqua Keitha.

Sur les conseils de Reed, Keitha a commencé à prier. « J'ai juste demandé à Dieu de me guérir, dit-elle, de pardonner toutes les mauvaises choses que j'avais faites faites. » Elle cessa de se disputer avec sa mère et de se battre à l'école. Quand deux filles de *sophomore* commencèrent à la provoquer dans les couloirs, elle garda son calme et demanda conseil à Reed. Celle-ci l'aida à organiser une rencontre avec les filles en question dans le bureau de Dozier. À la grande surprise de Keitha, le problème fut vite réglé. « Quand nous nous sommes retrouvées pour en parler, me dit Keitha, il s'avéra qu'il n'y avait rien du tout. »

Un événement douloureux vint alors rouvrir ses plaies. Cet automne-là, sa plus jeune sœur, qui avait tout juste 6 ans, confia à Keitha que le cousin Angelo avait essayé de la toucher. « Quand elle m'a dit ça, je ne pouvais plus m'arrêter de pleurer, me dit Keitha. Je me suis sentie tellement coupable ! Si j'avais parlé plus jeune, il serait parti et ça ne serait jamais arrivé à ma sœur. » Keitha en parla à Reed, qui en parla à Gates, lequel dit à Reed qu'elle était obligée d'en informer l'Illinois Department of Child and Family Services (DCFS). Comme presque tous les travailleurs sociaux et les enseignants, les ambassadeurs YAP sont tenus de signaler les abus physiques ou sexuels aux autorités compétentes. Reed était hors d'elle. À Roseland, le DCFS fait figure de méchant : c'est lui qui retire les enfants à leurs parents. Aussi difficile que soit leur foyer, Reed était convaincue que Keitha et ses frères et sœurs devaient rester avec leur mère.

Reed dit à Gates qu'elle refusait de faire un signalement. Elle menaça de démissionner. Elle était désemparée. « La rue en moi me disait de trouver quelqu'un pour passer Angelo à tabac, me confia Reed. Mais le Dieu en moi me disait de gérer au mieux cette situation. » Finalement, Reed laissa Gates téléphoner au DCFS et elle réussit à négocier avec les services sociaux. Angelo fut expulsé de la maison – il finit en prison sous l'accusation d'agression sexuelle sur mineur – et Keitha et ses frères et sœurs restèrent auprès de leur mère.

Comme le craignait Keitha, sa mère ne fut pas d'un grand soutien. Elle se plaignit de perdre les 300 dollars qu'Angelo versait chaque mois pour le loyer. Keitha avait parfois l'impression qu'elle s'inquiétait plus du sort d'Angelo en prison que de ses filles qui avaient été agressées. Mais Keitha était bien décidée à changer de vie, et cette affaire ne fit que renforcer sa détermination. « Je ne vais pas laisser le passé ruiner mon avenir, me dit-elle. Je ne peux pas m'empêcher d'y penser de temps en temps, mais je ne vais pas le laisser me gâcher la vie. Le pire est derrière moi. Maintenant, je cherche le positif. Je suis tellement fatiguée de mener la vie que je mène que je vais faire tout mon possible pour changer les choses. »

Malgré ses mauvais résultats scolaires, Keitha se mit en tête de passer son diplôme à l'été 2011. Le système scolaire lui en offrait la possibilité. Aux États-Unis, si vous êtes lycéen, si vous habitez une grande ville et si vous avez des difficultés scolaires, vous avez à votre disposition de nombreux moyens de combler rapidement votre retard : cours de rattrapage, cours du soir, cours en ligne. Les élèves peuvent ainsi boucler un semestre en un mois ou deux. Beaucoup d'enseignants regardent ces innovations d'un œil sceptique. Ils n'y voient souvent qu'un moyen pour les lycées de se débarrasser des éléments les plus difficiles en les lâchant dans la nature avec un diplôme mais sans réelle formation. Mais pour Keitha, qui était plus que prête à quitter Fenger, ces cours ont été une bénédicition. Pour la première fois de sa scolarité, elle s'appliquait en cours. Elle suivait des cours du soir cinq jours par semaine et restait souvent au lycée de 8 heures du matin à 7 heures du soir. En juin 2011, elle sortit de Fenger avec son diplôme et s'inscrivit au Truman College du North Side de Chicago, où elle commença des études de cosmétique.

Un jour du printemps 2011, quelques mois après qu'elle eut obtenu son diplôme, je la retrouvai à la cafétéria de Fenger. Elle me décrivit ses projets d'avenir. Lanita Reed lui avait promis qu'une fois son diplôme en poche, elle l'embaucherait à plein-temps dans son salon. « Dans cinq ans, je me vois dans mon appartement avec mon propre salaire, me dit Keitha. Mes petites sœurs pourront venir vivre avec moi. »

Voilà ce qui m'a toujours le plus impressionné chez Keitha : son rêve était de trouver le moyen de s'en sortir, pour elle mais aussi pour sa famille. « Je veux montrer à mes petites sœurs qu'il existe une vie meilleure que celle que l'on voit tous les jours, me dit-elle ce jour-là à la cafétéria. Elles ont peut-être l'impression qu'il n'existe rien d'autre, car elles ne connaissent que Parnell Avenue et les Hundreds. Mais la vie, c'est plus que ça, plus que toutes ces bagarres, plus que tous ces meurtres et tout le reste. C'est plus que ça. Beaucoup plus. »

La thèse qui défend la nécessité d'intervenir dès la petite enfance sur les apprentissages cognitifs est certes difficile à contester. Car les premières années sont fondamentales dans le développement du cerveau ; elles représentent une occasion unique de jouer sur l'avenir d'un enfant. Mais l'un des éléments les plus prometteurs des programmes qui explorent des voies émotionnelles, psychologiques et neurologiques, c'est qu'ils peuvent être assez efficaces plus tard – beaucoup plus tard que les interventions cognitives. Le QI résiste obstinément à toute amélioration significative au-delà de l'âge de 8 ans. En revanche, les fonctions exécutives et la capacité à gérer le stress et les émotions peuvent être améliorées, parfois même de manière spectaculaire, jusqu'à l'adolescence et même aux premiers stades de l'âge adulte.

L'adolescence est un âge délicat pour presque tous les enfants, et pour ceux qui ont vécu une enfance difficile, cette période marque souvent un tournant décisif. C'est le moment où les anciennes blessures leur dictent de mauvais choix, parfois dévastateurs. Mais les adolescents ont aussi la capacité – ou du moins le potentiel – de revisiter leur vie et de la modifier, contrairement aux plus jeunes. L'expérience de Keitha montre (nous le verrons aussi dans les chapitres suivants) que l'adolescence peut marquer un tournant et sonner l'heure d'une profonde transformation. C'est le moment où un jeune peut tourner le dos à un échec programmé et décider de s'engager sur la voie de la réussite.

Chapitre 2

Apprendre à forger son caractère

1. LA MEILLEURE CLASSE DE TOUS LES TEMPS

Les 38 adolescents qui obtinrent leur diplôme de la KIPP Academy dans le South Bronx au printemps 1999 pourraient bien être la classe de *eighth grade** la plus célèbre de toute l'histoire des écoles publiques américaines. Tous Afro-Américains ou Hispaniques, et presque tous issus de familles à faible revenu, les collégiens avaient été recrutés quatre ans plus tôt en classe de *fourth grade* par David Levin, un jeune Blanc de 25 ans, diplômé de Yale, survolté et dégingandé, qui les persuada, eux et leurs parents, de s'inscrire dans ce tout nouveau collège en leur promettant qu'il les mènerait jusque sur les bancs de l'université, même si la plupart d'entre eux étaient des mauvais élèves des écoles publiques du Bronx[1]. Pendant les quatre années passées dans cette école du KIPP (Knowledge Is Power Program – « Savoir, c'est pouvoir »), ils découvrirent un nouveau type d'éducation que Levin semblait souvent improviser au fur et à mesure, cumulant de longues journées de cours intensifs et animés avec un programme sophistiqué d'aide au comportement.

La formule de Levin sembla marcher, et à une vitesse remarquable : en 1999, au test d'aptitude de *eighth grade*, les élèves de la

* Équivalent de la 4e dans le système français.

KIPP Academy arrivèrent en tête dans le Bronx et à la cinquième place pour toute la ville de New York[2]. Ces scores – du jamais vu à l'époque pour une école non sélective d'un quartier pauvre – valurent à KIPP la une du *New York Times*[3] et un reportage de Mike Wallace dans *60 Minutes*. Ils contribuèrent également à convaincre Doris et Donald Fisher, fondateurs de Gap, d'investir des millions de dollars pour étendre KIPP à l'échelle nationale. Ce projet permit la création de plus d'une centaine de nouvelles *charter schools** KIPP dans tout le pays au cours des dix dernières années. KIPP se retrouva ainsi, pour le meilleur ou pour le pire, au centre des débats nationaux sur les *charter schools*, les syndicats d'enseignants, les tests normalisés et l'impact de la pauvreté sur l'apprentissage.

Du jour où ils entrèrent à la KIPP Academy, en 1995, les élèves de cette première promotion s'entendaient rappeler – rabâcher, diraient certains – l'importance des études supérieures. Ils furent baptisés « promotion 2003 », année de leur future entrée à l'université. Les couloirs de l'école étaient tapissés de fanions aux couleurs des universités et chaque enseignant décorait sa classe de toutes sortes d'objets venant de sa propre université. Dans la cage d'escalier, un panneau géant rappelait aux élèves leur mission : GRAVIR LA MONTAGNE QUI MÈNE A L'UNIVERSITÉ. En sortant de KIPP, leur avenir semblait tout tracé : après avoir quitté le collège avec des résultats scolaires excellents, la plupart d'entre eux avaient été admis dans des lycées privés très sélectifs, souvent avec une bourse complète.

Mais pour beaucoup d'élèves de cette première promotion, les choses ne prirent pas la tournure escomptée. « Comme notre première promotion était arrivée cinquième de toutes les écoles de New York, me dit Levin, et que 90 % des élèves étaient entrés

---

* École à gestion privée et à financement public.

dans des écoles privées, nous pensions que le problème était résolu. C'était faux. » Presque tous les élèves de la promotion 2003 allèrent au bout du lycée, et la plupart d'entre eux poursuivirent à l'université. Mais la montagne s'avéra ensuite plus difficile à escalader : six ans après la sortie du lycée, 21 % de la promotion seulement – soit huit élèves – avaient obtenu un *bachelor's degree** [4].

Tyrell Vance faisait partie de cette première promotion KIPP. Son parcours est assez représentatif. À son arrivée à KIPP, il était dérouté par les rituels, les règles et l'énergie du collège. « Ce fut un véritable choc culturel, me confia-t-il. Je n'avais jamais rien vu de tel. » Vance avait toujours considéré que le travail à la maison était facultatif. À KIPP, il était obligatoire et cette différence de point de vue provoqua une longue série de conflits entre Vance et l'équipe de KIPP. Quand la classe s'envola pour un voyage dans le Vermont en *seventh grade*, Vance dut rester chez lui pour finir ses devoirs. Mais il était clair que les enseignants de KIPP étaient entièrement dévoués à leurs élèves. Il finit à son tour par leur être entièrement dévoué. « Ils étaient ma deuxième famille, me dit-il. C'est ce qu'on a tous fini par se dire. On était comme une famille. »

Comme beaucoup d'élèves de la promotion, Vance était très doué en mathématiques au collège. Il passa brillamment les évaluations et suivit les cours de mathématiques de *ninth grade* alors qu'il n'était qu'en *eighth grade*. Mais une fois au lycée, loin du haut-fourneau des ambitions de KIPP, il perdit en efficacité. « Je n'avais pas l'entrain que j'avais à KIPP », expliqua-t-il. Il commença à se relâcher, et sur son bulletin, les C vinrent rapidement remplacer les A et les B qu'il obtenait au collège. Aujourd'hui, Vance se dit que KIPP l'avait très bien préparé au lycée sur le plan scolaire, mais pas sur le plan émotionnel ni plan psychologique. « Nous quittions une

* Diplôme universitaire de fin de 1er cycle (quatre ans).

famille soudée, où tout le monde savait ce que nous faisions, pour arriver au lycée, où personne ne vous suivait. Personne ne vérifiait si nous avions fait nos devoirs. Et en plus, nous devions affronter tous les changements de l'adolescence. Aucun d'entre nous n'était vraiment préparé à ça. »

Après le lycée, Vance entra dans une université publique dans le nord de l'État de New York pour étudier l'informatique, mais il s'ennuya très vite, changea d'orientation et choisit la gestion de casino et de salle de jeux. Mais comme il ne s'entendait pas bien avec le chef du département, il finit par abandonner. Il interrompit ses études pour travailler dans un magasin de chaussures. Puis il s'inscrivit en histoire dans une autre université publique. Mais très vite, il fut à court d'argent et abandonna ses études. Aujourd'hui, il a 25 ans et travaille dans des centres d'appel pour AT&T et Time Warner Cable. Il répond aux questions des clients. Il aime son travail, et il est fier de ce qu'il a accompli, mais quand il regarde derrière lui, il éprouve quelques regrets. « J'avais beaucoup de potentiel, me confia-t-il, et j'aurais sans doute dû faire mieux. »

2. OPTIMISME ACQUIS

Pour Levin, regarder les difficultés d'adaptation à l'université de ces premiers étudiants fut douloureux. Tous les mois, il entendait parler d'un ancien élève qui décidait d'abandonner ses études. Levin en fit une affaire personnelle : quelles erreurs avait-il commises ? Le principe de KIPP était de donner à ses élèves tout ce dont ils avaient besoin pour réussir à l'université. À côté de quoi était-il passé ?

Au fil des abandons, pour la première promotion mais aussi pour les deux suivantes, Levin nota un phénomène curieux : les élèves qui poursuivaient leurs études n'étaient pas nécessairement ceux qui obtenaient les meilleurs résultats à KIPP. C'étaient plutôt ceux qui possédaient d'autres qualités comme l'optimisme, la résilience et l'aisance sociale. Ceux qui ne se laissaient pas abattre par de mauvaises notes et se montrait déterminés à faire mieux la fois suivante ; capables de rebondir après des séparations malheureuses ou des conflits avec leurs parents ; capables de persuader les professeurs de les aider après les cours ; capables de résister à l'envie d'aller au cinéma et de rester à la maison pour étudier. Ces traits n'étaient pas suffisants à eux seuls pour décrocher un diplôme, Levin le savait. Mais pour les jeunes ne jouissant ni d'un grand soutien familial, ni du filet de sécurité dont bénéficiaient leurs camarades plus aisés, ces caractéristiques s'avéraient être un élément indispensable à la réussite de leurs études.

Les qualités que Levin observait chez ces jeunes rejoignaient pour beaucoup les qualités que James Heckman et d'autres économistes avait qualifiées de « compétences non cognitives ». Mais Levin préférait utiliser le terme de « forces de caractère ». Dès le début de KIPP, au début des années 1990, Levin et Michael Feinberg, cofondateur du programme, avaient délibérément décidé de travailler sur certains traits de caractère avec les collégiens de Houston. Ils avaient tapissé les murs de slogans comme : « Au travail » et « Soyez sages » et « On n'a rien sans rien », et mis au point un système de récompenses et de mauvais points conçu pour enseigner non seulement les fractions et l'algèbre, mais aussi le travail d'équipe, l'empathie et la persévérance. À la KIPP Academy, les enfants portaient des tee-shirts avec le slogan : « Une école. Une mission. Deux compétences. Savoir et caractère ».

À l'origine, Levin et Feinberg vinrent à Houston dans le cadre de la troisième promotion du programme Teach for America. Fraîchement diplômés de la Ivy League, tous deux débutaient dans l'enseignement. Très vite, ils empruntèrent des idées et des techniques aux professeurs qu'ils rencontraient, en particulier à Harriett Ball, une enseignante plus âgée qui officiait dans une classe voisine de celle de Levin. Ses chants et ses exercices facilitaient l'apprentissage de toutes les connaissances, des tables de multiplication aux textes de Shakespeare. Pour enseigner le caractère, me dit Levin,

Feinberg et lui n'avaient pas trouvé meilleure pédagogue. Devant l'absence de structure pour enseigner cette discipline, ou même en parler, les discussions repartaient chaque année de zéro, obligeant les enseignants et les administrateurs à débattre de nouveau des valeurs et des comportements qu'ils essayaient de développer chez leurs élèves, du pourquoi et du comment de leur projet.

À l'hiver 2002, alors que les premiers diplômés de la KIPP Academy étaient au lycée, le frère de Levin, spécialisé dans la gestion de patrimoine, lui donna un livre de Martin Seligman, professeur de psychologie à l'université de Pennsylvanie, intitulé *Learned Optimism**. Seligman est l'un des nombreux chercheurs à l'origine de la psychologie positive. Son livre, paru en 1991, est le texte fondateur de ce courant de pensée. Il enseigne que l'optimisme est une compétence acquise, et non une qualité innée. Selon Seligman, les adultes et les enfants pessimistes peuvent s'entraîner à être plus optimistes, et ont ainsi des chances de devenir plus heureux, d'être en meilleure santé et de mieux réussir. Seligman écrit que le plus souvent la dépression n'est pas une maladie, comme le pensent la plupart des psychologues, mais simplement une « grave déprime » qui se produit « quand nous nourrissons une vision pessimiste des causes de nos échecs ». Si vous voulez éviter la dépression et progresser dans la vie, conseille Seligman, vous devez revoir votre « style explicatif[5] » et réécrire votre version des causes des événements, bons et mauvais, qui vous arrivent.

Les pessimistes, poursuit Seligman, ont tendance à voir les événements négatifs comme étant permanents (« C'est toujours pareil »), personnels (« C'est de ma faute ») et généraux (« Tout s'écroule[6] »). Seligman parle des « trois P** ». Si vous avez échoué à tel test, ce n'est pas parce que vous étiez mal préparé, c'est parce que vous

* *La Force de l'optimisme*, Interéditions, 2008.

** Pour « Permanence, Pervasiveness and Personalization ».

êtes stupide. Si une fille ou un garçon vous rejette, il est inutile de chercher à vous lier avec quelqu'un d'autre, car vous êtes vraiment trop peu intéressant(e). Les optimistes, au contraire, cherchent des explications précises, limitées et à court terme. En cas d'échec, ils ont donc plus de chances de rebondir et de réessayer.

À la lecture de ce livre, Levin reconnut avoir observé beaucoup de schémas explicatifs des trois P chez lui, chez les enseignants et chez ses élèves. À l'époque, il était réputé pour les longs sermons qu'il tenait aux élèves qui se conduisaient mal et obtenaient de mauvais résultats. (« Il criait *beaucoup* », se souvient Vance en riant.) Levin en vint à se demander quel effet ces diatribes pouvaient avoir sur un élève qui avait tendance à fonctionner sur le schéma des trois P. « Pourquoi n'as-tu pas fait tes devoirs ? » pouvait très bien être interprété comme : « Qu'est-ce qui ne va pas chez toi ? Tu ne fais rien de bien ! » Levin acheta un exemplaire de *Learned Optimism* pour chacun des membres du personnel de la KIPP Academy. Puis il dressa une liste des pistes de réflexion que lui inspirait le livre. À l'été 2002, lors d'une réunion de travail, il amorça le débat en donnant la liste à ses enseignants. Elle comportait quelques questions désagréables pour Levin et son personnel, du type : « Pourquoi certains de nos élèves se sentent-ils mal aimés, dévalorisés, poussés à douter d'eux ? », « Pourquoi certains parents se sentent-ils dévalorisés, non respectés, méprisés ? » Ou encore : « Comment continuer à développer l'esprit et le caractère des élèves de KIPP sans les briser ? » Pour Levin, ce fut le début d'un long processus de réévaluation. Après avoir passé près d'une décennie à essayer de développer le caractère de ses étudiants, il en était venu à se demander si ses méthodes n'étaient tout simplement pas inefficaces.

3. RIVERDALE

Comme ses élèves, David Levin était allé à l'école dans le Bronx, mais dans une tout autre partie du Bronx, et dans un tout autre type d'école. Depuis la KIPP Academy, il suffit de partir vers l'ouest, passer devant le Yankee Stadium, puis suivre la Major Deegan Expressway vers le nord pour arriver à Riverdale, une banlieue de collines escarpées et de routes sinueuses où vivent depuis plus d'un siècle certaines des familles les plus riches de New York. Au milieu des demeures historiques se trouvent trois des écoles privées les plus prestigieuses de la ville : l'Horace Mann School, l'Ethical Culture Fieldston School et, au sommet d'une haute colline, surplombant majestueusement le Van Cortlandt Park et la ville, la Riverdale Country School. Levin, qui grandit sur Park Avenue, entra en *eighth grade* à Riverdale, où il excella en mathématiques et en sciences, mais aussi comme capitaine de l'équipe de basket.

Aujourd'hui, le visiteur est d'abord impressionné par l'étendue du campus, le plus grand de toutes les écoles de la ville. Il couvre 10 hectares vallonnés où se côtoient les bâtiments en pierre et les terrains de lacrosse soigneusement entretenus. Il n'y a pas d'uniforme, mais les collégiens et les lycéens arborent tous la même allure décontractée chic avec leurs vestes Abercrombie et leurs sacs à dos North Face. (Un jour de pluie, en fin d'hiver, dans une classe d'anglais de *tenth grade*, toutes les filles sauf une portaient les mêmes bottes de pluie Hunter à 125 dollars la paire.) John F. Kennedy et Robert F. Kennedy firent tous deux un bref passage à Riverdale. Aujourd'hui, une grande partie des élèves vient de l'Upper East Side et des quartiers chics du comté de Westchester. C'est le genre d'endroit où les membres de l'establishment envoient leurs enfants pour qu'ils y apprennent à devenir membres de l'establishment. Les frais d'inscription commencent à 38 500 dollars par an dès la crèche.

Quand vous le rencontrez pour la première fois, Dominic Randolph, le directeur de Riverdale, ne semble pas avoir le profil idéal pour diriger une institution aussi imprégnée de standing et de tradition. Il a un côté iconoclaste, agitateur, voire excentrique. Avec son costume noir et sa cravate étroite, son air décontracté et ses cheveux grisonnants et ondulés (sans parler de son accent anglais), il ressemble davantage à un saxophoniste d'un groupe de ska des années 1980. Randolph est un intellectuel, toujours à l'affût d'idées nouvelles, et une conversation avec lui peut prendre l'allure d'une conférence émaillée de références aux derniers travaux des psychologues comportementalistes, des gourous du management et des théoriciens du design. Quand il fut nommé au poste de directeur en 2007, il échangea son bureau avec celui de sa secrétaire: elle prit le sanctuaire où étaient installés les précédents directeurs et il aménagea le petit bureau de la réception en un espace ouvert dont il tapissa les murs de tableaux sur lesquels il note des idées et des slogans. Lors d'une de mes visites, un des murs ne portait qu'une feuille blanche sur laquelle était imprimé un grand point d'interrogation noir.

Pour le directeur d'une école où la compétition est si intense, Randolph, la cinquantaine, est étonnamment sceptique à l'égard du fonctionnement du système scolaire aux États-Unis. Peu après son arrivée à Riverdale, il supprima les cours renforcés (Advanced Placement). Il incite ses enseignants à limiter le travail à la maison et il affirme que les tests standardisés que Riverdale et les autres écoles privées exigent pour l'admission à la crèche et au collège sont « un système d'une iniquité patente », car ils évaluent les élèves presque entièrement sur leur QI. « Cette obsession des tests, me confia-t-il un jour d'automne dans son bureau, passe en grande partie à côté de ce qui fait la réussite d'un être humain. »

L'élément qui fait le plus défaut, explique Randolph, est le caractère. « Pour le pionnier sur son chariot ou pour l'immigrant italien débarquant dans les années 1920, l'Amérique a toujours été le pays où, à force de travail et de détermination, vous pouvez réussir. Hélas, nous l'avons oublié. Je crains que ceux qui ont des facilités et qui ont huit cents points aux tests d'amission à l'université pensent que tout ce qu'ils font est formidable. Si c'est le cas, nous les préparons en réalité à échouer à long terme. Quand ils auront des difficultés, je pense qu'ils seront perdus. Car je ne suis pas sûr qu'ils auront réussi à développé les qualités nécessaires pour les surmonter. »

À l'instar de Levin, Randolph s'est demandé durant toute sa carrière si les écoles devaient enseigner les traits de caractère positifs et comment. Ce fut souvent une quête solitaire. À l'internat britannique qu'il fréquenta dans son enfance, les éducateurs tenaient pour acquis qu'ils enseignaient autant le caractère que les mathématiques et l'histoire. Quand Randolph s'installa aux États-Unis, il découvrit que les enseignants américains étaient moins disposés à parler de caractère que leurs homologues britanniques. Pendant des années, il suivit ce qui faisait office de débat national sur le caractère, mais le propos lui semblait très éloigné des réels besoins de l'école. Dans les années 1980, William Bennett plaida pour un enseignement de la vertu, mais cette tentative prit rapidement une tournure trop politique au goût de Randolph, qui jugeait qu'elle était récupérée par les néoconservateurs. Dans les années 1990, il s'intéressa aux ouvrages de Daniel Goleman sur l'intelligence émotionnelle, qu'il trouva toutefois peu susceptibles de déboucher sur une mise en pratique. « Je cherchais quelque chose de solide, qui ne serait pas une lubie de plus et qui nous permettrait de changer véritablement la culture de l'école », me dit-il.

L'hiver 2005, Randolph lut *Learned Optimism* et s'intéressa à la psychologie positive. Il se pencha sur les travaux de Seligman et de deux de ses collaborateurs : Christopher Peterson, de l'université du Michigan, et Angela Duckworth, l'une des protégées de Seligman à Penn. Randolph était alors le principal adjoint de la Lawrenceville School, un établissement privé près de Princeton, New Jersey. Il organisa un rendez-vous avec Seligman à Philadelphie. Le matin même, Seligman avait prévu un autre rendez-vous avec David Levin. Les deux enseignants arrivèrent à peu près en même temps dans le bureau de Seligman, qui décida sur un coup de tête de les recevoir ensemble. Il convia également le psychologue

Peterson, qui était lui aussi justement présent à Penn ce jour-là, à les rejoindre dans son bureau pour une discussion à bâtons rompus sur la psychologie et l'école. Cette réunion marqua le début d'une longue et fructueuse collaboration.

4. FORCES DE CARACTÈRE

Levin et Randolph étaient tous deux venus à Philadelphie pour parler d'optimisme. Seligman les surprit en leur présentant son dernier livre, *Character Strengths and Virtues : a handbook and classification* (« Forces de caractère et vertus : manuel et classification »), qu'il venait d'achever avec Peterson. Ce livre était très différent de ses précédents best-sellers, qui étaient des ouvrages relativement courts et grand public. *Character Strengths and Virtues* était un ouvrage scientifique de huit cents pages, une sorte de « manuel de santé mentale[7] », selon ses auteurs, à l'image du *Diagnostic and Statistical Manual of Mental Disorders* (« Manuel diagnostique et statistique des troubles mentaux »), l'ouvrage de référence sur les maladies mentales aux États-Unis. *Character Strengths and Virtues* se voulait une tentative pour initier une « science du bon caractère[8] ». C'est précisément ce que cherchaient Randolph et Levin, même si ni l'un ni l'autre ne le savaient encore.

Le terme « caractère » est de ceux qui compliquent n'importe quelle conversation, notamment parce qu'il n'a pas forcément la même signification pour tout le monde. Il exprime souvent l'adhésion à un ensemble précis de valeurs. Sa définition évolue donc nécessairement au fil du temps. Dans l'Angleterre victorienne, les bons traits de caractère comptaient des valeurs comme la chasteté, la frugalité, la propreté, la piété et les convenances sociales. À l'époque de la conquête de l'Ouest, ils représentaient davantage le courage, l'indépendance, l'ingéniosité, l'ardeur au travail et la détermination. Dans leur livre, Seligman et Peterson cherchaient à pallier ces caprices de l'histoire et à identifier les qualités qui étaient valorisées dans toutes les sociétés et à toutes les époques. Ils consultèrent les grands auteurs, d'Aristote à Confucius, les grands textes, des Upanishads à la Torah, mais aussi le *Boy Scouts Handbook* et les personnages de Pokémon, et finirent par établir une liste de vingt-quatre forces de caractère universellement respectées[9]. Cette liste comprend des qualités comme la bravoure, l'équité, la sagesse et l'intégrité, mais aussi d'autres traits qui relèvent du champ émotionnel comme l'amour, l'humour, l'enthousiasme et l'appréciation de la beauté, et d'autres encore qui concernent davantage les rapports humains comme l'intelligence sociale (la capacité à comprendre les rapports humains et à s'adapter rapidement à différentes situations), la gentillesse et la gratitude.

Dans la plupart des sociétés, écrivent Seligman et Peterson, les forces de caractère revêtent une valeur morale et rejoignent souvent les lois religieuses. Mais en matière de caractère, les lois morales sont restrictives. Elles réduisent la conduite vertueuse à une simple question d'obéissance à une autorité supérieure. « Les vertus, écrivent-ils, sont beaucoup plus intéressantes que les lois[10]. » Selon eux, la valeur de ces vingt-quatre forces de caractère ne tient pas à leur relation à une éthique particulière, mais à leur avantage pratique – à l'intérêt qu'il y a à les posséder et à les exprimer. Cultiver ces forces est la voie vers une « belle vie[11] », une vie non seulement heureuse mais aussi pleine de sens et épanouissante.

Pour beaucoup d'entre nous, le caractère fait référence à une chose innée et immuable, un ensemble d'attributs qui définit l'essence même d'une personne. Seligman et Peterson en proposent une autre définition. Pour eux, le caractère est un ensemble de capacités ou de forces évolutives – voire malléables. Ce sont des compétences que vous pouvez apprendre, que vous pouvez mettre en œuvre et que vous pouvez enseigner.

Dans la pratique, quand les professeurs tentent d'aborder ces fameux attributs du caractère, ils se heurtent souvent à une approche moralisatrice. Dans les années 1990, les États-Unis connurent un grand mouvement national en faveur de l'éducation du caractère[12], mouvement en partie inspiré par les propos d'Hillary Clinton et du président Clinton, lequel déclara dans son discours sur l'État de l'Union de 1996 : « Je mets toutes nos écoles au défi d'enseigner l'éducation du caractère, d'enseigner les valeurs et la citoyenneté. » Mais la campagne tourna rapidement en accusation et en suspicion mutuelle entre les deux extrémités de l'échiquier politique. La droite soupçonnait les initiatives d'éducation du caractère de dissimuler une approche politiquement correcte, la gauche de masquer des tentatives d'endoctrinement religieux. Des centaines d'écoles publiques ont déjà un programme d'éducation du caractère, mais la plupart restent très vagues et ceux qui ont fait l'objet d'une étude approfondie se sont généralement avérés inefficaces. Une évaluation nationale des programmes d'éducation du caractère fut publiée en 2010 par le National Center for Education Research, une branche du département de l'Éducation[13]. Elle portait sur sept programmes de trois années consécutives couramment mis en place à l'école élémentaire. Elle conclut que ces programmes n'avaient aucun impact significatif – ni sur le comportement des élèves, ni sur les résultats scolaires, ni sur la culture de l'école.

Ce qui intéressa Levin et Randolph dans l'approche de Seligman, c'est qu'elle se concentrait non sur une approche moralisatrice mais sur le développement et la réussite personnelle. KIPP est souvent jugé moralisateur aussi bien par ses partisans que par ses détracteurs. Dans son livre *Sweating the Small Stuff* (« Prise de tête »), paru en 2008[14], le journaliste David Whitman qualifie de « nouveau paternalisme » les méthodes qu'emploient les KIPP Academy et autres *charter schools*. Ces écoles, écrit Whitman, enseignent à leurs élèves « non seulement comment penser mais aussi comment agir selon ce qui est communément appelé les valeurs traditionnelles de la classe moyenne[15] ». Levin réfute cette vision. Il n'aime pas l'idée selon laquelle le but de KIPP est d'insuffler à ses élèves des valeurs de la classe moyenne, comme si les enfants riches avaient une profondeur de caractère que n'ont pas les enfants pauvres. « Ce que je trouve formidable dans l'approche de la force de caractère, c'est qu'elle est fondamentalement dépourvue de jugement de valeur, me confia-t-il. L'approche de l'éthique et des valeurs pose forcément un problème : à qui sont les valeurs et l'éthique que l'on endosse ? »

5. SELF-CONTROL ET VOLONTÉ

Après cette première rencontre dans le bureau de Seligman, Levin et Randolph restèrent en contact, échangeant des articles et des liens Internet. Ils découvrirent rapidement que, malgré les environnements scolaires très différents dans lesquels ils exerçaient, ils avaient de nombreux centres d'intérêt communs. Ils décidèrent d'unir leurs efforts et d'explorer conjointement les mystères du caractère. Ils cherchèrent de l'aide auprès d'Angela Duckworth, à l'époque postdoctorante dans le département de Seligman. Duckworth était arrivée à Penn en 2002, à l'âge de 32 ans, plus tard que la plupart des étudiants de troisième cycle. Cette fille d'immigrants chinois avait toujours été une élève brillante. Au milieu des années 1990, après avoir décroché son diplôme de premier cycle à Harvard (et commencé à donner des cours aux enfants de milieux défavorisés à Cambridge pendant l'été), elle était passée d'un poste à l'autre : interne au bureau de rédaction des discours de la Maison-Blanche, titulaire d'une bourse Marshall à Oxford (où elle étudia les neurosciences), consultante en management pour le cabinet McKinsey & Company, conseillère d'orientation en *charter school*. Après avoir songé pendant des années à créer sa propre *charter school*, elle finit par conclure que ces écoles n'étaient pas le meilleur moyen d'améliorer le sort des enfants pauvres – du moins selon elle. Elle recherchait autre chose. Dans son dossier de candidature au programme de doctorat de Penn, elle écrivit que ses expériences dans les écoles avaient « radicalement changé la vision de la réforme de l'école » qu'elle avait en débutant à l'âge de 20 ans. « Le problème, me semble-t-il, ce ne sont pas seulement les écoles, mais aussi les élèves. Pourquoi ? Parce qu'apprendre, c'est difficile. D'accord, apprendre c'est amusant, exaltant et gratifiant – mais c'est aussi souvent fastidieux, épuisant et parfois décourageant... Pour aider les élèves intelligents qui obtiennent constamment de mauvais résultats, les éducateurs et les parents doivent d'abord reconnaître que le caractère est au moins aussi important que l'intellect[16]. »

Duckworth commença par étudier l'autodiscipline. Pour sa thèse de première année[17], elle enrôla 164 élèves de *eighth grade* de la Masterman Middle School, un collège réputé du centre de Philadelphie, et les soumit à des tests de QI traditionnels et à des évaluations standard d'autodiscipline. Puis, pendant une année scolaire, elle évalua leurs résultats suivant un certain nombre de critères. À la surprise de beaucoup, elle découvrit que le niveau d'autodiscipline des élèves relevé l'automne précédent était un meilleur indicateur de leurs GPA de fin d'année que le niveau de leur QI.

Duckworth entama alors une collaboration avec Walter Mischel, professeur en psychologie à Columbia, devenu célèbre dans le monde des sciences sociales par son fameux « test du marshmallow ». À la fin des années 1960, Mischel, alors professeur à l'université Stanford, mit au point une expérience ingénieuse pour tester la volonté des enfants de 4 ans[18]. Dans une école maternelle du campus de Stanford, un chercheur faisait entrer chaque enfant dans une pièce, le faisait asseoir à un bureau et lui proposait un bonbon du type marshmallow. Sur le bureau se trouvait une cloche. L'expérimentateur annonçait qu'il allait quitter la pièce et que l'enfant pourrait manger le marshmallow à son retour. Puis il lui donnait le choix : s'il voulait manger le marshmallow, il lui suffisait d'actionner la cloche ; l'expérimentateur reviendrait et l'enfant pourrait manger son bonbon. Mais s'il attendait le retour de l'expérimentateur, il aurait alors deux marshmallows.

Le but de cette expérience était d'étudier les différentes techniques qu'utilisent les enfants pour résister à la tentation. Mais elle prit une autre dimension plus d'une décennie plus tard, quand il entreprit de vérifier auprès des enfants ayant participé à l'expérience si leur capacité à différer la récompense pouvait permettre de prédire leur avenir, notamment scolaire. À partir de 1981, il retrouva autant d'élèves qu'il le put et entreprit de les suivre pendant plusieurs années. La corrélation entre le temps d'attente des enfants et leur réussite scolaire ultérieure s'avéra frappante. Les enfants qui avaient réussi à attendre leur bonbon pendant 15 minutes obtenaient des scores aux SAT* supérieurs de 210 points en moyenne à ceux des enfants qui avaient actionné la cloche au bout de 30 secondes[19].

Duckworth se montra très intéressée par les résultats de Mischel, que son étude de Philadelphie sur le self-control semblait corroborer. Mais elle était encore plus intéressée par la question initiale de Mischel : si vous voulez optimiser votre self-control, quelles sont les astuces et les stratégies les plus efficaces pour y parvenir, et ces techniques peuvent-elles être enseignées ? L'expérience de Mischel avait suggéré quelques pistes de réponse intéressantes. Les psychanalystes et les comportementalistes affirmaient par exemple que le meilleur moyen pour un enfant de se persuader d'attendre est de concentrer son attention sur la récompense et de se rappeler à quel point ces deux marshmallows seraient délicieux. Mais c'est le contraire qui se passa en réalité : quand les marshmallows étaient hors de vue, les enfants étaient capables d'attendre beaucoup plus longtemps que quand ils étaient sous leur nez. Les enfants ayant réussi à attendre s'étaient créé des distractions. Certains se parlaient ou chantaient en attendant le retour de l'expérimentateur ; d'autres détournaient le regard du bonbon ou mettaient les mains devant

---

* Scholastic Aptitude Test : test standardisé d'admission à l'université.

leurs yeux. Un enfant passa même maître dans l'art du self-control en réussissant à s'endormir.

Mischel découvrit que les enfants réussissaient mieux à patienter quand on leur soufflait de ne pas voir le marshmallow comme un bonbon. Plus le bonbon était abstrait, plus ils pouvaient patienter longtemps. Quand ils étaient invités à voir le marshmallow comme un nuage rond et gonflé, ils réussissaient à attendre environ 7 minutes de plus[20]. Certains enfants étaient encouragés à regarder une photo de marshmallow plutôt qu'un vrai marshmallow. Eux aussi réussissaient à attendre plus longtemps. D'autres encore regardaient un vrai marshmallow, mais on leur demandait de « mettre un cadre autour de lui dans leur tête, comme un vrai tableau ». Les enfants réussissaient alors à attendre près de 18 minutes.

Pourtant, lorsque Duckworth tenta d'adapter les découvertes de Mischel à un contexte scolaire, elle rencontra plus de difficultés que prévu. En 2003, avec quelques collègues, elle réalisa une expérience de six semaines auprès de quarante élèves de *fifth grade* dans une école de Philadelphie. Les chercheurs soumirent les enfants à des exercices de self-control, leur offrant des récompenses quand ils faisaient leurs devoirs. Au terme de l'expérience, les élèves avouèrent avoir un meilleur self-control qu'au début du programme. Ce qui n'était pas vrai : les enfants du groupe expérimental ne réussissaient pas mieux que ceux du groupe témoin sur un certain nombre de critères. « Nous avons examiné les évaluations des enseignants en matière de self-control, nous avons regardé si les élèves faisaient leurs devoirs, nous avons examiné leurs résultats aux tests d'aptitude standardisés, nous avons regardé leurs GPA, nous avons examiné le nombre des retards, me dit Duckworth. Et nous avons observé un effet zéro sur toute la ligne. »

6. MOTIVATION

Le problème des techniques de self-control du genre de celles utilisées par les plus disciplinés des enfants qui résistèrent à la tentation de manger le marshmallow est qu'elles ne fonctionnent que si un enfant sait ce qu'il veut. Quand les objectifs à long terme sont moins tangibles, moins immédiats et moins attrayants que deux marshmallows, la résistance s'épuise au bout de 20 minutes. Duckworth se demanda alors comment aider les enfants à acquérir la concentration et la persévérance nécessaire pour atteindre des objectifs plus abstraits à long terme : réussir un test, obtenir son diplôme de fin d'études secondaires ou réussir à l'université ?

Pour Duckworth, les mécanismes de la réussite comportent deux dimensions : la motivation et la volonté. Chacune est nécessaire pour atteindre ses objectifs à long terme, mais aucune n'est suffisante. La plupart d'entre nous avons déjà vécu une situation où nous avions la motivation mais où nous manquions de volonté : vous pouvez être extrêmement motivé pour perdre du poids, par exemple, mais sans la volonté – et le self-control – de renoncer aux pâtisseries et de vous mettre aux haltères, vous ne réussirez pas. Si un enfant est très motivé, les méthodes et les exercices de self-control que Duckworth essaya d'enseigner aux élèves de *fifth grade* peuvent s'avérer très utiles. Mais qu'en est-il quand les enfants ne sont tout simplement pas motivés pour atteindre les objectifs que leurs enseignants ou leurs parents leur ont fixés ? Dans ce cas, reconnaît la chercheuse, les techniques de self-control ne sont d'aucun secours.

Il ne faut pas pour autant en déduire qu'il est impossible d'influer sur la motivation d'une personne. À court terme, c'est même parfois étonnamment facile. Revenons à nos bonbons et reparlons de quelques expériences menées il y a quelques décennies. Il y est question de QI et de M&M's. La première fut conduite en Californie du Nord à la fin des années 1960. Un chercheur du nom de Calvin Edlund sélectionna 79 enfants de 5 à 7 ans, tous issus de « familles de la classe populaire[21] ». Les enfants furent répartis au hasard entre un groupe expérimental et un groupe témoin et passèrent une version standard du test de QI de Stanford-Binet. Sept semaines plus tard, ils repassèrent le test, mais cette fois les enfants du groupe expérimental reçurent un M&M's à chaque bonne réponse. Lors du premier test, les deux groupes avaient obtenu des résultats équivalents. Lors du second test, le QI du groupe des M&M's augmenta de douze points en moyenne, ce qui est considérable.

Quelques années plus tard, deux chercheurs de l'université de Floride du Sud approfondirent l'expérience d'Edlund[22]. Après le premier test de QI sans bonbon, ils divisèrent les enfants en trois groupes selon leur score au premier test : un groupe à fort QI pour les scores moyens d'environ 119 points, un groupe à QI moyen pour les scores d'environ 101 et un groupe à faible QI pour les scores d'environ 79. Dans ce second test, les chercheurs offrirent à la moitié des enfants de chaque groupe un M&M's pour chaque bonne réponse, comme l'avait fait Edlund, et rien à l'autre moitié. Les enfants des groupes à QI moyen et fort qui reçurent des bonbons n'améliorèrent pas du tout leur score au second test. Par contre, les enfants à faible QI ayant reçu un M&M's à chaque bonne réponse améliorèrent leur score et atteignirent environ 97, comblant quasiment l'écart avec le groupe à QI moyen.

L'étude M&M's fit voler en éclats les idées reçues sur l'intelligence, qui voulaient que les tests de QI soient une mesure réelle et absolue – sur laquelle quelques bonbons au chocolat n'étaient pas censés avoir le moindre effet. Elles soulevèrent également la grande question des prétendus enfants à faible QI. Leur QI est-il vraiment faible ? Quelle est la mesure exacte de leur intelligence : 79 ou 97 ?

Des énigmes de ce genre, aussi frustrantes que passionnantes, les enseignants y sont régulièrement confrontés, en particulier ceux qui travaillent auprès des populations défavorisées. Vous êtes convaincus que vos élèves sont plus intelligents qu'ils n'en ont l'air, et vous savez qu'ils pourraient faire beaucoup mieux. Mais que faire pour qu'ils se mettent au travail ? Faut-il toute leur vie leur donner des M&M's à chaque bonne réponse ? Ce n'est naturellement pas envisageable. En réalité, pour les collégiens défavorisés qui obtiennent de bons résultats aux tests, les récompenses sont *déjà* immenses – certes pas immédiatement, ni pour chaque bonne réponse, mais à long terme. Si un collégien ou un lycéen obtient des résultats aux tests et des GPA correspondant à un QI de 97 et non de 79, il a beaucoup plus de chances d'obtenir son diplôme de fin d'études secondaires, d'aller à l'université, puis de décrocher un bon travail – et de pouvoir ainsi s'acheter tous les paquets de M&M's qu'il souhaite.

Tout enseignant en collège sait qu'il est pourtant très difficile de convertir les élèves à cette logique. La motivation est un phénomène complexe et les récompenses sont parfois contre-productives. Dans leur livre *Freakonomics**, Steven Levitt et Stephen Dubner racontent comment, dans les années 1970, des chercheurs ont cherché à savoir s'il était possible d'encourager les dons de sang en offrant une compensation financière[23]. Or, le nombre des donneurs diminua.

Si le test M&M's suggère que les incitations matérielles données aux enfants pour réussir peuvent changer la donne, ce n'est souvent pas aussi simple dans la pratique. Ces dernières années, Roland Fryer, économiste à Harvard, a essayé d'étendre l'expérience M&M's aux écoles de toute une métropole. Il testa plusieurs programmes d'incitation dans des écoles publiques – offrant une prime aux professeurs qui amélioraient les résultats de leurs élèves, des minutes de communication téléphonique aux élèves qui

* Denoël, 2006.

amélioraient leurs propres résultats, et des incitations financières aux familles dont les enfants progressaient[24]. Les expériences furent minutieusement et soigneusement répertoriées – et les résultats presque systématiquement décevants. À Dallas, un programme qui rémunérait les jeunes enfants pour chaque livre lu semble avoir contribué à améliorer les scores de lecture des élèves anglophones. Mais la plupart des programmes furent un fiasco. La plus grande expérience, qui proposait des incitations aux enseignants new-yorkais, coûta 75 millions de dollars sur trois ans. Au printemps 2011, Fryer annonça qu'elle n'avait donné aucun résultat positif.

7. LE TEST DE VITESSE DE CODAGE

Le problème de la motivation, c'est que personne ne sait vraiment comment la susciter. C'est précisément la raison pour laquelle nous assistons à une explosion de slogans incitatifs, de livres sur le développement de soi et de conférences sur la motivation : ce qui nous motive est souvent difficile à expliquer et à mesurer.

La complexité du problème tient en partie à ce que chaque individu réagit à des motivations différentes. C'est ce que nous montrent plusieurs expériences menées en 2006 par Carmit Segal, alors chercheuse en postdoctorat au département d'économie de Harvard. Cherchant à mesurer les liens entre personnalité et incitations, elle choisit l'un des tests psychotechniques les plus simples que l'on puisse imaginer, une évaluation de base appelée test de vitesse de codage[25]. Ce test est très simple. On commence par donner aux participants une grille de réponses où des mots simples sont associés à des nombres à quatre chiffres. La liste ressemble à peu à cela :

Jeu	2715
Menton	3231
Maison	4232

Chapeau	4568
Pièce	2864

Vient ensuite un questionnaire à choix multiples qui propose cinq nombres à quatre chiffres pour chaque mot.

Questions	Réponses				
	A	B	C	D	E
1. Chapeau	2715	4232	4568	3231	2864
2. Maison	4232	2715	4568	3231	2864
3. Menton	4232	2715	3231	4568	2864

Il suffit de retrouver le nombre correspondant dans la grille (1C, 2A, 3C, etc.). C'est simple, mais légèrement ennuyeux.

Segal dénicha deux grandes séries de données rassemblant les résultats de milliers de jeunes à un test de vitesse de codage et à un test cognitif standard. La première, la National Longitudinal Survey of Youth, ou NLSY, était une vaste étude qui commença à suivre plus de 12 000 jeunes à partir de 1979. La seconde concernait un groupe de recrues de l'armée qui passèrent le test de vitesse de codage dans le cadre d'une série de tests indispensables pour être acceptés dans l'armée américaine. Les lycéens et les étudiants ayant participé à la NLSY n'avaient pas vraiment de raison de s'appliquer – les résultats ne servaient qu'à des fins de recherche et n'avaient aucune répercussion sur leurs résultats scolaires. En revanche, pour les recrues, les tests étaient très importants. De mauvais scores pouvaient leur fermer les portes de l'armée.

Quand Segal compara les résultats des deux groupes à chaque test, elle découvrit qu'en moyenne, les lycéens et les étudiants réussissaient mieux les tests cognitifs que les recrues. Mais au test de vitesse de codage, c'étaient les recrues qui obtenaient les meilleurs résultats. Les jeunes qui choisissent d'entrer dans l'armée sont-ils naturellement doués pour associer des nombres et des mots ? C'est peu probable. Segal comprit qu'au-delà du test psychotechnique, le test de vitesse de codage mesure l'inclination et la capacité des candidats à se forcer à s'intéresser à un test d'un ennui mortel. Les recrues, qui avaient plus à y gagner, s'appliquèrent davantage au test de vitesse de codage que les jeunes de la NLSY. Et sur ce type de test, ce supplément d'effort suffit à battre les candidats plus instruits.

Maintenant, souvenez-vous que la NLSY suivit les jeunes sur de nombreuses années. Segal examina les données quand ces mêmes sujets avaient atteint une quarantaine d'années et confronta les revenus de chacun aux résultats aux tests cognitifs et aux tests de vitesse de codage de 1979. Ceux qui gagnaient le plus d'argent étaient ceux qui avaient le mieux réussi les tests cognitifs *mais aussi* le simplissime test de vitesse de codage. En fait, parmi les seuls participants à la NLSY sans diplôme universitaire, les scores au test de vitesse de codage étaient un indicateur aussi fiable de leur revenus futurs que les résultats aux tests cognitifs. Les meilleurs au test de vitesse de codage gagnaient plusieurs milliers de dollars de plus par an que les moins bons.

Pourquoi ? Le marché du travail américain valorise-t-il à ce point la faculté d'associer d'ennuyeuses listes de mots et de nombres ? Bien sûr que non. Segal pensait d'ailleurs que les jeunes qui avaient obtenu les meilleurs résultats au test de vitesse de codage n'étaient pas plus doués en codage que les autres jeunes. La raison de leur réussite est simple : ils montrèrent simplement une plus grande application. Et ce que le marché du travail valorise *vraiment*, c'est la motivation interne nécessaire pour s'appliquer à réussir un test, même s'il n'y a pas de récompense à la clé. Le test de vitesse de codage mesura sans le vouloir une compétence non cognitive essentielle dans le monde des adultes.

Les découvertes de Segal nous apportent un nouvel éclairage sur les prétendus enfants à faible QI qui participèrent à l'expérience

M&M. Ils avaient obtenu de mauvais résultats au premier test de QI, mais avaient fait beaucoup mieux au second, lorsqu'ils avaient reçu un M&M's à chaque bonne réponse. Une question était restée en suspens : quel est le véritable QI d'un élève estimé « à faible QI » ? 79 ou 97 ? On pourrait très bien répondre 97. Une fois motivés par les M&M's, les enfants à faible QI s'appliquèrent davantage pour passer les tests de QI. Ce n'est pas comme si les M&M's leur avaient comme par magie donné l'intelligence de trouver les réponses ; ils les possédaient déjà. Donc en réalité, ils n'avaient pas un faible QI, mais un QI moyen.

Mais l'expérience de Segal montre aussi que c'est leur premier score, 79, qui correspond le mieux à leurs perspectives d'avenir. Il est l'équivalent du test de vitesse de codage quand il est sans enjeu ni récompense. Il est donc très révélateur de la réussite future. Ces jeunes n'avaient peut-être pas un faible QI, mais ils ne possédaient pas la qualité qui fait qu'une personne s'applique à réussir un test de QI en l'absence d'incitation visible. Et ce que les recherches de Segal montrent, c'est que c'est justement une qualité très précieuse.

8. CONSCIENCIEUX

Comment qualifier les jeunes qui, avec ou sans récompense à la clé, se sont démenés dans l'expérience de Segal ? Les psychologues de la personnalité les qualifient de « consciencieux ». Au cours des deux dernières décennies, les psychologues américains sont parvenus à un consensus : le meilleur moyen d'étudier la personnalité humaine est de l'analyser à travers cinq dimensions appelées Big Five : agréabilité, extraversion, névrosisme, ouverture à l'expérience et caractère consciencieux. Dans le test de personnalité standard donné par Segal dans l'une de ses études, il s'avéra que ceux qui ne réagissaient pas aux incitations matérielles – donc, qui réussirent avec ou sans M&M's – étaient particulièrement consciencieux.

Dans le monde de la psychologie de la personnalité, l'expert incontesté en matière de caractère consciencieux est Brent Roberts, professeur à l'université de l'Illinois, à Urbana-Champaign, qui collabora avec l'économiste James Heckman et la psychologue Angela Duckworth. Roberts me confia qu'à la fin des années 1990, alors qu'il sortait de l'université et qu'il choisissait sa spécialité, personne ne voulait étudier le caractère consciencieux. À l'époque, pour la plupart des psychologues, c'était la brebis galeuse du champ de la personnalité. Beaucoup le voient encore ainsi. C'est une question culturelle, expliquait Roberts. Comme le mot « caractère », l'expression « caractère consciencieux » a des connotations pas toujours positives en dehors du monde de l'université. « Les chercheurs préfèrent étudier ce qui a de l'importance à leurs yeux, me dit-il. Et dans notre société, ceux qui valorisent le caractère consciencieux ne sont ni les intellectuels, ni les universitaires, ni les progressistes. Ce sont souvent des conservateurs de la droite religieuse qui pensent que les gens doivent plus se contrôler. » (Selon Roberts, les psychologues préfèrent étudier l'ouverture à l'expérience. « L'ouverture d'esprit, c'est cool, explique-t-il avec une pointe de regret. C'est une question de créativité. En plus, elle est étroitement liée à l'idéologie libérale. La plupart des psychologues de la personnalité – moi compris, devrais-je dire – sont larges d'esprit. Et nous aimons nous étudier. »)

Si les chercheurs en psychologie de la personnalité, à l'exception de Roberts, ne s'intéressèrent que récemment au caractère consciencieux, une autre spécialité moins illustre, la psychologie industrielle et organisationnelle, s'empara du sujet dans les années 1990. Dans ce domaine, les chercheurs occupent rarement des postes dans des universités prestigieuses. La plupart d'entre eux sont consultants en ressources humaines dans de grandes entreprises qui ont un besoin très précis, loin des débats académiques ésotériques : ils veulent engager les employés les plus productifs, les plus fiables et les plus assidus qu'ils peuvent trouver. Quand la psychologie industrielle et organisationnelle commença à utiliser des évaluations de la personnalité pour aider les entreprises à identifier ces employés, ils constatèrent que, parmi les Big Five, le caractère consciencieux prédisait mieux que les autres les chances de réussite à un poste[26].

Ce qui intrigue Roberts, c'est surtout que le caractère consciencieux a des répercussions bien au-delà du travail[27]. Les personnes dotées d'un caractère très consciencieux ont de meilleures notes au lycée et à l'université; elles commettent moins de délits et leur couple dure généralement plus longtemps. Elles ont aussi une plus longue espérance de vie – et pas seulement parce qu'elles fument et boivent moins. Elles ont moins d'AVC et moins de tension artérielle, et elles souffrent moins de la maladie d'Alzheimer. « En fait, on aimerait bien lui trouver des aspects négatifs, me dit Roberts. Mais à ce stade, c'est l'un des premiers critères de bon fonctionnement sur toute une vie. Il en dit long sur la réussite des individus de la naissance à leur mort. »

9. LE REVERS DU SELF-CONTROL

Bien sûr, rien ne dit que tout le monde pense que le caractère consciencieux est entièrement positif. En fait, les premières preuves empiriques des liens entre caractère consciencieux et réussite scolaire et professionnelle sont venues de personnes qui ne faisaient pas grand cas de l'école et du travail. Dans leur livre paru en 1976, *Schooling in Capitalist America* (« L'enseignement dans l'Amérique capitaliste »), les économistes marxistes Samuel Bowles et Herbert Gintis affirment que les écoles publiques américaines ont été créées pour perpétuer la lutte des classes[28]. Pour que les capitalistes puissent cantonner les prolétaires dans leur classe d'origine, écrivent-ils, « le système éducatif doit essayer d'enseigner aux individus à se soumettre[29] ». Bowles et Gintis s'appuyaient sur les recherches contemporaines du psychologue Gene Smith, qui avait découvert que le test le plus fiable pour prédire l'avenir d'un lycéen ne mesurait pas le QI ; il mesurait le jugement de ses pairs sur un critère appelé « force de caractère », défini comme le fait d'être « appliqué, responsable, méthodique, réaliste, déterminé et persévérant[30] ». Ce critère donnait trois fois plus de chances de prévoir les résultats universitaires que n'importe quelle combinaison d'évaluations cognitives, y compris les résultats aux SAT et les classements. Intrigués par les résultats de Smith, Bowles, Gintis et un troisième collègue lancèrent un nouveau projet de recherche, soumettant les 237 *seniors* d'un grand lycée de l'État de New York à une batterie de tests de QI et de personnalité. Ils découvrirent sans surprise que les scores aux tests cognitifs permettaient de prévoir le GPA, au même titre qu'un indice composé de seize critères de personnalité, dont le caractère consciencieux.

Pour des psychologues comme Seligman, Peterson, Duckworth et Roberts, ces résultats sont une démonstration éclatante de l'importance du caractère dans la réussite scolaire. Pour Bowles et Gintis, ils sont la preuve que le système scolaire est là pour créer un prolétariat docile. Selon eux, les enseignants récompensent les fainéants refoulés. Ils découvrirent que les étudiants affichant les meilleurs GPA étaient aussi ceux qui obtenaient les moins bons scores en créativité et en indépendance, mais qui avaient les meilleurs résultats pour le tact, la ponctualité, la fiabilité et la capacité à différer les récompenses. Bowles et Gintis consultèrent ensuite les évaluations d'employés de bureau, et ils découvrirent que leurs supérieurs portaient le même jugement sur leurs employés que les enseignants sur leurs élèves. Ils donnent de mauvaises notes aux employés dont les points forts sont la créativité et l'indépendance, et de bonnes notes aux employés dont les points forts sont le tact, la ponctualité, la fiabilité et la capacité à différer les récompenses[31]. Pour Bowles et Gintis, ces découvertes confirmaient leur thèse : les législateurs de l'entreprise Amérique, soucieux de trouver une main-d'œuvre docile et fiable, créent un système scolaire qui permet de sélectionner ces traits de caractère.

D'après les recherches de Roberts, les personnes très consciencieuses ont tendance à partager certaines caractéristiques : ils sont ordonnés, travailleurs, fiables et respectueux des conventions sociales. Mais l'ingrédient le plus important du caractère consciencieux est probablement le self-control. Et les économistes marxistes ne sont pas les seuls à douter de la valeur du self-control.

Dans *Character Strengths and Virtues*, Peterson et Seligman affirment qu'« il n'y a pas de réel inconvénient à avoir trop de self-control[32] » ; c'est une qualité, comme la force, la beauté ou l'intelligence, qui ne présente aucun inconvénient – plus vous en avez, mieux c'est. Mais selon un courant de pensée opposé, mené par feu Jack Block, chercheur en psychologie de l'université de Californie à Berkeley, l'excès de self-control est aussi dommageable qu'un manque de self-control. Les personnes hypercontrôlées vivent « sous une contrainte excessive », écrivent Block et deux de ses collègues dans un article. Elles « ont des difficultés à prendre des décisions [et] peuvent parfois inutilement retarder les gratifications ou se refuser des plaisirs[33] ». Selon ces chercheurs, les personnes consciencieuses sont à la fois compulsives, anxieuses et inhibées.

Les découvertes de Block sont incontestables. On voit bien que le consciencieux peut vite devenir compulsif. Mais on ne peut nier les corrélations entre le self-control et la réussite. Comme si les preuves ne suffisaient pas, en 2011, une équipe de chercheurs publia les résultats d'une étude menée pendant trois décennies sur plus d'un millier de jeunes en Nouvelle-Zélande[34]. Cette étude montrait, sous un nouvel angle, des connexions claires entre le self-control dans l'enfance et le devenir à l'âge adulte. Lorsque les enfants avaient entre 3 et 11 ans, les chercheurs, travaillant sous la direction des psychologues Avshalom Caspi et Terrue Moffitt et en collaboration avec Brent Roberts, les soumirent à un ensemble de tests et de questionnaires pour évaluer leur self-control, puis résumèrent ces résultats en une note de self-control attribuée à chacun. Quand ils revirent les sujets à l'âge de 32 ans, ils découvrirent que le niveau de self-control de l'enfance était révélateur d'un grand nombre d'événements. Moins le sujet avait de self-control dans l'enfance, plus il avait de chances à 32 ans de fumer, de souffrir des problèmes de santé, d'être surendetté et d'avoir eu des démêlés avec la justice. Dans certains cas, le lien de cause à effet était immense : les adultes ayant obtenu les plus mauvais scores au self-control dans l'enfance présentaient trois fois plus de risques de se trouver impliqués d'un délit que ceux qui avaient eu les meilleurs scores. Ils avaient aussi trois fois plus de risques de souffrir d'addictions multiples et deux fois plus de risques d'être des parents célibataires.

10. DÉTERMINATION

Même Angela Duckworth est d'accord pour dire que le self-control a ses limites. Il peut être très utile pour prédire qui va obtenir un diplôme du secondaire, mais selon elle, il ne permet pas d'identifier les personnes susceptibles d'inventer une nouvelle technologie ou de réaliser un chef-d'œuvre du septième art. Après avoir publié son étude opposant pour la première fois self-control et QI dans *Psychological Science* en 2005, Duckworth commença à pressentir que le self-control n'était pas le moteur du succès qu'elle recherchait. Elle s'interrogea sur sa propre carrière. Elle se levait tôt, elle travaillait dur, elle respectait les délais et elle fréquentait régulièrement sa salle de sport. Mais elle avait beau avoir réussi – très peu de doctorants voient leur thèse de première année publiée dans une revue aussi prestigieuse que *Psychological Science* –, son début de carrière était beaucoup plus erratique que chez d'autres, comme David Levin, qui avait trouvé sa vocation à l'âge de 22 ans et creusait depuis lors le même sillon, surmontant les nombreux obstacles et créant, avec Michael Feinberg, un réseau de *charter schools* qui attirent des milliers de jeunes. Duckworth estimait que Levin, qui avait à peu près son âge, possédait des traits dont elle-même était dépourvue : un engagement passionné dans une mission précise et un dévouement indéfectible envers cette mission. Elle décida de donner à cette qualité le nom de *détermination*.

En collaboration avec Chris Peterson, qui écrivit *Character Strengths and Virtues* avec Seligman, Duckworth mit au point un test de détermination qu'elle baptisa « échelle de détermination[35] ». Ce test est d'une simplicité enfantine : les personnes interrogées doivent s'autoévaluer sur douze courtes propositions du type : « Les idées et les projets nouveaux me détournent parfois des anciens » ; « Les échecs ne me découragent pas » ; « Je travaille dur » ; et « Je vais toujours au bout de ce que je commence. »

Pour chaque proposition, chacun se note sur une échelle allant de 5, « c'est tout à fait moi », à 1, « ce n'est pas du tout moi ». Le test prend à peine trois minutes et repose entièrement sur l'autoévaluation – et pourtant, quand Duckworth et Peterson le mirent en pratique, il fut un remarquable outil de prédiction de la réussite. Duckworth comprit que la détermination avait peu de liens avec le QI – il existe des personnes intelligentes déterminées et des personnes bêtes déterminées. Mais à Penn, une forte détermination permet aux étudiants qui sont entrés à l'université avec un SAT relativement faible d'obtenir quand même un GPA élevé. Au National Spelling Bee (concours d'orthographe américain), Duckworth découvrit que les enfants ayant une forte détermination avaient plus de chances de parvenir jusqu'aux derniers tours. Plus étonnant encore, Duckworth et Peterson firent passer leur test de détermination à plus de 1 200 nouvelles recrues de l'académie militaire de West Point au début de l'éprouvant stage d'entraînement d'été baptisé Beast Barracks. L'armée a son propre système d'évaluation, le « whole candidate score », pour évaluer les nouvelles recrues et prédire celles qui répondront aux exigences de West Point. Il repose sur les résultats scolaires, une évaluation des aptitudes physiques et une note de potentiel de leadership. C'est toutefois le petit questionnaire en douze points de Duckworth qui permit de prédire avec le plus de fiabilité quelles recrues résisteraient au Beast Barracks ou abandonneraient.

11. QUANTIFIER LE CARACTÈRE

Lorsqu'ils commencèrent à consulter Angela Duckworth et ses collègues sur le caractère, David Levin et Dominic Randolph furent vite persuadés que le self-control et la détermination étaient des forces de caractère essentielles pour les étudiants. Mais elles ne semblaient pas être les seuls points forts déterminants. La liste de vingt-quatre critères établie par Seligman et Peterson semblait toutefois fastidieuse, donc difficile à transposer dans les écoles. Levin et Randolph demandèrent donc à Peterson de la réduire. Il identifia donc un ensemble de forces qui, d'après ses recherches, permettaient de prédire l'indice de satisfaction et de réussite dans la vie. Après quelques menus ajustements, ils tombèrent d'accord sur une liste de sept forces :

détermination — self-control
enthousiasme — intelligence sociale
gratitude — optimisme
curiosité

Pendant un an et demi, Duckworth travailla avec Levin et Randolph pour transposer cette liste dans un questionnaire d'évaluation de deux pages à remplir par les enseignants, les parents ou les étudiants eux-mêmes. Pour chacun de ces traits de caractère, les enseignants présentaient un certain nombre d'items sur le modèle des douze propositions choisies par Duckworth dans son questionnaire sur la détermination. Elle en roda plusieurs dizaines à Riverdale et à KIPP, demandant aux enseignants d'évaluer leurs élèves et aux élèves de s'auto-évaluer sur une échelle de un à cinq pour chaque trait de caractère. Elle arrêta son choix sur les vingt-quatre propositions les plus fiables, qui allaient de « Cet élève a envie de faire de nouvelles expériences» (curiosité) à «Cet élève pense que ses efforts vont améliorer son avenir» (optimisme).

Pour Levin, l'étape suivante s'imposait d'elle-même. En 2007, lors d'une conférence sur la psychologie positive organisée par Randolph à Lawrenceville, il avait eu l'idée d'évaluer le caractère des élèves de KIPP tout comme ils étaient évalués en mathématiques, en sciences et en histoire. Ce serait formidable, se disait alors Levin à cette époque, si chaque étudiant sortait de l'école avec un CPA (Character Point Average – moyenne de caractère – sur le principe du Grade Point Average)? En tant que doyen d'une université ou directeur des ressources humaines d'une entreprise, ne voudriez-vous pas savoir quels candidats ont obtenu les meilleurs scores en détermination, en optimisme ou en enthousiasme? En tant que parent d'élève à KIPP, ne voudriez-vous pas savoir comment votre enfant se situe par rapport au reste de la classe en matière de caractère? Pour Levin, la réponse à toutes ces questions est clairement oui, et dès que Duckworth et Peterson lui fournirent la liste finale des propositions, il s'en inspira pour mettre au point une évaluation précise et concise qu'il pourrait transmettre deux fois par an aux élèves et aux parents des écoles KIPP de New York. Ce serait le tout premier bulletin de caractère.

Mais l'idée d'un bulletin de caractère ne plaisait pas à Randolph. «Quantifier le caractère me pose un problème philosophique, m'expliqua-t-il un après-midi. Je connais la population de mon école: si vous instaurez quelque chose qui ressemble à un bulletin de notes, tout le monde va se mettre à suivre une préparation au test. Je ne veux pas me retrouver avec une évaluation du caractère qui serait faussée. Je détesterais en arriver là.»

Il concéda toutefois à Levin que l'inventaire mis au point par Duckworth et Peterson était un outil utile pour aborder le sujet du caractère avec les élèves. Il adopta donc ce qu'un enseignant de Riverdale qualifia d'«approche virale» pour lancer l'idée de cette nouvelle méthode d'évaluation du caractère au sein de l'établissement. Il parla du caractère lors des réunions avec les parents, posa des questions pointues lors des réunions d'équipe, prit contact avec des membres de sa faculté qui partageaient son point de vue, et les encouragea à proposer de nouveaux programmes. L'hiver 2011, les élèves de *fifth* et *sixth grade* de Riverdale passèrent le test des vingt-quatre propositions et furent également évalués par leurs enseignants. L'équipe examina les résultats, qui ne furent transmis ni aux parents ni aux élèves, et qui ne figurent pas non plus sur les bulletins de notes.

La démarche volontariste de Randolph est à l'image du personnage. Il aime ce qu'il appelle le processus polyphonique – des conversations à bâtons rompus qui font évoluer l'opinion de chacun. Elle correspond aussi beaucoup à la culture de Riverdale, une école où les enseignants sont engagés non pour leur amour de la pédagogie, mais pour leurs compétences dans leur domaine. « Les enseignants viennent d'abord ici pour l'indépendance qui leur est offerte, expliqua Randolph. En théorie, je pourrais dire : "Nous allons faire ceci. Un point c'est tout." Mais tout le monde me dirait : "Allez vous faire voir". »

Au fil de mes visites à Riverdale, je compris que le débat sur le caractère ne se limitait pas à la meilleure façon d'évaluer et d'améliorer le caractère des élèves. La question était plus profonde. Il s'agissait de définir réellement cette notion de caractère. Quand Randolph arriva à Riverdale, l'école avait un programme d'éducation du caractère appelé CARE, pour Children Aware of Riverdale Ethics (« Des enfants conscients de l'éthique de Riverdale »). Ce programme, mis en place en 1988 à l'école élémentaire, préconise la gentillesse et la politesse, obligeant les élèves à « traiter chacun avec respect » et à « prendre conscience des sentiments des autres et à aider ceux qui ont été blessés ». Dans le hall, des affiches rappellent aux élèves les vertus préconisées par CARE (ÊTRE POLI, ÉVITER LES

RAGOTS, AIDER LES AUTRES). À l'école élémentaire, de nombreux enseignants y voient une composante essentielle de Riverdale.

Quand j'interrogeai Randolph à propos de CARE, il grimaça, comme le ferait un révolutionnaire forcé de reconnaître les vertus de la tradition. « Les forces de caractère sont pour moi le CARE 2.0, m'expliqua-t-il. Au fond, j'aimerais prendre tout ce nouveau vocabulaire relatif au caractère et dire que c'est une nouvelle génération de CARE. »

En réalité, l'approche de la force de caractère de Seligman et Peterson n'est pas un prolongement des programmes comme CARE. C'en est plutôt le désaveu. En 2008, une organisation appelée Character Education Partnership publia un article dans lequel elle divisait l'éducation du caractère en deux catégories : d'un côté les programmes qui développent le « caractère moral » – qui englobe les valeurs éthiques comme l'équité, la générosité et l'intégrité –, et de l'autre ceux qui s'intéressent au « caractère performant » – qui comprend des valeurs telles que l'effort, l'assiduité et la persévérance[36]. Le programme CARE entre clairement dans la première catégorie, alors que les sept forces que Randolph et Levin choisirent pour leurs écoles entrent plutôt dans la seconde : les forces comme l'enthousiasme, l'optimisme, l'intelligence sociale et la curiosité ont certes une composante morale, mais elles n'ont rien d'héroïque. On les associe davantage à Steve Jobs ou Bill Clinton qu'à Martin Luther King ou Gandhi.

Les deux enseignantes désignées par Randolph pour superviser le projet de caractère de l'école étaient K. C. Cohen, conseillère d'orientation pour le collège et le lycée, et Karen Fierst, conseillère pédagogique pour l'école élémentaire. Cohen était une trentenaire aimable et attentionnée, diplômée de Fieldston, une école privée voisine de Riverdale. Elle s'intéressait de près au développement du caractère et, comme Randolph, s'inquiétait du caractère des élèves de Riverdale. Mais elle n'était pas convaincue par les sept forces de caractères sélectionnées à Riverdale. « Quand je pense aux bons traits de caractère, je pense : Es-tu juste ? As-tu des rapports honnêtes avec les autres ? Triches-tu ?, me confia-t-elle. Je ne me dis pas vraiment : Es-tu tenace ? Travailles-tu dur ? Je pense : Es-tu quelqu'un de bien ? »

La vision de Cohen était beaucoup plus proche du caractère moral que du caractère performant. Pendant les mois que je passai à Riversdale, cette vision prédomina. Un jour de la fin de l'hiver 2011, je me rendis à l'école pour assister à plusieurs cours et réunions. Les messages sur le comportement et les valeurs étaient omniprésents, mais ils étaient presque toujours d'ordre moral. La journée s'annonçait chargée au collège – c'était le jour de la *morning assembly**, et certains enfants devaient s'envoler tôt pour la France. Ils partaient pour deux semaines de voyage scolaire à Bordeaux pendant les vacances de printemps. Le sujet de l'assemblée était les héros, et une demi-douzaine d'élèves se tenaient face à leurs camarades – environ 350 élèves au total – pour faire une brève présentation d'un héros de leur choix, en l'occurrence Ruby Nell Bridges, l'une des premières Afro-Américaines à avoir intégré une école à La Nouvelle-Orléans en 1960, Mohamed Bouazizi, le jeune marchand tunisien dont l'immolation déclencha le printemps arabe, le comédien et activiste Paul Robeson et le boxeur Manny Pacquiao.

En classe et dans les conversations avec les élèves, j'entendis beaucoup parler de valeurs et d'éthique, en particulier de valeurs sociales : intégration, tolérance et diversité. (J'entendis d'ailleurs beaucoup plus parler de l'histoire des Afro-Américains à Riverdale que dans les écoles KIPP.) Au fond de la splendide cafétéria baignée de soleil, une exposition de photos montrait des portraits de familles issues

---

* Rassemblement hebdomadaire de toute l'école.

de la diversité – des couples homosexuels, des parents aveugles, des familles mixtes, des enfants adoptés. Lorsque j'interrogeai une fillette de *eighth grade* sur le caractère, elle me répondit que pour elle et ses amies, l'enjeu majeur était l'intégration – qui est invité à quelle bar mitzvah ? qui est exclu sur Facebook ? D'après ce que j'ai vu, le caractère était défini à Riverdale essentiellement en termes d'entraide – ou du moins de respect. Je n'entendis pas beaucoup dire que certaines forces de caractère pouvaient aider une personne à mieux réussir dans la vie.

Pourtant, Randolph s'interrogeait sur l'intérêt d'un programme sur le caractère qui ne dépassait pas ces valeurs, aussi sympathiques fussent-elles. « Le danger avec le caractère est que si vous vous contentez de termes généraux – respect, honnêteté, tolérance – c'est vraiment vague, dit-il. Si je me poste devant les enfants et que je me contente de dire : "Il est vraiment important que vous vous respectiez les uns les autres", je pense qu'ils vont s'en moquer. Par contre, si je leur dis : "Vous devez faire preuve de self-control", ou si je leur explique que l'intelligence sociale les aidera à mieux collaborer, c'est un peu plus tangible. »

Karen Fierst, l'enseignante chargée de superviser le projet de caractère à l'école élémentaire de Riverdale, me confia qu'elle pensait qu'il serait difficile de convaincre les élèves et leurs parents de l'utilité de travailler sur les vingt-quatre forces de caractère. Pour les enfants KIPP, dit-elle, l'idée que le caractère peut les aider à l'université est un puissant moteur qui les incite à prendre ces forces au sérieux. Mais pour les enfants de Riverdale, la question n'est pas de savoir s'ils vont ou non décrocher un diplôme universitaire. « Ils y arriveront sans problème, expliqua Fierst. Comme toutes les générations précédentes dans leur famille. Il est donc plus difficile de les faire adhérer à cette idée. Pour les élèves de KIPP, l'apprentissage de ces forces est en partie un moyen de démystifier les composantes de la réussite des autres. C'est un peu comme si on leur disait : "Nous allons vous dévoiler le secret de la réussite." Mais les enfants de Riverdale vivent déjà dans le monde de la réussite. Ils n'ont pas besoin des enseignants pour savoir comment réussir. »

12. RICHESSE

Dwight Vidale enseigne l'anglais aux collégiens et aux lycéens de Riverdale. C'est un ancien élève de l'école, promotion 2001, et ses origines afro-américaines font de lui une exception dans la salle des professeurs. Quand je fis sa connaissance, il était le seul enseignant afro-américain du lycée. Vidale grandit dans le Bronx. Il fut élevé par sa mère, secrétaire, et par son beau-père, électricien. Il arriva à Riverdale au lycée comme boursier. Il appréciait les moyens dont disposait l'école et le niveau des études, mais il me confia qu'il avait eu du mal à se faire à la richesse de ses camarades. En *ninth grade*, il travailla en binôme sur un projet avec une fille de sa classe. Un jour, elle l'invita à travailler chez elle dans l'Upper East Side. « Je n'oublierai jamais le moment où je suis entré dans son appartement, me dit-il. Je fus littéralement scotché par tant d'opulence. » Cette expérience, me dit-il, le poussa à mettre de la distance entre lui et bon nombre de ses camarades. Durant toutes ses années à Riverdale, me confia-t-il, il n'invita jamais ses copains blancs chez lui. Il sentait que sa vie était tout simplement trop éloignée de la leur.

Maintenant qu'il enseigne à des enfants qui grandissent dans cette même opulence, Vidale explique qu'il a une vision plus nuancée de l'enfance aisée. Il eut ce qu'il appelle une « enfance très modeste », mais il puisa sa force dans la présence de sa mère, qui était toujours à ses côtés. Elle était toujours là quand il avait besoin de parler. Ses élèves semblent souvent avoir des relations beaucoup plus distantes avec leurs parents. Il voit beaucoup de ceux que le personnel de Riverdale appelle des parents hélicoptères – « toujours en survol, prêts à fondre en piqué en cas d'urgence », « ce qui ne veut pas dire qu'ils ont un lien affectif avec leurs enfants, ou même qu'ils leur consacrent du temps », dit-il.

Lors d'une journée pédagogique à Riverdale, Dominic Randolph organisa une projection de *Race to Nowhere.* Ce film sur les pressions que subissent les lycéens américains privilégiés avait rencontré un franc succès. Il avait été projeté dans les écoles, les églises et les maisons de quartier de nombreuses banlieues aisées, où il attirait à chaque fois des centaines voire des milliers de parents inquiets. Le film dresse un constat inquiétant sur l'adolescence et l'émotion va crescendo jusqu'au suicide d'une adolescente ultra-brillante, qui n'arrive plus à faire face à la pression croissante pour qu'elle réussisse. À Riverdale, le film fit un forte impression sur une grande partie de l'équipe. Un enseignant avait même les larmes aux yeux quand il vint voir Randolph après la projection.

Ce film contribua à fédérer une réflexion sur les effets dévastateurs des systèmes et méthodes d'éducation dans les classes aisées. Madeline Levine, l'un des personnages centraux du film, est psychologue dans le comté de Marin, en Californie. Elle est l'auteur d'un best-seller intitulé *The Price of Privilege : How Parental Pressure and Material Advantage Are Creating a Generation of Disconnected and Unhappy Kids* (« Le prix du privilège ou comment la pression parentale et l'aisance matérielle créent une génération d'enfants déconnectés et malheureux »). Dans son livre, Levine cite un certain nombre d'études et d'enquêtes venant étayer l'idée que les enfants riches affichent désormais « des taux étonnamment élevés de problèmes émotionnels dès le lycée[37] ». Ce n'est pas un hasard démographique, explique Levine. C'est le résultat direct des pratiques éducatives des foyers américains aisés. De nos jours, dit-elle, les parents riches sont, plus que les autres, émotionnellement distants de leurs enfants tout en ayant des grandes exigences de réussite. Ce mélange est toxique et susceptible de créer des « sentiments intenses de honte et de désespoir[38] » chez les enfants riches.

Le livre de Levine s'appuie sur les recherches de Suniya Luthar. Ce professeur en psychologie au Columbia University's Teachers College étudie depuis une dizaine d'années les difficultés psychologiques propres aux enfants grandissant dans un environnement très privilégié. (À l'invitation de Randolph, elle participa à la conférence de Lawrenceville en 2007.) Au début, Luthar s'intéressait essentiellement aux problèmes des adolescents issus de familles à faible revenu. Mais à la fin des années 1990, il lui fallut trouver un point de comparaison pour mieux comprendre les schémas qu'elle observait dans les banlieues défavorisées et en quoi ils différaient de ceux de groupes moins défavorisés. C'est ainsi qu'elle entreprit une étude comparative portant sur plus de 200 élèves de *tenth grade* essentiellement blancs et issus de banlieues aisées et d'autant d'enfants essentiellement afro-américains et issus de quartiers défavorisés. À sa grande surprise, Luthar découvrit que les adolescents issus de milieux aisés consommaient plus d'alcool, de tabac, de marijuana et de drogues dures que les adolescents défavorisés[39]. Environ 35 % des filles des banlieues aisées avaient goûté à chacune de ces quatre substances, contre 15 % des filles des quartiers défavorisés. Les filles des milieux favorisés souffraient également davantage de dépression – 22 % d'entre elles affichaient des symptômes graves.

Luthar fut rapidement sollicitée pour ausculter le collège d'une ville encore plus riche, où elle suivit un groupe d'élèves pendant quelques années[40]. Elle nota que un élève sur cinq souffrait de multiples problèmes persistants – toxicomanie, dépression et anxiété graves, difficultés scolaires chroniques[41]. En plus de collecter des informations sur la détresse psychologique et la délinquance, Luthar interrogea aussi les élèves sur leurs relations avec leurs parents. Elle découvrit que l'éducation des enfants pose problème aux deux extrémités socio-économiques. Chez tous les adolescents, qu'ils soient riches ou pauvres, certaines caractéristiques familiales présagent de l'inadaptation des enfants, notamment un faible attachement maternel, un haut niveau de critique parentale et une présence adulte minimale après l'école. Luthar observa que chez les enfants riches, les principales causes de détresse sont « une pression excessive pour la réussite et un isolement – aussi bien physique qu'affectif – par rapport aux parents[42] ».

Dan Kindlon, maître de conférences en pédopsychologie à Harvard, apporta de nouvelles preuves de l'impact des pressions exercées sur les enfants des milieux aisés, grâce à une étude nationale sur les familles riches qu'il mena pour un livre qu'il publia en 2000. À l'instar de Luthar, Kindlon observa des niveaux d'anxiété et de dépression disproportionnés chez les enfants riches, en particulier à l'adolescence[43]. Il découvrit que la rupture émotionnelle qui existait souvent entre les parents et leurs enfants se traduisait souvent par une indulgence inhabituelle des adultes face au mauvais comportement de leur progéniture. L'enquête de Kindlon montra que les parents qui gagnaient plus d'un million de dollars par an étaient, de loin, ceux qui affirmaient le plus souvent être moins stricts que leurs propres parents l'avaient été envers eux-mêmes[44].

K. C. Cohen et d'autres enseignants de Riverdale évoquaient souvent l'impact potentiellement délétère de la richesse sur le développement du caractère des élèves. Elle invita même Kindlon à Riverdale pour parler du sujet avec les élèves et les enseignants. Pour Cohen et Fierst, beaucoup de parents, tout en poussant leurs enfants à exceller, les privaient sans le vouloir du type d'expérience susceptible de forger leur caractère : « Ces enfants ne supportent pas la souffrance. Leur seuil de tolérance est très bas. Ils sont très protégés. Dès que la situation devient inconfortable, les parents se manifestent. Nous essayons de dire aux parents qu'il est bon que les enfants se confrontent à des difficultés, car c'est ainsi qu'ils apprennent. »

Pour Cohen, « si un enfant est un élève moyen et que les parents pensent qu'il est excellent, nous subissons beaucoup de pression. Certains nous disent : "Qu'est-ce que vous dites ? C'est une excellente copie !" D'autres nous appellent pour nous dire : "Vous ne pourriez pas leur donner deux jours de plus pour rendre leur devoir ?" » Gâter les enfants dans le but de leur donner tout et de se montrer affectueux, aux dépens de leur caractère, c'est une tendance lourde chez nous. Je dirais même que c'est l'un des plus gros problèmes de Riverdale. »

C'est le problème de tous les parents, bien sûr, et pas seulement des parents riches. C'est même un paradoxe au cœur de l'éducation actuelle : nous avons un besoin irrépressible de répondre aux besoins de nos enfants, de leur donner tout ce qu'ils veulent, de les protéger des dangers et des soucis, grands et petits. Pourtant, nous savons que les enfants ont avant tout besoin de se confronter à des difficultés, de relever des défis, de surmonter des frustrations, ne serait-ce que pour se prouver à eux-mêmes qu'ils en sont capables. Si vous êtes parent, ces questions se posent à vous chaque jour, et si vous faites le bon choix ne serait-ce que la moitié du temps, vous avez de la chance. C'est une chose de reconnaître ce dilemme dans l'intimité de son foyer. C'en est une autre de se l'entendre dire en public, dans une école où vous payez très cher pour que vos enfants puissent y faire leurs études.

C'est le problème auquel se heurte Randolph à Riverdale quand il essaie de lancer des réflexions nouvelles, comme celle sur le caractère. Quand vous travaillez dans une école publique, que ce soit une *charter school* ou une école publique traditionnelle, vous êtes payé par l'État. D'une certaine manière, vous êtes responsable envers vos concitoyens du travail que vous faites pour préparer vos élèves à entrer dans le monde des adultes. Quand vous travaillez dans une école privée comme Riverdale, vous avez toujours conscience d'être employé par les parents. Cette situation ne fait que compliquer les projets comme celui que Randolph cherche à lancer. Si vous dites que vos étudiants manquent de détermination, de gratitude et de self-control, vous critiquez implicitement l'éducation qu'ils ont reçue – donc vos employeurs.

Les familles aisées ne l'exprimeraient certainement pas ainsi, mais les écoles comme Riverdale s'intègrent dans une sorte de stratégie de gestion du risque. La liste des anciens élèves ayant réussi est impressionnante. Mais pour une école qui produit des diplômés très privilégiés depuis 104 ans, rares sont ceux qui ont vraiment changé le monde. Traditionnellement, le but d'une école comme Riverdale n'est pas d'offrir plus de chances de réussite à un enfant, mais d'élever son niveau et de lui donner le type de relations et de compétences qui limiteront les risques d'être déclassé. Ce que Riverdale offre aux parents, c'est avant tout la garantie que leurs enfants échapperont à l'échec.

Le problème, affirme Randolph, est que le meilleur moyen de se forger le caractère, c'est justement d'aller là où le risque d'échouer est réel et sérieux. Dans une entreprise à haut risque, que ce soit dans les affaires, le sport ou les arts, vous avez plus de risques d'essuyer une défaite colossale que dans une entreprise à faible risque – mais vous avez aussi plus de chances d'obtenir une réussite réelle et originale. « Pour forger sa détermination et son self-control, il faut passer par l'échec, explique Randolph. Or, aux États-Unis, dans la plupart des environnements privilégiés, personne n'échoue. »

Selon David Levin, il est un domaine dans lequel les élèves KIPP ont un avantage par rapport à ceux de Riverdale. « Les difficultés que nos élèves affrontent au quotidien pour suivre une scolarité sont très différentes de celles que rencontrent les enfants de Riverdale, me dit-il. Du coup, à de nombreux égards, la détermination de nos élèves est considérablement plus élevée que celle des élèves de Riverdale. »

Comme l'observa Karen Fierst, la plupart des élèves de Riverdale ont devant eux une voie toute tracée vers la réussite. Ils iront à l'université, ils obtiendront un diplôme, ils auront des jobs bien rémunérés – et s'ils échouent en cours de route, leurs familles les aideront très probablement, même s'ils ont passé la trentaine. Ces élèves ont beau jouir de nombreux avantages, Randolph n'est pas convaincu que l'éducation qui leur est actuellement dispensée à Riverdale ou le soutien qu'ils reçoivent chez eux leur donneront les armes pour tracer leur voie vers la réussite plus profonde qui, selon Seligman et Peterson, est l'ultime récompense des bons traits de caractère : une vie heureuse, riche de sens et fructueuse. Randolph veut certes que ses élèves réussissent – mais il pense que pour réussir, ils doivent d'abord apprendre à échouer.

13. DISCIPLINE

« À KIPP, nous avons toujours considéré que le caractère est tout aussi important que les résultats scolaires », dit Tom Brunzell. Il était six heures, par un bel après-midi du mois d'octobre, quand Brunzell présenta le bulletin de caractère face à un public de parents KIPP réunis dans le grand auditorium. « Nous pensons que même si vos enfants ont les compétences scolaires nécessaires – et nous faisons de notre mieux pour nous en assurer –, ils seront démunis, une fois adultes, s'ils ne possèdent pas aussi de fortes compétences en caractère. Parce que nous savons que le caractère, c'est ce qui rend les gens heureux, accomplis et épanouis. »

Brunzell, la trentaine, dirigeait le collège de KIPP Infinity, le troisième établissement KIPP de New York, qui ouvrit ses portes en 2005 et occupait un étage de la Roberto Clemente Middle School, sur la 133e Rue Ouest, face à la gigantesque gare routière. En tant que responsable de la discipline d'Infinity, Brunzell arborait généralement un air austère. Mais ce soir-là, il était tout sourire dans sa chemise repassée et son jeans impeccable. Il était un peu nerveux en faisant défiler sur son ordinateur les documents PowerPoint projetés sur un écran derrière lui. Brunzell était en charge du bulletin de caractère KIPP. Il dirigeait les réunions mensuelles de ce que l'on avait fini par appeler le groupe de travail KIPP/Riverdale. Pourtant, il était à bien des égards un curieux choix pour cette mission puisque, à son arrivée à KIPP, il critiquait franchement son système de discipline.

Depuis les débuts de KIPP, Levin et Feinberg, ses fondateurs, avaient la – mauvaise – réputation d'être à la fois directifs et souvent excessifs dans leur manière de régir le comportement de leurs élèves. Ils leur imposaient comment s'asseoir, parler, être attentifs et se déplacer dans les couloirs. Dans *Sweating the Small Stuff,* David Whitman écrit que les écoles « paternalistes » comme KIPP « disent précisément aux élèves comment ils sont censés se comporter et surveillent étroitement leur comportement, instaurant des récompenses en cas de respect et des punitions en cas de non-respect[45] ». Dans *Work Hard. Be Nice* (« Travailler dur, être sage »), son récit de la création de KIPP , Jay Mathews décrit quelques-unes des plus grandes démonstrations de discipline de Levin[46]. Un jour, raconte-t-il, Levin vit un élève lancer une boulette en papier. Il fit s'asseoir le coupable sur une chaise face à la classe, posa une poubelle à ses pieds et demanda aux autres élèves de lancer n'importe quel morceau de papier dans la poubelle – certains manquèrent naturellement de peu leur camarade. (Mathews raconte que Levin regretta ce geste plus tard.)

Quand Brunzell arriva à KIPP Infinity, en 2005, il terminait son cursus au Bank Street College, une école de formation des maîtres connue pour ses tendances progressistes. Sa thèse, qu'il rédigea durant ses dix-huit premiers mois à Infinity, était une critique minutieuse de la discipline à l'école. Pour Brunzell, le système d'Infinity, « basé sur la conformité, crée une atmosphère de dépendance punitive qui finit par nier le pouvoir de décision de l'élève[47] ». En conséquence, les élèves de KIPP Infinity affichent souvent une bonne conduite très superficielle, dénuée de toute réflexion approfondie sur les conséquences de leurs actes. Ils se comportent ostensiblement bien quand les enseignants les observent, puis en font le moins possible dès que ces derniers ont le dos tourné. Brunzell remettait en cause quelques-uns des éléments fondamentaux de la tradition KIPP. Levin et Joseph Negron, le jeune principal d'Infinity qui, au cours de sa première année, obtint des résultats remarquables, même pour KIPP, eurent une réaction étonnamment positive. À sa création, l'école avait une seule classe de *fifth grade* composée d'enfants des cités de West Harlem et de Washington Heights sélectionnés par tirage au sort. Seuls 24 % des élèves avaient réussi leur examen d'anglais du *fourth grade* dans leurs écoles publiques respectives ; à peine 35 % maîtrisaient le niveau de mathématiques du *fourth grade*[48]. Après un an à KIPP, 81 % réussissaient l'examen d'anglais du *fifth grade* et 99 % l'examen de mathématiques du *fifth grade*. Et pourtant, me dit Negron, il était d'accord avec Brunzell pour dire que tout n'allait pas bien à KIPP cette première année. « Les enfants faisaient de bonnes choses pour de mauvaises raisons », dit-il. « Nous n'avions pas beaucoup de problèmes avec les élèves et nous obtenions de bons résultats, ce qui était génial. Mais nous n'avions pas vraiment le sentiment d'être le type d'école qui permet d'être heureux et épanoui. »

Quand je fis la connaissance de Brunzell, à l'automne 2010, il était à KIPP Infinity depuis plus de cinq ans, et l'école avait changé durant toutes ces années, en partie en réaction à ses critiques. Les punitions étaient moins sévères et moins longues, les démonstrations de discipline, bien que souvent tout aussi fortes, étaient plus discrètes et les élèves se sentaient plus entendus et respectés. Pour Brunzell, le bulletin de caractère faisait partie de ces réformes. Il offrait un autre cadre pour discuter de comportement, un cadre qui permettait une réflexion plus profonde, et probablement une meilleure progression.

Dans le même temps, Brunzell avait révisé quelques-unes des critiques qu'il avait émises au début. Il en était venu à apprécier certains des éléments du système de gestion du comportement qu'il avait jugés au départ excessivement autoritaires. C'était notamment le cas de SLANT, un ensemble de rituels inculqué aux élèves dès la première année à KIPP. Pour Brunzell, SLANT (pour

« Sit up, Listen, Ask questions, Nod and Track the speaker with your eyes » – s'asseoir, écouter, poser des questions, hocher la tête et suivre son interlocuteur du regard) était un bon moyen d'enseigner l'alternance de codes. Cette compétence, hautement appréciée à KIPP et dans de nombreuses autres écoles urbaines accueillant des élèves issus de foyers défavorisés, consiste à identifier et à adopter les codes de comportement propres à chaque environnement culturel. En somme, il est bon d'adopter les codes de la rue dans la rue, mais si vous êtes dans un musée, dans une université ou dans un grand restaurant, vous devez savoir exactement comment vous comporter, faute de quoi vous passerez à côté de grandes opportunités. « À KIPP, nous enseignons le code de comportement professionnel, le code de comportement universitaire et le code de comportement culturel dominant, explique Brunzell, et nous devons les enseigner à longueur de journée. »

C'était un point de divergence particulièrement fort entre les enseignants de KIPP et de Riverdale. Un jour, dans son bureau, K. C. Cohen, la conseillère d'orientation de Riverdale, me confia avoir vu se creuser le désaccord entre les deux écoles sur certains points du bulletin de caractère au fil de l'année scolaire. Le problème n'était pas qu'elle et d'autres enseignants de Riverdale attachaient plus d'importance que les enseignants de KIPP à des valeurs comme le self-control. Le problème était simplement qu'ils commençaient à réaliser qu'ils n'en donnaient pas la même définition. « À KIPP, par exemple, avoir du self-control, c'est être assis bien droit sur sa chaise et regarder les enseignants », expliqua-t-elle. « Ici, vous pouvez être assis en boule sur votre chaise, personne ne fait attention. Vous pouvez même être allongé par terre. »

Cohen reprit la liste des vingt-quatre critères du bulletin de caractère de KIPP et me cita quelques applications qui, selon elle, résonnaient différemment d'une école à l'autre. « Prenez le cas de : "L'élève est poli avec les adultes et ses camarades", dit-elle. C'est très bien, mais à Riverdale, les enfants viennent me voir et me tapent dans le dos en me disant, “Hey, K.C. !” Et tout va bien. À KIPP, les enseignants sont toujours M. Untel ou Mme Untel. Il y a une sorte de formalisme. » C’est toute la complexité de l’alternance de codes : les enfants qui font partie de la classe dominante ne se conduisent pas forcément comme tels à l’école – ou peut-être devrait-on plutôt dire que dans une école comme Riverdale, être avachi sur sa chaise, avoir la chemise qui sort du pantalon et plaisanter avec les professeurs *est* le comportement de la culture dominante.

« Certains de nos enfants doivent mâcher du chewing-gum parce qu’ils sont hyperactifs, poursuit Cohen. Ils le font pour se calmer. Ce ne serait jamais accepté à KIPP. En réalité, nous partons du principe que nos enfants savent déjà se comporter. Donc, s’ils ont besoin de s’asseoir bizarrement sur leur chaise, c’est d’accord. Alors qu’à KIPP, c’est plutôt « Non, non et non », et tout le monde doit se conformer aux règles, car la conformité est censée les aider à réussir. »

Il est vrai qu’à KIPP mâcher du chewing-gum est une transgression – mais il est vrai aussi que le débat sur le développement du caractère a permis à certains enseignants de faire de la question des infractions comme le chewing-gum plus qu’une simple question de conformité. Quelques jours avant ma rencontre avec Cohen, je fis la connaissance de Sayuri Stabrowski, 30 ans, enseignante d’anglais en *seventh* et *eighth grade* à KIPP Infinity. Un jour, elle avait surpris une élève en train mâcher du chewing-gum en cours. « Elle nia, me raconta Stabrowski. Elle me dit : “Non, je ne mâche pas du chewing-gum, je joue avec ma langue”. » Stabrowski levait les yeux au ciel en me racontant cette anecdote. « Je lui ai dit : “D’accord”. Plus tard, je l’ai vue recommencer à mâcher et je lui ai dit : “Tu mâches un chewing-gum ! Je t’ai vue.” Elle m’a répondu : “Non, regardez” et elle a déplacé si ostensiblement le chewing-gum dans sa bouche que tout le monde l’a remarqué. Il y a quelques années, je serais certainement sortie de mes gonds. Mais là, j’ai réussi à dire : “Eh bien, non seulement tu mâches du chewing-gum, ce qui n'est pas très grave en soi, mais en plus tu m'as menti deux fois. ” Et là, elle s'est effondrée. »

Stabrowski craignait que cette élève, qui avait des problèmes de comportement, fasse une crise de nerfs – une mini-attaque dans le jargon de KIPP – en plein cours. En fait, elle cracha son chewing-gum, resta assise jusqu'à la fin du cours, puis vint voir l'enseignante avec les larmes aux yeux. « Nous avons longuement parlé, me narra Stabrowski. Elle m'a dit : “Je fais déjà tellement d'efforts pour essayer de devenir adulte. Mais je n'arrive pas à changer !” Je lui ai répondu : “Si, quelque chose a *bel et bien* changé. Tu n'as pas fait de crise devant les autres élèves. Il y a deux semaines, c'est ce que tu aurais fait”. »

Pour Tom Brunzell, dans des moments pareils, il n'est pas du tout question d'enseignement scolaire, ni même de discipline, mais de thérapie, et plus précisément de thérapie cognitive et comportementale (TCC), méthode qui constitue le fondement théorique de toute la psychologie positive. La TCC utilise l'esprit conscient pour reconnaître les pensées ou les interprétations négatives ou autodestructrices et se convaincre soi-même d'adopter un meilleur point de vue. « Les enfants qui réussissent à KIPP sont ceux qui peuvent pratiquer la TCC », me dit Brunzell. D'après lui, son travail et celui des enseignants KIPP consiste à fournir aux élèves les outils pour y parvenir. « Tous les enfants de cet âge font chaque jour des mini-implosions, dit-il. C'est l'âge. Ce sont les pires années de leur vie. Mais les enfants qui réussissent sont ceux qui peuvent se dire : “Je suis au-dessus de ça. Je vais bien. Demain sera un autre jour.” »

14. BONNES HABITUDES

La thérapie cognitive et comportementale n'est qu'un exemple de ce que les psychologues appellent la métacognition, un terme générique qui signifie, pour faire simple, la réflexion sur la réflexion. On peut voir le bulletin de caractère comme une stratégie métacognitive à grande échelle. L'une des premières choses qu'apprécia David Levin dans *Learned Optimism,* c'est que Martin Seligman explique que le moment le plus propice pour transformer les enfants pessimistes en enfants optimistes est « avant la puberté, mais suffisamment tard dans l'enfance pour qu'ils soient métacognitifs – capables de réflexion sur la réflexion[49] ». En d'autres termes, pile au moment où les élèves entrent au collège KIPP. Parler de caractère, réfléchir au caractère, évaluer le caractère : ce sont autant de processus métacognitifs.

Mais pour Angela Duckworth, réfléchir et parler de caractère ne suffit pas, surtout chez les adolescents. C'est une chose de savoir de manière abstraite que vous devez travailler votre détermination, votre enthousiasme ou votre self-control. C'en est une autre de disposer des outils pour le faire. Tel est l'inconvénient de la distinction que Duckworth dresse entre motivation et volonté. Tout comme une volonté forte n'est pas très utile si un élève n'a pas la motivation pour réussir, la motivation ne suffit pas à elle seule sans la volonté de poursuivre des objectifs jusqu'au bout. Duckworth cherche désormais à aider les jeunes à développer ces outils de volonté. Ce projet s'inscrit à de nombreux égards dans le prolongement de son travail avec Walter Mischel sur les stratégies que les enfants mettaient en œuvre pour résister à la tentation du marshmallow. Un jour d'automne, j'assistai à un atelier pédagogique sur les principes d'une stratégie métacognitive qu'elle avait testée au cours d'une année scolaire avec des élèves de *fifth grade* et qu'elle proposait aux enseignants de KIPP Infinity.

L'intervention, qui porte le nom barbare de Mental Contrasting with Implementation Intentions (« Contraste mental et implémentation des intentions »), ou MCII, fut mise au point par Gabriele Oettingen et ses collègues de l'université de New York. Oettingen découvrit dans ses recherches qu'il existe trois stratégies pour se fixer des objectifs, et que deux d'entre elles ne sont pas très efficaces. Les optimistes aiment rêver. Ils imaginent l'avenir tel qu'ils aimeraient qu'il soit (pour un collégien, cela peut signifier avoir de très bonnes notes en mathématiques l'année suivante) et visualisent tous les avantages que cela implique – compliments, autosatisfaction, réussite future. Oettingen découvrit que rêver fait vraiment du bien sur le moment – cela peut stimuler la production de dopamine –, mais n'a absolument aucun lien avec les résultats réels.

Les pessimistes ont tendance à utiliser une stratégie qu'Oettingen qualifie de « ressassement ». Ils pensent à tout ce qui va se mettre en travers de leur chemin vers l'accomplissement de leurs objectifs. Si notre collégien espérant une bonne note en mathématiques est un pessimiste, il se dit qu'il ne finit jamais ses devoirs, qu'il n'a aucun endroit calme pour travailler, et qu'en plus il est continuellement distrait en classe. Comme on peut s'y attendre, le ressassement ne conduit pas non plus à la réussite.

La troisième méthode est appelée « contraste mental ». Elle emprunte des éléments aux deux premières et se concentre donc à la fois sur une issue positive et sur les obstacles. Associer les deux, ont écrit récemment Duckworth et Oettingen dans un article, « crée une association forte entre l'avenir et la réalité qui met en évidence le besoin de surmonter les obstacles pour atteindre l'objectif désiré[50] ».

Selon Oettingen, l'étape suivante vers la réussite consiste à créer une série d'« implémentations des intentions », c'est-à-dire des projets précis sous forme de propositions du type « si… alors » qui relient les obstacles et les moyens de les surmonter. Par exemple : « *Si* je suis distrait par la télévision après l'école, *alors* j'attendrai d'avoir fini mes devoirs pour regarder la télévision. » Oettingen démontra l'efficacité de MCII à travers de nombreuses expériences : cette stratégie aida des personnes au régime à manger plus de fruits et de légumes, des lycéens à se préparer plus sérieusement au SAT, et des patients souffrant de mal de dos chronique à regagner en mobilité[51].

« Rêver que l'on fera ses devoirs de maths tous les jours au semestre suivant – c'est vraiment super sur le moment », explique Duckworth dans son atelier face aux élèves de KIPP. « Mais au bout du compte, vous ne faites rien. Je visite beaucoup d'écoles et je vois partout des affiches qui disent « Si vous le rêvez, vous pouvez y arriver ! » Mais nous devons arrêter de rêver que nous allons tous devenir riches et célèbres, et commencer à réfléchir aux obstacles qui se mettent aujourd'hui en travers du chemin qui mène à ce que nous voulons être. »

MCII n'est autre qu'un moyen de se fixer soi-même des *règles*. Comme l'écrit David Kessler, ancien commissaire à la Food and Drug Administration, dans son livre intitulé *The End of Overeating* (« En finir avec la suralimentation »), il y a une explication neurobiologique au fait que les règles fonctionnent, que vous les utilisiez pour éviter les aliments frits (comme Kessler) ou pour résister à la tentation de regarder la *Nouvelle Star* (comme peut-être notre élève KIPP imaginaire). Quand vous vous fixez des règles, écrit Kessler, vous enrôlez le cortex préfrontal dans votre camp face aux zones plus instinctives et réflexives de votre cerveau. Les règles, souligne Kessler, sont une chose, la volonté en est une autre. Les règles sont un *substitut* métacognitif de la volonté. En vous fixant une règle (« Je ne mange jamais de beignets frits »), vous pouvez faire taire le douloureux conflit interne entre votre envie de friture et votre détermination à y résister. Les règles, explique Kessler, « nous structurent en nous préparant à rencontrer des stimuli et en détournant notre attention des tentations[52] ». Très vite, elles deviennent aussi automatiques que les appétits qu'elles font taire.

Quand Duckworth parle de caractère, comme elle le fit ce jour-là à l'atelier KIPP, elle cite souvent le philosophe et psychologue américain William James, qui affirme que ce que nous appelons *vertus* ne sont ni plus ni moins que de simples habitudes. « Les habitudes et le caractère sont essentiellement la même chose, explique Duckworth aux enseignants de KIPP. Il n'y a pas des enfants bons et des enfants mauvais. Certains enfants ont de bonnes habitudes et d'autres ont de mauvaises habitudes. Ainsi formulé, les enfants comprennent, car ils savent que les habitudes sont parfois *difficiles*, mais pas *impossibles* à changer. William James voit notre système nerveux comme une feuille de papier. À force de le plier et de le replier, il garde un pli. Selon moi, c'est ce que vous faites à KIPP. Quand vos élèves quittent KIPP, vous voulez être sûrs qu'ils ont les plis qui les mèneront plus tard à la réussite. »

Selon Duckworth, les personnes consciencieuses ne décident pas consciemment d'agir tout le temps vertueusement. C'est par défaut qu'elles agissent « bien », et donc qu'elles choisissent l'option la plus socialement acceptable ou l'option la plus bénéfique à long terme. Mais selon la situation, la voie la plus consciencieuse n'est pas toujours l'option la plus intelligente. Dans le test de vitesse de codage de Carmit Segal, par exemple, les élèves qui obtinrent les meilleurs résultats s'appliquèrent sur un exercice réellement ennuyeux sans rien attendre en retour. On peut les qualifier de « consciencieux ». Ou d'« idiots ». Mais à terme, il est généralement très utile d'être consciencieux par défaut. Car lorsque l'enjeu sera *vraiment* important – quand vous devrez réviser pour un examen, vous présenter à l'heure à un entretien d'embauche ou décider si de succomber ou pas à la tentation et tromper votre conjoint –, vous ferez probablement le bon choix, et vous n'aurez pas besoin de vous forcer pour y arriver. Au fond, les stratégies comme MCII ou le fait d'imaginer un cadre autour d'un marshmallow ne sont que des moyens de faciliter le choix du chemin vertueux.

15. IDENTITÉ

Quand je me rendis à KIPP Infinity durant l'hiver 2011, quelques mois après l'inauguration du bulletin de caractère, le mot « caractère » était partout. Les enfants arboraient des sweat-shirts portant d'un côté le slogan « Infinite Character » et de l'autre la liste de toutes les forces de caractère. Un tee-shirt pro-self-control faisait même référence à Walter Mischel. On pouvait y lire : « Don't Eat the Marshmallow ! » (« Ne mange pas le marshmallow ! ») Les murs étaient tapissés d'affiches du type : VOUS AVEZ DU SELF-CONTROL ? et JE PARTICIPE ACTIVEMENT ! Dans le hall, sur un tableau d'affichage, les élèves pouvaient punaiser des cartes où ils racontaient quand ils voyaient d'autres élèves faire preuve de caractère. (Dans la rubrique enthousiasme, on pouvait lire notamment : « En cours de maths, William a levé la main pour répondre à toutes les questions. »)

J'interrogeai David Levin sur le risque de saturation. Ne pensait-il pas que c'était un peu exagéré ? « Pas du tout, répondit-il. Pour que ça marche, toute l'école doit s'en imprégner, du langage au contenu des cours en passant par les récompenses et la reconnaissance sur les panneaux d'affichage. Si ce n'est pas gravé dans l'ADN d'une institution, l'impact sera insignifiant. »

L'affichage de messages n'est bien entendu pas une nouveauté à KIPP. Levin et Feinberg utilisent depuis le début des affiches, des slogans, des symboles et des tee-shirts pour créer une culture d'école forte et inculquer aux élèves un sentiment de différence et d'appartenance. Pour Duckworth, l'identité collective de KIPP est un élément central de la réussite de l'école. « KIPP crée un changement de rôle social, si bien qu'un élève change soudain de mentalité, dit-elle. Elle joue sur l'appartenance au groupe : "Nous savons ce que signifie SLANT, mais pas vous, parce que vous n'êtes pas à KIPP". »

Les psychologues ont démontré que l'identité collective peut avoir un impact puissant – aussi bien positif que négatif – sur la réussite. Au début des années 1990, le psychologue Claude Steele identifia un phénomène qu'il appela la menace du stéréotype. Steele montra que si, avant un test intellectuel ou physique, vous glissez à une personne un indice psychologique discret sur son identité collective, vous pouvez avoir un impact majeur sur ses performances. Depuis, les chercheurs ont démontré cet impact dans d'innombrables circonstances, notamment dans le cadre d'un parcours de minigolf de dix trous proposé à des élèves de Princeton[53]. Les étudiants blancs à qui l'on avait présenté le parcours comme un test sur les dons naturels en sport (où ils craignent de ne pas être bons) eurent besoin de quatre coups de plus qu'un autre groupe d'étudiants blancs qui croyaient que c'était un test sur leurs capacités stratégiques (où ils sont convaincus d'être bons). Pour les étudiants afro-américains, l'impact était inverse : ceux qui pensaient avoir affaire à un test d'intelligence stratégique eurent besoin de quatre coups supplémentaires. La théorie de Steele est la suivante : quand vous tenez à confirmer un stéréotype sur votre groupe – que les Blancs ne sont pas sportifs, que les Afro-Américains ne sont pas intelligents –, vous êtes anxieux et vous faites moins bien.

D'autres chercheurs observèrent des menaces du stéréotype dans des domaines beaucoup plus sérieux que le minigolf. Lorsque l'on demanda à des sexagénaires, des septuagénaires et des octogénaires de lire un article sur la baisse de mémoire liée à l'âge avant de passer un test de mémoire, ils retinrent 44 % des mots, contre 58 % pour un groupe similaire qui n'avait pas lu l'article avant le test[54]. Avant un test de mathématiques, il suffit que l'on rappelle aux étudiantes qu'elles sont des filles pour qu'elles fassent moins bien que les étudiantes à qui l'on n'a pas rappelé ce détail identitaire.

Mais la menace du stéréotype peut être désamorcée par des interventions subtiles aussi facilement qu'elle est activée par des indices subtils. L'une des techniques les plus efficaces consiste à délivrer un message très précis aux élèves menacés de stéréotype : l'intelligence est malléable. Quand les élèves assimilent cette idée, les études montrent qu'ils gagnent en confiance, et que leurs notes et leur GPA augmentent.

La question de la malléabilité de l'intelligence fait l'objet de vifs débats entre psychologues et neuroscientifiques[55]. Les scores aux tests d'aptitude comme le SAT peuvent certes être améliorés par des entraînements de toutes sortes, mais l'intelligence pure n'est pas très malléable. Carol Dweck, psychologue à l'université Stanford, a pourtant fait une découverte remarquable : quelles que soient les données sur la malléabilité de l'intelligence, les étudiants obtiennent de bien meilleurs résultats scolaires quand ils *pensent* que l'intelligence est malléable. Dweck classe les individus en deux catégories : d'un côté ceux qui ont un état d'esprit fixe, qui pensent que l'intelligence et les autres facultés sont essentiellement statiques et innées, et de l'autre ceux qui ont un état d'esprit de développement, et qui pensent que l'intelligence peut être améliorée[56]. Elle a montré que l'état d'esprit des étudiants détermine leur trajectoire scolaire : ceux qui pensent que l'intelligence peut être améliorée réussissent effectivement à améliorer leurs notes[57].

Ce qui est sûr en tout cas, c'est que l'état d'esprit, lui, est malléable. Dweck et d'autres ont montré qu'une intervention bien pensée peut permettre aux élèves de passer d'un état d'esprit fixe à un état d'esprit de développement, et d'améliorer ainsi leurs résultats scolaires. Joshua Aronson, un collaborateur régulier de Claude Steele, et deux de ses collègues, menèrent une étude comparative de l'efficacité de plusieurs interventions de changement d'état d'esprit sur un groupe d'élèves de *seventh grade* issus d'un milieu défavorisé. Pendant une année scolaire, chaque élève travailla avec un tuteur, un étudiant de l'université qu'il rencontra deux fois 90 minutes et avec qui il communiquait régulièrement par mail. Les mentors de certains élèves choisis au hasard devaient leur transmettre un message d'état d'esprit de développement du type : « L'intelligence n'est pas un capital fini ; c'est une capacité extensible qui augmente à force de travail intellectuel. » Les élèves du groupe témoin entendaient un message plus classique sur les dangers de la consommation de drogue sur la réussite scolaire[58].

À la fin de l'année, Aronson et ses collègues comparèrent les résultats des deux groupes au Texas Assessment of Academic Skills, le test d'aptitude standardisé du Texas. Les élèves qui avaient entendu le premier message firent beaucoup mieux que ceux qui avaient entendu le message antidrogue. L'effet le plus impressionnant fut observé sur les résultats des filles en mathématiques. On connaissait déjà l'impact de la menace du stéréotype sur les scores en maths des personnes de sexe féminin, qui semblent particulièrement anxieuses en situation d'examen, quand elles craignent de confirmer le stéréotype sur le mauvais niveau des filles en maths. Dans l'expérience du Texas, les filles qui entendirent le message antidrogue obtinrent une moyenne de 74, soit 8 points de moins que les garçons qui avaient entendu le même message. En revanche, les filles qui avaient entendu le message d'état d'esprit de développement obtinrent en moyenne 84 points, comblant entièrement l'écart avec les garçons.

16. BULLETINS DE CARACTÈRE

La théorie de Dweck selon laquelle les élèves font mieux quand ils pensent pouvoir améliorer leur intelligence s'applique aussi au caractère. C'est l'idée sur laquelle repose le bulletin de caractère : présenter aux élèves le caractère non pas comme un ensemble de traits figés mais comme une série d'attributs en constant développement les incitera à améliorer ces traits. J'en parlai un matin à KIPP Infinity avec Mike Witter, un professeur d'anglais de 31 ans qui semblait croire dur comme fer à l'état d'esprit de développement. « Un bon enseignant *doit* croire que l'intelligence est malléable, me dit-il. Et que le caractère l'est tout autant. Si vous apprenez aux enfants à surveiller leur caractère, alors leur caractère changera. »

Witter était probablement l'enseignant de l'école qui avait déployé le plus d'efforts pour inciter ses élèves à s'intéresser à leur caractère. Un matin, cet hiver-là, je me rendis dans sa classe pour observer ce que David Levin appelait un enseignement à double emploi : les enseignants parlent délibérément et explicitement de forces de caractère à chaque cours. Levin voulait que les professeurs de mathématiques utilisent les forces de caractère dans l'énoncé des problèmes. Il voulait aussi que les professeurs d'histoire s'en servent en cours pour parler de Harriet Tubman et de l'Underground Railroad. Quand j'arrivai dans la classe de Witter, il animait un débat sur le roman de Chinua Achebe *Things Fall Apart**. Au-dessus de la tête de Witter, face à la classe, les sept forces de caractère, de l'optimisme à l'intelligence sociale, étaient affichées sur fond bleu, en lettres blanches de 10 cm de hauteur. Il demanda à ses élèves d'évaluer par une note les forces de caractère d'Okonkwo, le personnage principal. Après de nombreuses hésitations, la plupart des élèves furent d'accord pour lui accorder une excellente note en détermination et une très mauvaise en self-control. Puis un élève du nom de Yantzee leva la main : « Est-ce qu'un trait peut se retourner contre vous ? » demanda-t-il.

« Bien sûr, un trait peut se retourner contre vous, répondit Witter. Une trop grande détermination, comme chez Okonkwo, peut vous faire perdre votre capacité à être en empathie avec les autres. Si vous êtes déterminé au point de ne pas comprendre pourquoi tout le monde se plaint des difficultés et si rien n'est difficile pour vous, puisque vous êtes M. Détermination, vous aurez du mal à être gentil. Même l'amour peut se retourner contre vous – trop d'amour peut faire de vous une proie facile. » Ce qui lui valut le rire de ses élèves, qui semblaient savoir de quoi il parlait. « Donc oui, le caractère est une chose à surveiller. Les forces de caractère peuvent devenir des faiblesses de caractère. »

Après le cours, je discutai avec Witter. Il me dit que certains enseignants de KIPP Infinity n'étaient toujours pas convaincus par

---

* *Tout s'effondre*, Actes Sud, 2013. Paru en 1958, ce roman évoque évoque le choc culturel qu'a représenté pour les tribus Ibos la colonisation du Nigéria par les Britanniques à la fin du XIXe siècle.

le postulat principal du bulletin de caractère, à avoir que le caractère peut changer. « L'idée est que les enseignants se sentent à l'aise avec ce concept. Pour adhérer au bulletin de caractère, il faut croire en la malléabilité du caractère, et je ne sais pas si c'est le cas de tous les enseignants. Combien de fois avez-vous entendu un adulte dire : "Je suis comme ça ! C'est moi. Tu n'as qu'à t'y faire !" Si vous pensez que cette malléabilité ne s'applique pas à vous, comment pouvez-vous penser qu'elle s'applique aux enfants ? »

Je revis Witter à la rencontre parents-professeurs du collège de KIPP Infinity, qui se déroula par un jeudi glacial de février. C'est un moment fort de la vie des écoles KIPP – les parents sont vivement invités à participer, et à Infinity, presque tous sont présents. Mais celle-ci inquiétait aussi bien l'administration que les parents, car les élèves allaient recevoir leur tout premier bulletin de caractère, et personne ne savait à quoi s'attendre.

Le bulletin de caractère avait constitué un véritable défi logistique pour Brunzell et ses collègues. Les enseignants de trois des quatre collèges KIPP de New York avaient dû noter chacun de leurs élèves sur les vingt-quatre critères de caractère. Plus d'un trouva le processus un peu embarrassant. Ce jour-là, ils allaient devoir relever un défi encore plus grand et expliquer aux parents comment ces chiffres précis, arrondis à la deuxième décimale, résumaient le caractère de leurs enfants. Je m'assis un moment avec Witter sur un banc devant la salle de musique et je l'écoutai discuter avec Faith Flemister, une jeune Afro-Américaine portant un rouge à lèvres rouge sombre et un bonnet noir, et son fils Juaquin Bennett, un garçon baraqué de *eight grade* vêtu d'un sweat-shirt gris à capuche.

« Depuis quelques années, nous travaillons sur un projet visant à dresser pour les parents un tableau précis du caractère de leurs enfants, expliqua Witter. Les catégories que nous avons établies représentent des qualités qui ont été étudiées et définies comme des critères de réussite. Elles signifient que vous avez plus de chances d'aller à l'université. Plus de chances de trouver un emploi. Et même, surprise, plus de chances de vous marier ou de fonder une famille. Nous pensons donc qu'elles sont vraiment importantes. »

Faith Flemister acquiesça, et Witter commença à énumérer les notes du bulletin de caractère de Juaquin, en commençant par une bonne nouvelle : tous les enseignants lui avaient donné la meilleure note, un 5 pour « Est poli envers les adultes et ses camarades » et une note presque aussi bonne pour « Surveille son humeur » – deux critères de self-control interpersonnel.

« Je dois dire que c'est un vrai point fort pour toi, dit Witter en se tournant vers Juaquin. Tu as incroyablement bien développé ce type de self-control. Ce qui me dit que nous devons nous demander quel peut être ton prochain objectif. Et la première chose qui me saute aux yeux, c'est ça. » Witter sortit alors un feutre vert, puis entoura et lut à haute voix un critère de self-control scolaire sur le bulletin de Juaquin : « Est attentif et résiste à la distraction ». « C'est un peu moins bon que d'autres critères. Pourquoi, d'après toi ? » « Je parle trop en cours, concéda Juaquin un peu honteusement, baissant les yeux sur ses baskets noires. Parfois, je fixe le ciel et je ne suis pas attentif. » Ensemble, ils évoquèrent alors plusieurs stratégies pour aider Juaquin à mieux se concentrer en cours. Au terme de 15 minutes de conversation, Faith Flemister sembla convaincue par cette nouvelle approche. « Ses points forts ne sont pas une surprise, dit-elle à Witter qui se levait pour aller parler à une autre famille. Juaquin est comme ça. Mais c'est bien de pointer du doigt ce qu'il peut faire pour se faciliter la vie. Ses notes vont peut-être s'améliorer. »

17. GRAVIR LA MONTAGNE

Si le premier bulletin de caractère d'un élève est l'amorce d'une conversation qu'il aura avec les enseignants et les administrateurs de KIPP sur son caractère et sur les moyens de l'améliorer, à l'autre bout du processus se trouve une femme du nom de Jane Martinez Dowling. Dowling dirige l'agence KIPP Through College de New York, le programme de soutien des anciens élèves de KIPP. Elle supervise une vingtaine de conseillers travaillant dans un bureau ouvert au huitième étage d'un gratte-ciel en pierre de Wall Street. Le KIPP Through College de New York s'occupe de près de sept cents anciens élèves de KIPP. La moitié est encore au lycée et l'autre poursuit des études universitaires avec plus ou moins de succès.

L'objectif universitaire officiel de KIPP est que 75 % des collégiens KIPP obtiennent un *bachelor's degree* dans les six ans qui suivent leur sortie du lycée. Souvenez-vous que le taux de diplômés en six ans de la classe de Tyrell Vance était de 21 %. C'est dire le défi que doit relever Dowling. Quand je me rendis dans son bureau par une froide matinée de février 2011, elle me tendit un tableau détaillé des chiffres d'entrée à l'université de chaque promotion KIPP. L'évolution allait dans le bon sens : le taux de diplômés en six ans était passé de 21 % pour la promotion 2003, la promotion de Tyrell Vance, à 46 % pour la promotion 2005. Ce jour-là, Dowling s'intéressait surtout à la promotion 2007, qui était sur le point d'atteindre la barre des quatre ans après le lycée, date à laquelle les étudiants pouvaient, en théorie, obtenir un *bachelor of arts*, ou *BA*. Le tableau indiquait que seuls 26 % des étudiants étaient sur le point d'obtenir leur diplôme en quatre ans, mais que 18 % étaient encore à l'université et étaient donc susceptibles d'obtenir leur diplôme en cinq ou six ans.

La promotion 2007, me dit Dowling, avait un niveau scolaire supérieur aux précédentes. Beaucoup d'élèves avaient ensuite été internes dans des lycées élitistes, et la liste des universités où ils étaient entrés allait de Vanderbilt à Columbia. « Mais nous avons découvert que c'est le caractère qui freine certains, expliqua Dowling. Certains élèves sont d'une incroyable intelligence mais ne l'utilisent pas forcément dans le bon sens. Beaucoup d'enfants sont en butte à des problèmes de procrastination alors qu'ils ont la capacité de faire leur travail. D'autres sont confrontés à de vrais problèmes sociaux et affectifs. » Sur les 57 élèves de cette promotion, 7 avaient fait une grave dépression à l'université. « Le problème est particulièrement prononcé dans cette promotion, me confia Dowling. Ces jeunes ont des problèmes familiaux ou des difficultés à s'entendre avec leurs camarades, et certains ont vraiment été freinés. » Dowling souligna que la plupart voire la totalité des jeunes dont elle parlait étaient encore en lice pour leur diplôme. « Ce sont des enfants bien, dit-elle. Mais la pauvreté rattrape même les enfants résilients. »

Elle me donna un exemplaire du *College Advisory Playbook* de KIPP, un manuel de 76 pages à l'usage des conseillers chargés de suivre la progression de leurs élèves. Le document est incroyablement détaillé, à l'image de l'obsession institutionnelle des chiffres que nourrit KIPP. Il préconise que chaque conseiller de KIPP Through College contacte au moins une fois par mois chaque élève sur son tableau de service. À chaque fois, les élèves sont notés sur leur persévérance en fonction de quatre critères : préparation scolaire, stabilité financière, bien-être socio-affectif, et aptitude non cognitive. À chaque fois, le conseiller note l'élève en rouge, vert ou jaune dans chaque catégorie. Par exemple, si un élève a un travail qui l'occupe plus de vingt heures par semaine, la préparation scolaire apparaît en jaune. S'il est suivi par le service d'aide psychologique, le bien-être socio-affectif est en rouge. S'il a de grandes difficultés à prendre en charge et à réaliser des tâches importantes, l'aptitude non cognitive est en rouge. Dowling a accès à tout moment à une base de données qui marque d'un point rouge chaque problème potentiel des élèves avec lesquels travaillent ses conseillers.

En lisant le manuel dans le métro qui me ramenait dans le centre, je me rappelai combien la logistique de la réussite pouvait être compliquée. Le document regorge de données et d'idées – échéances des formalités d'aide financière, informations sur l'orientation, conseils pour améliorer les habitudes de travail, suggestions pour instaurer

…s relations avec ses colocataires et les enseignants. Toutes …nations, les élèves de Riverdale les entendent de la bouche … parents, de leurs amis, de leurs grands frères et de leurs grandes sœurs depuis des années. En réalité, ils ont baigné dedans toute leur vie. Pour les élèves de KIPP, c'est souvent comme une langue qu'ils ne maîtriseraient pas.

Le caractère est une sorte de substitut du filet de sécurité dont jouissent les élèves de Riverdale. Le soutien de leurs familles, de leurs écoles et de leur culture les protège des conséquences des erreurs et des revers occasionnels, et des mauvaises décisions. Faute de filet de sécurité – or, par définition, les enfants de familles à faible revenu ne l'ont pas – ils doivent compenser par d'autres moyens. Pour réussir, ils doivent faire preuve de plus de détermination, de plus d'intelligence sociale et de plus de self-control que les enfants riches. Développer cette force demande beaucoup de travail. Mais pour les élèves KIPP qui parviennent à trouver ces compétences et qui sont capables de traverser ce champ de mines et d'obtenir un diplôme universitaire, comment ne pas penser qu'ils entreront dans l'âge adulte avec de réels avantages sur leurs homologues de Riverdale. Je ne parle pas d'avantages financiers, mais d'avantages de caractère. Quand un élève de KIPP obtient un diplôme universitaire, il n'obtient pas qu'un diplôme ; il obtient aussi une chose plus précieuse : la certitude d'avoir gravi une montagne pour le décrocher.

Chapitre 3

Apprendre à réfléchir

LE FAUX PAS DE SEBASTIAN

Sebastian Garcia ne comprenait pas ce qui s'était passé. Tout allait bien. Il menait d'un fou et d'un pion. Il était en bonne position pour remporter le National Junior High Chess Championship de 2011. Et tout à coup, il se retrouvait en grande difficulté. Il avait perdu l'avantage. Son roi filait à travers l'échiquier comme une souris apeurée, la tour de son adversaire à ses trousses. Quelques coups plus tard, à l'heure de la défaite, Sebastian serra mollement la main du gamin aux cheveux couleur sable d'une banlieue de l'Ohio qui l'avait battu, traversa d'un pas traînant l'immense salle de bal du centre de conférences où un millier de têtes étaient penchées sur des échiquiers, et s'éclipsa pour se rendre à Union B, la salle de conférence sans fenêtre qui accueillait son équipe d'échecs le temps du championnat. Sebastian était un petit Latino trapu et calme avec des joues rondes et une épaisse chevelure noire. Il était en *sixth grade* à l'Intermediate School 318 (ou IS 318) de Brooklyn. Deux jours plus tôt, avec soixante équipiers et une poignée d'enseignants et de parents, il avait pris le car et fait onze heures de bus pour se rendre à une compétition d'échecs qui se déroulait sur plusieurs jours à Columbus, Ohio. Le week-end commençait mal pour lui.

Pour les élèves de l'équipe IS 318, le rituel était le suivant : qu'ils gagnent ou qu'ils perdent, après chaque partie, ils retournaient auprès de leur équipe pour un debriefing avec leur professeur d'échecs, Elizabeth Spiegel. Sebastian se rendit en traînant des pieds jusqu'à Union B et s'approcha de la petite table où Spiegel, une femme grande et mince toute vêtue de noir, se tenait derrière un échiquier.

« J'ai perdu », annonça-t-il.

« Parle-moi de la partie », répondit Spiegel. Elle avait la trentaine et son teint clair semblait encore plus pâle en contraste avec la couleur vive de ses cheveux qu'elle aimait changer au fil des saisons. Pour ce tournoi, elle avait choisi un flamboyant rouge vermillon. Sebastian s'affala sur la chaise en face d'elle et lui tendit son carnet de parties où il avait griffonné ses 65 coups et ceux de son adversaire.

L'autre était simplement meilleur que lui, expliqua Sebastian. « Il avait de bonnes compétences, dit-il, d'un ton légèrement plaintif. De bonnes stratégies. »

« Voyons cela », dit Spiegel. Elle prit les blancs et commença à rejouer la partie sur l'échiquier posé devant eux. Elle rejoua chaque coup de l'adversaire de Sebastian pendant que ce dernier rejouait ses propres coups avec les noirs. Sebastian et le garçon de l'Ohio avaient tous deux commencé par sortir quelques pions, puis les blancs déployèrent rapidement leurs cavaliers, une ouverture classique appelée défense Caro-Kann, qu'ils avaient vue des dizaines de fois en cours d'échecs à Brooklyn. Puis le garçon de l'Ohio avait replié un cavalier sur une case inattendue. Ses deux cavaliers attaquaient maintenant un même pion. Sebastian était nerveux. Il déplaça un autre pion en défense, mais tomba dans un piège. Son adversaire lança rapidement un cavalier pour prendre le pion en défense, et au bout d'à peine quatre tours, Sebastian avait déjà perdu une pièce.

Spiegel regarda Sebastian. « Combien de temps as-tu mis avant de jouer ce coup ? » demanda-t-elle.

« Deux secondes. »

Le visage de Spiegel s'assombrit. « Nous ne t'avons pas emmené ici pour que tu joues en deux secondes », dit-elle, d'une voix glaciale. Sebastian baissa les yeux. « Sebastian ! » Il leva les yeux. « C'est pathétique. Si tu continues à jouer ainsi, je vais te retirer du tournoi, et tu pourras passer le reste du week-end assis là, tête baissée. Deux secondes, c'est trop peu. » Sa voix s'adoucit légèrement. « Écoute, si tu fais une erreur, ce n'est pas grave. Mais tu as agi sans réfléchir. Ce n'est pas bien. Je suis très très très en colère de voir que tu as été aussi négligent et étourdi. »

La tempête passa aussi vite qu'elle était venue, et Spiegel recommença à déplacer les pièces et à examiner la partie de Sebastian.

« Bien », dit-elle alors qu'il évitait de se faire capturer un pion. « Très intelligent », dit-elle quand il prit le cavalier de son adversaire. Ils poursuivirent ainsi coup après coup, Spiegel félicitant Sebastian pour ses bonnes idées, lui demandant de proposer des alternatives à ses idées moins bonnes, et lui enjoignant sans cesse de ralentir. « Tu as très bien joué, lui dit-elle, mais de temps en temps tu as agi super vite et tu as fait des choses vraiment stupides. Si tu peux arrêter de faire ça, tu joueras très très bien. »

Je fis la connaissance de Spiegel pendant l'hiver 2009, après avoir lu un article du *New York Times*[1] sur les performances de son équipe à un tournoi scolaire, le National Scholastic K-12 Championship, au mois de décembre. Dans son article, l'éditorialiste des échecs Dylan McClain précisait que l'IS 318 est inscrite au programme de niveau I du département de l'Éducation, ce qui signifie que plus de 60 % de ses élèves sont issus de familles à faible revenu. Et pourtant, dans le tournoi en question, les élèves de Spiegel avaient battu des élèves d'écoles privées et prestigieuses. J'étais intrigué, mais pour être honnête, j'étais aussi un peu sceptique. Les producteurs d'Hollywood et les magazines adorent les histoires de garçons des quartiers défavorisés battant les élèves d'écoles privées dans des tournois d'échecs, mais souvent, quand on y regarde de plus près, ces triomphes ne sont pas aussi impressionnants qu'il y paraît. Parfois, le tournoi que l'équipe du quartier défavorisé remporte s'avère être un tournoi mineur. Ou bien la division dans laquelle jouent les jeunes est réservée aux élèves au-dessous d'un certain niveau. Ou encore les enfants défavorisés sont quelque peu atypiques – soit ils viennent d'une école sélective avec examen d'entrée, soit ce sont des immigrés récents venus d'Asie ou d'Europe de l'Est et non des enfants noirs ou hispaniques issus de familles vivant depuis longtemps dans la pauvreté. En 2005, par exemple, le magazine *New York* fit longuement l'éloge de l'équipe d'échecs de Mott Hall School, baptisée les Dark Knights of Harlem, « un groupe ambitieux d'enfants de 10 à 12 ans, de Washington Heights, Inwood et Harlem » qui participaient à un tournoi national à Nashville[2]. Ils finirent deuxièmes de leur division du tournoi des *sixth grade*. C'était un bon résultat – mais ils concouraient dans la catégorie des moins de 1 000 Elo. Ils ne jouaient donc pas contre des plus de 1 000 Elo, ce qui est relativement faible. Et tous avaient passé un examen pour entrer à Mott Hall. Ils avaient donc tous un niveau supérieur à la moyenne. L'équipe, tout en étant techniquement de Harlem, ne comptait qu'un joueur afro-américain, tous les autres étant des immigrants venus du Kosovo, de Pologne, du Mexique, d'Équateur ou de Chine.

En arrivant à l'IS 318 un matin de janvier, je m'attendais à rencontrer un profil comparable. Pas du tout. L'équipe était hétérogène – une poignée de Blancs et d'Asiatiques, mais une majorité de Noirs et d'Hispaniques, les meilleurs joueurs étant même afro-américains. D'après mes informations, quelques élèves de l'équipe étaient confrontés à la même situation catastrophique que l'élève moyen de la Fenger High School de Roseland, mais avec 87 de ses élèves bénéficiaires de l'aide fédérale pour la cantine, l'IS 318 avait bien mérité son classement en Title I. L'IS 318 était située à South Williamsburg, à la limite de Bedford-Stuyvesant. Son ancien élève le plus célèbre est le rapper Jay-Z, qui a grandi dans la cité voisine de Marcy. L'équipe était à l'image de l'école. La plupart des élèves sont issus de la classe ouvrière et la majorité des parents ne sont pas allés à l'université.

Au cours des deux années suivantes, je suis souvent retourné à l'IS 318 pour assister à des cours et accompagner l'équipe dans des tournois, suivant leurs progrès sur le blog de Spiegel. Pendant tout ce temps, j'essayai de comprendre comment ils faisaient pour obtenir de tels résultats. Car ce sont majoritairement les enfants riches qui remportent les tournois d'échecs – ou, pour être plus précis, les enfants riches et l'élite cognitive qui fréquentent des écoles sélectives avec examen d'entrée. Jetons un coup d'œil à la liste des équipes gagnantes[3], par niveau, du tournoi scolaire de 2010 qui se déroula à Orlando quelques mois avant le tournoi de Columbus auquel participa Sebastian Garcia*.

Kindergarten (grande section de maternelle)	Oak Hall School, école privée de Gainesville, Floride
First grade (CP)	SciCore Academy, école privée du New Jersey
Second grade (CE1)	Dalton School, école privée de New York
Third grade (CE2)	Hunter College Elementary, école publique sélective de New York
Fourth grade (CM1)	Ex aequo SciCore Academy et Stuart Hall School for Boys, école catholique de la Nouvelle-Orléans

* Nous indiquons dans le tableau, entre parenthèses, à quel niveau en France correspondent les années scolaires.

Fifth grade (CM2)	Regnart Elementary, école publique de Cupertino, Californie, siège d'Apple et de dizaines d'autres sociétés informatiques
Ninth grade (3e)	San Benito Veterans Memorial Academy, Texas, lycée public dont les élèves sont essentiellement hispaniques et issus de familles à faible revenu
Tenth grade (2de)	Horace Mann, lycée privé de New York
Eleventh grade (1re)	Solomon Schechter, lycée privé d'une banlieue de New York
Twelfth grade (terminale)	Bronx Science, lycée public sélectif de New York

Dans chacun de ces niveaux, l'équipe gagnante venait – à l'exception de San Benito – d'une école privée, d'une école publique sélective, d'une école religieuse ou d'une école publique fréquentée par les enfants des ingénieurs Apple. Les seules exceptions étaient les niveaux du collège, où la liste des gagnants était la suivante :

Sixth grade (6e)	IS 318, collège public défavorisé de Brooklyn
Seventh grade (5e)	IS 318, collège public défavorisé de Brooklyn
Eighth grade (4e)	IS 318, collège public défavorisé de Brooklyn

Les élèves de l'IS 318 ne gagnèrent pas dans un seul niveau ; ils gagnèrent dans tous les niveaux où l'école avait participé. Les écoles qu'ils ont battues sont en tête de liste des établissements privés les plus recherchés du pays – Trinity, Collegiate, Spence, Dalton, et Horace Mann à New York –, et les établissements privés sélectifs de Boston, Miami et Greenwich, dans le Connecticut. Le tournoi de 2010 ne fut pas une exception ; l'IS 318 gagna aussi dans les trois catégories en 2008. (En 2009, ils gagnèrent en *sixth* et *seventh grade* mais perdirent d'un demi-point en *eighth grade*.)

Au bout du compte, la réalité est toute simple : le programme d'échecs de l'Intermediate School 318 est tout simplement le meilleur cours d'échecs de collège des États-Unis, sans exception. En fait, c'est presque certainement le meilleur programme scolaire d'échecs du pays, toutes catégories confondues. L'équipe a vu sa réputation grandir ces dernières années. Elle attire désormais de bons joueurs de toute la ville, qui ne font qu'améliorer le niveau. Si elle remporte des tournois, c'est surtout grâce au travail d'Elizabeth Spiegel. Nous l'avons vu faire à Union B cet après-midi d'avril : elle prend des enfants de 11 ans comme Sebastian Garcia, qui savent un peu jouer aux échecs mais pas trop, et en fait coup après coup, minutieusement, des champions.

Au trente-cinquième tour de la partie que Sebastian rejouait avec Spiegel, Sebastian avait complètement rattrapé ses premières erreurs et dominait nettement la partie. Sa reine s'était enfoncée en territoire ennemi, mettant le roi blanc en échec. Son adversaire avait lancé un pion pour bloquer l'attaque de la reine noire. Sebastian avança sa reine de deux cases : échec de nouveau. Le roi blanc recula d'une case, hors d'atteinte de la reine.

Mais plutôt que de garder la pression sur le roi blanc, Sebastian joua la facilité : il captura un pion blanc avec sa reine. Là encore, il était passé à côté d'une menace imminente : de l'autre côté du plateau, la tour de son adversaire emporta son fou, lui volant ainsi l'avantage.

« Tu as pris le pion ? » demanda Spiegel. « Allez. Qu'est-ce que tu aurais pu faire de mieux ? »

Sebastian resta muet.

« Et l'échec ?

Sebastian regarda l'échiquier.

« Réfléchis, dit Spiegel. Souviens-toi. Quand je te pose une question, tu n'es pas obligé de répondre tout de suite. Mais tu dois avoir la bonne réponse. »

Soudain, un timide sourire s'afficha sur le visage de Sebastian.

« Je pourrais prendre la reine », dit-il.

« Montre-moi », dit Spiegel, et Sebastian joua, démontrant comment un échec de plus lui avait non seulement épargné son fou, mais aurait aussi fait plonger les blancs, obligeant son adversaire à choisir entre perdre sa reine et perdre la partie.

« C'est ça, dit Spiegel calmement, replaçant les pièces là où elles étaient quand Sebastian avait pris le pion. Repense à ce moment. Au moment où tu as joué *ce* coup – elle prit le pion blanc, comme l'avait fait Sebastian –, tu as perdu la partie. Si tu avais joué *ce* coup – elle mit le roi blanc en échec –, tu aurais gagné la partie. » Elle se cala dans sa chaise, le regard fixé sur Sebastian. « Il est normal que ta défaite te fasse un peu mal, dit-elle. Tu *dois* te sentir mal. Tu es un joueur de talent, mais tu dois prendre le temps de réfléchir plus. Parce que maintenant tu as – elle regarda sa montre – 4 heures d'ici la prochaine partie, ce qui signifie que tu as 4 heures pour réfléchir au fait que tu as été battu. Elle tapota l'échiquier. Tout ça à cause de ce moment où tu aurais pu prendre le temps et où tu ne l'as pas fait. »

2. QI ET JEU D'ÉCHECS

Le 11 mai 1997, à l'Equitable Center de Manhattan, Garry Kasparov, champion du monde d'échecs depuis 1985, abandonna après seulement 19 coups la dernière partie d'un match en six parties contre Deep Blue, un logiciel d'échecs conçu par des ingénieurs IBM. C'était la deuxième défaite de Kasparov dans ce match – dans lequel il avait aussi remporté une partie et fait trois parties nulles. Il avait perdu le match et surtout son titre officieux de « meilleur joueur d'échecs de la planète[4] », selon les mots du reporter du *New York Times*. La défaite de Kasparov sema la consternation dans le monde des échecs et au-delà. Elle suscita aussi une grande inquiétude : quelles étaient les implications pour le reste des mortels. (Quelques jours plus tôt, le magazine *Newsweek* avait consacré au match un article intitulé : « The Brain's Last Stand » – « Le baroud d'honneur du cerveau[5] ».) Après la partie, dans une conférence de presse lugubre, Kasparov exprima sa honte d'avoir perdu et sa perplexité devant l'immensité des capacités de Deep Blue. « Je suis un être humain, se lamenta-t-il. Quand je vois quelque chose qui me dépasse, j'ai peur[6]. »

Pour beaucoup de monde, le triomphe de Deep Blue ne représentait pas seulement un défi au talent des joueurs d'échecs, mais aussi une menace contre l'intelligence humaine ; c'était comme si un banc de dauphins venait de composer une symphonie parfaite. Il est vrai que les échecs ont longtemps été considérés comme un reflet de l'intelligence : plus vous êtes intelligent, plus vous êtes bon aux échecs, et inversement. En 1997, dans son livre *Genius in Chess,* le grand maître britannique Jonathan Levitt établit même un lien mathématique précis entre le QI et les performances aux échecs résumé dans une formule qu'il baptisa équation de Levitt[7] :

$$\text{Elo} \sim (10 \times \text{QI}) + 1\,000.$$

Elo est un système d'évaluation des joueurs – et l'équation de Levitt représente la meilleure note qu'un joueur puisse obtenir « après des années de jeu et d'étude ». (Le drôle de signe après Elo signifie « est plus ou moins égal à. ») Selon la formule de Levitt, avec un QI moyen de 100, le meilleur classement que vous pouvez espérer obtenir est 2 000 Elo. Un QI de 120 peut vous permettre d'atteindre 2 200 Elo. Et ainsi de suite. Les grands maîtres sont classés 2 500 Elo ; ce qui, selon la formule de Levitt, correspond à un QI d'au moins 150 – et relève du génie.

Mais tout le monde n'est pas d'accord avec cette idée que les performances aux échecs sont directement liées au QI pur. Jonathan Rowson, un jeune grand maître écossais qui publia quelques livres provocateurs sur les échecs, affirme que l'équation de Levitt « se fourvoie complètement[8] ». Selon lui, les qualités primordiales aux échecs ne sont absolument pas d'ordre intellectuel. Elles sont psychologiques et émotionnelles. « La plupart des grandes études sur les échecs passent à côté de ce qui est essentiel dans la manière de penser et de ressentir d'un joueur d'échecs[9] », écrit Rowson dans son livre *The Seven Deadly Chess Sins* (« Les sept péchés capitaux aux échecs »). « Elles ont tort de voir les échecs comme une activité presque exclusivement cognitive où les coups sont choisis et les positions uniquement comprises sur la base des interférences et des schémas mentaux. » En réalité, écrit-il, si vous voulez devenir un grand ou même ne serait-ce qu'un bon joueur d'échecs « votre capacité à identifier et à utiliser vos émotions est tout aussi importante que votre manière de penser[10] ».

Dans ses cours d'échecs à l'IS 318 et dans ses débriefings avec les élèves lors des tournois comme les National Junior High Championships, Spiegel transmet souvent des connaissances précises. Elle leur apprend à faire la différence entre la défense slave et la défense semi-slave ou à connaître la valeur comparative d'un fou blanc et d'un fou noir. Ce qui m'a toujours frappé, en la voyant travailler, c'est que sa démarche est à la fois très simple et très complexe : en en réalité, elle enseigne à ses élèves un nouveau mode de pensée. Sa méthode est étroitement liée aux stratégies métacognitives qu'étudiait Martin Seligman et qu'enseignait Angela Duckworth. Pour moi, elle semble intrinsèquement liée aux recherches neuroscientifiques sur les fonctions exécutives – ces facultés mentales de premier ordre que les certains scientifiques qualifient de tour de contrôle du cerveau.

Deux des fonctions exécutives les plus importantes sont la flexibilité cognitive et le self-control cognitif. La flexibilité cognitive est la capacité à trouver des solutions alternatives aux problèmes, à sortir du cadre, à négocier des situations inédites. Le self-control cognitif est la capacité à inhiber une réaction instinctive ou habituelle et à y substituer une réaction plus efficace et moins évidente. Ces deux facultés sont au cœur de l'enseignement que Spiegel dispense à ses élèves. Pour gagner aux échecs, dit-elle, vous devez savoir mieux que quiconque percevoir des idées nouvelles et différentes. Vous devez pouvoir répondre à des questions comme : quel coup gagnant particulièrement inventif ai-je manqué ? Et quel coup potentiellement fatal de mon adversaire ai-je ignoré ? Elle apprend à ses élèves à résister à la tentation de jouer les coups qui peuvent paraître tentants sur le moment, car (comme Sebastian Garcia en fit l'expérience) ils ne sont pas payants pour la suite. « Enseigner les échecs, c'est enseigner les habitudes qui accompagnent la réflexion, m'expliqua Spiegel un matin où je visitai sa classe. C'est apprendre à l'élève à comprendre ses erreurs et à prendre davantage conscience des processus de la pensée. »

Avant d'être professeur d'échecs à plein-temps à l'IS 318, Spiegel enseignait l'anglais en *eighth grade*. À l'en croire, c'était une catastrophe. Elle enseignait la dissertation comme elle analyse une partie d'échecs : quand les élèves rendaient leurs rédactions, elle les lisait phrase à phrase avec chacun et demandait à chaque fois : « Es-tu bien *sûr* que c'est le meilleur moyen de dire ce que tu veux dire ? » « Ils me regardaient comme si j'étais folle, me dit-elle. Je leur écrivais de longues lettres avec les corrigés. J'en corrigeais à peine six ou sept par soir. »

Le style pédagogique de Spiegel n'était peut-être pas tout à fait adapté à un cours d'anglais, mais son expérience de l'enseignement l'aida à mieux comprendre ce qu'elle voulait faire en cours d'échecs. Plutôt que de suivre un programme fixe tout au long de l'année, elle décida de construire son calendrier scolaire uniquement à partir de ce que savaient ses élèves et, surtout, de ce qu'ils ne savaient pas. Par exemple, le jour où elle les emmena à un tournoi pour le week-end, elle remarqua que beaucoup exposaient leurs pièces et en faisaient des proies faciles. Le lundi suivant, elle organisa tout son cours autour des stratégies de défense, rejouant les erreurs de ses élèves sur les échiquiers en feutre vert suspendus à des crochets. Elle reprenait sans cesse les parties, individuellement et en cours. Elle analysait le moment précis où un joueur avait perdu, le coup qu'il aurait dû jouer et ce qui se serait passé s'il avait mieux joué ce coup, puis poursuivait ces scénarios hypothétiques pendant plusieurs coups avant de revenir au coup fatal.

Cette méthode très sensée est pourtant rarement utilisée pour enseigner les échecs. « En général, me dit Spiegel, pour apprendre à jouer aux échecs, on lit un livre sur le sujet. C'est agréable, voire intellectuellement amusant, mais on n'en retire aucune compétence. Si vous voulez vraiment mieux jouer aux échecs, vous devez revoir vos parties et vous interroger sur vos erreurs. » Un peu comme dans une psychothérapie. Dans l'idéal, vous revoyez les erreurs que vous avez commises – ou que vous répétez sans arrêt – et vous essayez de comprendre pourquoi vous les avez commises. À l'instar des meilleurs thérapeutes, Spiegel tente de guider ses élèves sur une voie étroite et difficile : leur faire assumer la responsabilité de leurs erreurs et en tirer les leçons sans culpabiliser. « Il est très rare que les enfants fassent l'expérience d'un échec dont ils sont entièrement responsables, me dit-elle. Mais quand ils perdent une partie, ils savent qu'ils ne peuvent s'en prendre qu'à eux-mêmes. Ils avaient toutes les clés pour gagner, et ils ont perdu. Si ça vous arrive une fois, vous pouvez vous trouver une excuse, ou ne jamais y repenser. Mais quand ça fait partie de votre vie, quand ça vous arrive tous les week-ends, vous devez trouver un moyen de faire la distinction entre vous et vos erreurs ou vos défaites. J'essaie d'enseigner à mes élèves que perdre est quelque chose que vous faites, pas quelque chose que vous êtes. »

3. LE VIRUS DES ÉCHECS

Bien sûr, il est facile de dire aux enfants qu'ils doivent prendre du recul par rapport à leurs défaites et garder toute leur confiance malgré les échecs. C'est plus difficile quand c'est vous qui les battez. Spiegel joue elle-même aux échecs à un très haut niveau. Bien que son classement ait légèrement fléchi ces dernières années, depuis qu'elle consacre plus de temps à l'enseignement, elle reste l'une des trente meilleures joueuses d'échecs des États-Unis. Mais comme tous les grands joueurs, elle perd souvent, et quand c'est le cas, elle en parle dans son blog – une source d'informations et un point de vue appréciés et décalés dans le monde des échecs – et se blâme au vu de tous. « Je suis une idiote retardée et stupide, écrivit-elle en 2007 après avoir perdu contre un maître russe. Suis-je vraiment incapable de prendre des pions à mon adversaire ? C'est officiel : je me déteste[11]. »

Le père de Spiegel lui enseigna les coups d'échecs classiques quand elle n'avait que 4 ans, mais elle ne commença la compétition qu'en *sixth grade*, au moment où elle s'inscrivit à un atelier d'échecs dans son lycée de Raleigh, en Caroline du Nord. Elle adora – pas seulement les échecs, où elle excellait, mais aussi le sentiment d'appartenance que lui donnèrent les échecs. Avant de découvrir les échecs, Spiegel avait peu de vie sociale. Avec les échecs, elle trouva soudain sa place. « Je me souviens m'être sentie tellement heureuse et soulagée, me dit-elle. Les enfants étaient gentils avec moi parce que j'étais forte. Les adultes me traitaient comme si mon opinion comptait. Pour la première fois, je voyais une amélioration dans ma vie. » Son classement dépassa rapidement celui de son professeur, et elle réalisa à sa grande surprise qu'elle n'avait plus besoin de son aide pour continuer de progresser. Elle pouvait poursuivre seule. Et si elle pouvait apprendre seule les échecs, elle pouvait tout aussi bien apprendre seule les mathématiques, ou n'importe quoi d'autre. Cette capacité à maîtriser seule de nouveaux sujets, qu'elle doit entièrement aux échecs, l'aida à traverser toutes les années qu'elle passa dans ce qu'elle décrit comme « un lycée épouvantable » et à l'université, d'abord à Duke, puis à Columbia, où elle se forma en mathématiques avant de s'orienter vers la littérature anglaise.

Une fois son diplôme en poche, Spiegel resta à New York et fut engagée comme enseignante par Chess-in-the-Schools. Depuis 1986, cette association caritative invite des spécialistes d'échecs comme Spiegel à consacrer quelques heures par semaine à l'enseignement des échecs dans les écoles publiques défavorisées de la ville. Pendant quelques années, Spiegel tourna dans quatre écoles, un jour ici, l'autre là. Sa préférée était l'IS 318. Finalement, un jour de 2006, le principal l'engagea pour enseigner les échecs à plein-temps et entraîner l'équipe d'échecs de l'école.

L'été 2005, après avoir joué plusieurs années sans grand enthousiasme, elle participa sur un coup de tête à un tournoi à Phoenix. À sa grande surprise, elle obtient le meilleur score féminin, se qualifiant ainsi automatiquement pour le championnat national américain le printemps suivant. Elle n'avait pas le niveau, et elle le savait. Soixante-quatre hommes et femmes parmi les meilleurs joueurs d'échecs de tout le pays s'étaient qualifiés pour le tournoi, et elle était dans le bas du classement. Elle se plongea donc dans les échecs. Elle étudiait au moins trois heures par jour, cinq jours par semaine, consacrant des nuits entières à revoir une ouverture ou passant des heures sur Internet à jouer sur le site du Chess Club. Elle fit suffisamment de progrès pour obtenir d'assez bons résultats au tournoi. Sans se classer parmi les dix premiers, elle arriva à une place respectable. Après cela, elle continua à jouer avec la même ferveur. Comme au lycée, les échecs occupèrent toute sa vie. La journée, elle enseignait les échecs, et le soir elle jouait. Elle perdit de vue ses amis qui ne jouaient pas aux échecs et commença à délaisser ses autres activités. Jouer aux échecs, écrivit-elle dans son blog, est devenu « à peu près le seul moment où je ressens quelque chose. Le reste du temps, je suis presque apathique[12] ».

Spiegel se coupa de plus en plus du reste du monde. Son isolement social croissant ne fit qu'accroître sa tendance naturelle à la mélancolie et à une certaine excentricité. Un jour, sur son blog, elle annonça timidement à ses lecteurs qu'elle avait eu un rendez-vous le vendredi précédent. « À un moment donné, écrivit-elle, il a mis son bras autour de moi, et je me suis dit : "Waouh ! Je n'ai absolument plus aucun contact physique avec des êtres humains." Mais je suis fière de moi parce que je n'ai rien dit, bien que je l'aie longtemps pensé. J'ai réalisé à temps que ce n'était pas le genre de chose à dire à un rendez-vous[13]. »

Puis, pendant les vacances de Noël 2009, elle partit sur un coup de tête en voyage dans les Caraïbes avec le professeur d'arts plastiques de l'IS 318, un grand et bel homme de type méditerranéen du nom de Jonathan qu'elle admirait de loin dans la salle des professeurs mais qu'elle jugeait trop bien pour elle. À leur retour de cette semaine aux Bahamas, ils étaient amoureux. Quatre mois plus tard, ils emménageaient ensemble, et à l'automne 2010, ils étaient fiancés.

Jonathan ne jouait pas du tout aux échecs, et comme Spiegel passait plus de temps avec lui, elle commença à être moins accro. Elle n'abandonna pas sa passion pour autant, puisqu'elle continuait d'enseigner toute la journée à l'école et d'entraîner ses élèves le samedi lors des tournois scolaires. Mais elle consacrait désormais son temps libre à faire du vélo, à apprécier la bonne cuisine, à explorer la ville et à parler de l'avenir, et non plus à jouer aux échecs sur Internet. Pour moi qui ne joue pas aux échecs, ce changement semblait positif. Il était clair que passer son temps à jouer aux échecs ne la rendait pas très heureuse. Par contre, passer du temps avec Jonathan, oui. Mais de son point de vue, l'analyse n'était pas si simple. Son classement officiel, qui était monté à 2 170, tomba au-dessous de 2 100. Elle parlait souvent de son désir de se remettre sérieusement aux échecs pour remonter son classement. Elle savait très bien qu'elle était plus heureuse que quand elle passait son temps à jouer aux échecs, mais cette époque triste et obsessionnelle lui manquait quand même.

4. UNE DOSE DE MÉCHANCETÉ

Le travail de Spiegel repose sur un savant équilibre. Elle voudrait donner confiance à ses élèves afin qu'ils croient en leur propre capacité à vaincre des adversaires plus forts et à maîtriser une partie d'une incroyable complexité. Mais les exigences de son métier – et les particularités de sa personnalité – font qu'elle passe le plus clair de son temps à répéter leurs erreurs aux élèves. Tout le propos du débriefing d'après partie consiste à dire : « Là, tu pensais avoir une bonne idée, mais tu avais tort. »

« Je suis tout le temps tiraillée, me confia-t-elle un jour. Tous les jours, c'est l'une de mes principales préoccupations d'enseignante. J'ai l'impression d'être très méchante avec les enfants. J'en suis malade, parfois. Quand je rentre chez moi, je repense à tout ce que je leur ai dit et je me dis : "Qu'est-ce que je fais ? Je leur fais du mal". »

Après le tournoi national féminin de 2010 (remporté par l'IS 318), Spiegel écrivit sur son blog :

> « Le premier jour et demi s'est assez mal passé. J'étais complètement déchaînée. Je reprenais chaque partie et j'étais une vraie peau de vache : je disais des choses du type : "C'EST INACCEPTABLE !" à des enfants de 11 ans qui avaient exposé leurs pièces ou n'avaient pas réfléchi avant de jouer. Je disais des choses incroyables à ces enfants, du style : "Tu sais compter jusqu'à deux, non ? Alors tu aurais dû le voir !" ou "Si tu ne fais pas plus attention, tu devrais arrêter de jouer aux échecs, car tout le monde perd son temps."
>
> À la fin du troisième tour, je commençai à me trouver horrible. J'étais sur le point d'abandonner et de faire plutôt semblant d'être gentille. Mais au quatrième tour, tout le monde a tenu plus d'une heure et a commencé à bien jouer. Je pense vraiment que c'est pour cela que

l'on semble remporter assez facilement les championnats féminins nationaux chaque année. Presque personne ne dirait à des adolescentes (surtout des adolescentes intelligentes et équilibrées) qu'elles sont fainéantes et que la qualité de leur travail est inacceptable. Parfois, les enfants ont besoin d'entendre ça. C'est ce qui les pousse à intensifier leurs efforts[14]. »

Spiegel défia souvent ma conception des rapports entre un bon professeur et ses élèves. Pour moi, avant de la rencontrer, le professeur idéal ressemblait au personnage interprété par Ted Danson dans *Knights of the South Bronx* (« Les cavaliers du South Bronx »). Dans ce téléfilm américain de 2005, Ted Danson mène une équipe disparate d'enfants du ghetto à la victoire contre un groupe de jeunes snobs sortis des écoles privées à force d'accolades, de discours de motivation et de leçons de vie. Ce n'est pas le genre de Spiegel. Elle ne prend personne dans ses bras. Elle est clairement dévouée à ses élèves et se soucie profondément d'eux, mais quand un élève est déçu d'avoir perdu, elle va rarement le réconforter. C'est plus le genre de John Galvin, le principal adjoint de l'IS 318, qui assiste souvent aux tournois. Il a plus d'« intelligence émotionnelle. »

« J'ai vraiment un rapport chaleureux avec beaucoup d'enfants, me dit Spiegel lors d'un tournoi. Mais je crois que mon rôle d'enseignante est d'être une sorte de miroir. Mon rôle est de leur parler de ce qu'ils ont fait sur l'échiquier et de les aider à y réfléchir. C'est énorme pour les enfants. Ils travaillent d'arrache-pied et vous les observez vraiment, sans condescendance. On prête rarement une telle attention aux enfants, et mon expérience m'a montré qu'ils apprécient vraiment. Je ne les materne pas. Ce n'est pas mon genre. »

Les chercheurs, notamment Michael Meaney et Clancy Blair, ont démontré que pour que les nourrissons développent des qualités comme la persévérance et la concentration, ils ont besoin de beaucoup de chaleur et de réconfort de la part des personnes qui s'occupent d'eux. Mais ce que suggère la réussite de Spiegel, c'est qu'au début de l'adolescence, le meilleur moyen de motiver les élèves ne se limite pas au léchage et le toilettage, mais implique un type d'attention très différent. Ce qui pousse les collégiens à se concentrer et à s'entraîner avec autant de ferveur que les joueurs d'échecs de Spiegel, c'est l'expérience inédite de voir quelqu'un les prendre au sérieux, croire en leurs capacités et les mettre au défi de progresser.

Pendant les mois que je passai à observer l'équipe de l'IS 318 se préparer pour le tournoi de Columbus, je passai aussi beaucoup de temps à suivre l'évolution du bulletin de caractère à KIPP Infinity. Au cours de mes allers et retours en métro entre West Harlem et South Williamsburg, j'avais tout loisir de comparer les méthodes d'entraînement aux échecs de Spiegel et le discours des enseignants et des administrateurs de KIPP face aux crises émotionnelles et aux écarts de conduite quotidiens de leurs élèves. Souvenez-vous du directeur des études de KIPP, Tom Brunzell, qui voyait sa démarche comme une sorte de thérapie cognitive et comportementale. Dans les moments de stress et de détresse émotionnelle, il encourageait ses élèves à adopter une sorte de pensée globale – la métacognition, comme l'appellent souvent les psychologues – qui se situe dans le cortex préfrontal. Cette démarche consiste à ralentir, à observer ses impulsions et à envisager des solutions plus efficaces à ses problèmes que, disons, crier contre son professeur ou bousculer un autre enfant dans la cour de récréation. Les séances de debriefing de Spiegel après les parties d'échecs ne sont autres qu'une version plus formelle de cette méthode. À l'instar des élèves de KIPP, les élèves de l'IS 318 sont mis au défi d'examiner leurs propres erreurs en profondeur, de s'interroger sur les raisons pour lesquelles ils les ont faites, et de se demander sérieusement ce qu'ils auraient pu faire. Que vous l'appeliez thérapie cognitive ou simplement enseignement de qualité, cette approche semble remarquablement efficace pour favoriser le changement chez les collégiens.

Mais cette technique est assez rarement employée dans les écoles américaines. Si vous pensez que votre mission à l'école ou votre travail d'enseignant est simplement de transmettre des informations, il ne semble probablement pas nécessaire de soumettre vos élèves à ce type d'auto-analyse rigoureuse. Mais si vous essayez de les aider à changer leur caractère, alors la transmission d'informations ne suffit pas. Et si Spiegel n'utilise pas le terme de *caractère* pour décrire ce qu'elle enseigne, les compétences qu'elle tente d'inculquer à ses élèves sont très voisines des forces de caractère dont parlent David Levin et Dominic Randolph. Chaque jour, dans la classe et lors des tournois, je voyais Spiegel tenter d'inculquer à ses élèves la détermination, la curiosité, le self-control et l'optimisme.

Je la vis même parfois utiliser ses techniques d'analyse pour enseigner l'intelligence sociale. Un jour de septembre, je les accompagnai, elle et l'équipe IS 318, à un grand tournoi d'échecs en plein air organisé par Chess-in-the-Schools à Central Park. Il faisait chaud, et j'étais assis avec Spiegel sur les marches en pierre qui mènent à la fontaine Bethesda quand un élève vint parler à Spiegel. C'était A. J., un jeune Noir de *seventh grade*, les cheveux courts et de grosses lunettes à la Elvis Costello. Je savais que A.J. avait des rapports difficiles avec les autres. Il était souvent mal à l'aise avec les plaisanteries et les histoires de collégiens, interprétant souvent de travers ce qui se passait. Il nous livra son histoire d'un bloc : un élève de l'IS 318, un récent diplômé du nom de Rawn, menaçait de le gifler, et A.J. voulait que Spiegel intervienne.

« Pourquoi veut-il te gifler ? » dit Spiegel.

A.J. expliqua d'une voix hésitante qu'il avait emporté son ballon de foot au parc et qu'entre les matchs, il faisait des passes avec d'autres jeunes. À un moment donné, il était allé boire et avait emporté son ballon avec lui. En partant pour la fontaine à eau avec son ballon, il pensait avoir entendu l'un des garçons le traiter de salaud. Il accusait Rawn, qui niait.

«Il a dit: “Ne me parle pas comme ça”, dit A.J. à Spiegel, l'air mécontent. Il m'a dit: “Je vais te gifler.” Je lui ai dit: “Tu n'as qu'à essayer.” Il a alors tenté de s'approcher de moi et de me frapper au visage, mais les autres l'ont retenu.» Ce n'était rien de plus qu'une bagarre classique entre adolescents impulsifs, bourrés de testostérone, très moralisateurs et quelque peu absurdes.

Au lieu de prendre parti ou de lui servir de vagues banalités pour qu'il se débrouille, Spiegel commença à décomposer la situation comme une partie d'échecs.

«Donc, si j'ai bien compris, dit Spiegel, protégeant ses yeux du soleil et levant les yeux vers A.J., il a essayé de te frapper après que tu lui as dit d'essayer de te frapper?»

«Ouais», répondit A.J., un peu hésitant.

«Eh bien tu sais, si Rawn ne t'a effectivement rien dit et que tu t'en prends quand même à lui, ça peut le mettre en colère. Tu ne crois pas?»

A.J. la regarda, bouche bée, un peu comme Sebastian Garcia quand il s'était fait gronder après avoir perdu son fou.

«Mon autre question concerne le ballon de foot, poursuivit Spiegel. Tu dois comprendre que les gens n'aiment pas que tu prennes ton ballon pour aller boire s'ils jouent avec. Tu ne penses pas qu'ils pourraient continuer à jouer sans toi?»

«Non.»

«Tu dois comprendre que si tu ne leur fais pas confiance, tu risques de ne pas t'en faire des amis.»

A.J. eut l'air déçu. «C'est pas grave», dit-il. Et il s'en alla.

J'avais déjà assisté à une conversation du même type quelques mois plus tôt entre A.J. et Spiegel. Nous parlions échecs dans sa classe quand A.J. était arrivé en se plaignant: il avait dit quelque chose à propos de la mère d'un élève et ce dernier l'avait insulté.

Au début, j'avais cru qu'A.J. venait voir Spiegel pour réclamer justice ou vengeance, pour qu'elle fasse la leçon à l'autre élève. Mais après avoir observé la conversation à Central Park, je compris qu'il venait en fait la voir pour la même raison qu'il allait la voir après un match où il avait gâché ses chances ou exposé sa reine. Il voulait savoir comment arrêter de faire des erreurs. Il voulait des conseils pour savoir comment progresser dans ce qui était, pour lui, un jeu incroyablement complexe où évoluaient beaucoup trop de pièces : il voulait savoir comment survivre au collège et se faire aimer des autres élèves.

5. JUSTUS ET JAMES

Quand je fis la connaissance de Spiegel à Columbus, la veille du tournoi, elle avait l'air heureuse et reposée. Elle portait une chemise blanche et un pantalon rayé, elle mangeait des mandarines et buvait un thé en passant en revue les grilles d'échecs avec une vingtaine d'élèves entassés dans sa chambre d'hôtel dans les étages du centre de conférence. Au fil de la compétition, ses vêtements commencèrent à se froisser. Chaque jour ses cheveux étaient un peu plus mal coiffés et ses yeux un peu plus vitreux. Pour elle, ce tournoi junior était la compétition la plus importante de l'année. « J'ai l'impression que c'est la sanction de tout mon travail, me confia-t-elle ce premier après-midi. Tout ce que je fais tout au long de l'année se ramène à ce pourquoi nous sommes là. » Elle passa la journée à boire du café, à grignoter et à se ronger les sangs à Union B.

L'IS 318 avait des équipes dans cinq catégories. Spiegel prenait le plus au sérieux les catégories K-8 Open et K-9 Open (open signifiant que le tournoi est ouvert à tous les joueurs, quel que soit leur classement). K-9 Open accepte les enfants jusqu'au *ninth grade*, mais de nombreux entraîneurs la jugent moins compétitive que K-8 Open (qui accepte les enfants jusqu'au *eighth grade*), car moins d'équipes junior concourent. Pour Spiegel, son équipe avait de bonnes chances de remporter les deux catégories, même si aucune école n'avait jamais gagné K-8 et K-9 la même année et même si l'IS 318 n'avait pas de *ninth grade*.

La réussite des équipes de Spiegel venait du talent de son équipe de remplaçants. Dans la plupart des écoles privées sélectives, vous pouvez trouver une petite poignée de très bons joueurs d'échecs, des petits prodiges issus de familles aisées qui ont un entraîneur personnel depuis leur plus jeune âge. L'IS 318 n'accueille pas ces enfants privilégiés, mais comme les échecs font partie de l'organisation et de la culture de l'école, Spiegel réussit à attirer chaque année des dizaines de nouveaux élèves, des jeunes avec peu voire aucune connaissance mais désireux d'apprendre les échecs. En l'espace d'une dizaine d'années dans cette école, elle avait élaboré un programme sur mesure, et sa pédagogie lui garantissait avec une quasi-certitude de transformer la vingtaine de novices qui débarquaient au club d'échecs la première semaine de leur *sixth grade* en une équipe de joueurs classés 1 500 et 1 600, plus quelques-uns à 1 800 et 1 900 à la fin de leur *eighth grade*.

Les élèves de l'IS 318 atteignaient rarement 2 000 points. L'école remportait donc rarement les championnats individuels. Mais l'approche de Spiegel était une stratégie parfaite pour les championnats par *équipe*, où chaque tournoi était remporté par l'école dont les quatre meilleurs joueurs avaient gagné le plus de parties. Dans une compétition par équipe, Spiegel sait que ce n'est pas la qualité du meilleur joueur qui fait vraiment la différence, mais celle du quatrième meilleur joueur. Et l'IS 318 avait à tout moment au moins dix élèves capables d'être le quatrième meilleur joueur de l'équipe.

Lorsque Justus Williams arriva à l'IS 318 à l'automne 2009, la composition de l'équipe commença à changer. Justus, qui vivait dans le Bronx, était un jeune Afro-Américain tranquille, pensif et robuste. Il parlait posément. Il pouvait être timide avec des inconnus, mais se déplaçait avec confiance dans les couloirs de l'IS 318, l'un des rares collèges du pays où le titre de champion d'échecs vous vaut le respect plutôt que des brimades. Justus avait commencé à jouer aux échecs en *third grade* dans le South Bronx dans le cadre de Chess-in-the-Schools. Ses professeurs avaient vite vu en lui un joueur très prometteur, désireux d'apprendre et doté d'une faculté inhabituelle d'attention et de concentration. Chess-in-the-Schools lui fit donner des cours particuliers et sa mère, qui lui prédisait un grand destin, fit tout ce qui était en son pouvoir pour l'aider à progresser. À son entrée en *sixth grade* à l'IS 318, Justus était classé plus de 2 000, soit quelques centaines de points de plus que n'importe quel élève auquel Spiegel avait enseigné. Il avoisinait même la note de Spiegel. Justus était clairement le meilleur élève de *sixth grade*, mais deux autres élèves arrivèrent comme lui à l'IS 318 avec une solide expérience des échecs : Isaac Barayev, fils d'immigrés russes du Queens qui entra en *sixth grade* classé 1 500, et James Black Jr., un Afro-Américain de Bedford-Stuyvesant, un quartier de Brooklyn, qui était sorti classé 1 700 de son école publique locale.

Spiegel entretenait une relation privilégiée avec James Black. Elle avait fait sa connaissance quand il était encore à l'école élémentaire. Il pouvait désormais rivaliser avec elle, mais il reconnaissait qu'elle l'avait aidé à améliorer son classement en lui faisant faire un bond considérable de 1 700 à plus de 2 100 Elo. James était un jeune et beau garçon, mince, les cheveux coupés courts, une dent de devant ébréchée et de grands yeux expressifs. Il était très sociable et adorait plaisanter avec ses camarades. Dans la classe de Spiegel, il était souvent au fond de la salle en train de disputer une partie et de se mêler de la partie qui était en train de se jouer à côté de lui, disant aux autres joueurs ce qu'ils devaient jouer et allant même parfois jusqu'à jouer à leur place.

Comme Justus, James avait appris à jouer aux échecs en *third grade* quand un tuteur Chess-in-the-Schools était venu dans son école. Chez lui, il jouait avec son père, qui lui avait acheté un jeu d'échecs chez Kmart dès que James avait montré les premiers signes d'intérêt pour le jeu. James Black Sr. était totalement dévoué à son fils. Il me confia un jour s'être dit, avant même la conception de James, qu'il baptiserait son premier enfant, que ce soit un garçon ou une fille, James Black Jr.

James Black Sr. grandit dans le Bronx et obtint de bons résultats au lycée, mais il abandonna l'université au bout de deux ans. Lui qui avait toujours rêvé d'entrer chez les marines décrocha un job bien payé chez D'Agostino, une chaîne de supermarchés new-yorkais. Près de vingt-cinq ans plus tard, Black était toujours vendeur chez D'Agostino. Vers 35 ans, il était tombé amoureux de Tonya Coles, mère de trois enfants, et ils eurent James. Dans cette famille recomposée, James Sr. avait espéré que ses beaux-enfants donneraient le bon exemple à James Jr., mais cela n'avait pas été le cas. L'un des demi-frères de James avait été condamné pour trafic de drogues quand James était encore enfant et passa près de trois ans en prison ; l'autre purgeait une peine de vingt ans de prison pour meurtre[15]. Ces problèmes ne firent qu'accroître l'attention que James Sr. portait à son fils et sa détermination à le voir réussir. Il me confia : « Je dis à James : "Eux, je ne peux pas leur dire grand-chose, mais à toi, je peux tout te dire. Mon job est de te guider dans l'avenir." »

À l'IS 318, les résultats de James étaient en dents de scie. Ses notes étaient majoritairement bonnes, mais aux tests d'aptitude de *sixth grade*, il n'obtint que 2 sur une échelle de 1 à 4 en mathématiques et en lecture. Il se situait donc dans le dernier tiers des élèves de la ville. À l'école, il avait la réputation d'être un élément perturbateur, et en *sixth grade*, il était souvent envoyé dans le bureau du principal pour avoir fait l'idiot en cours ou avoir tenu des propos déplacés aux filles de la classe. Malgré ces problèmes occasionnels, il était exceptionnellement doué aux échecs. Il travaillait jusqu'à six heures par jour, et un mur entier de sa chambre était tapissé de d'épais ouvrages de stratégie.

6. LE MARSHALL

Six mois avant le tournoi de Columbus, je passai une journée avec James, Spiegel et une demi-douzaine d'autres élèves de l'IS 318 au Marshall Chess Club, qui occupe deux étages d'un magnifique bâtiment ancien de Greenwich Village, sur une rue bordée d'arbres. Considéré par beaucoup de joueurs d'échecs comme le club le plus prestigieux des États-Unis, le Marshall fut fondé en 1915 par Frank Marshall, un champion d'échecs de l'époque. Il compte depuis lors, parmi ses membres, quelques-uns des meilleurs joueurs américains. C'est un lieu qui en impose, surtout aux jeunes joueurs : les plafonds sont hauts, les cheminées immenses, les tables en bois poli parfaitement lustrées, et les murs tapissés de portraits en noir et blanc de joueurs de légende penchés sur des échiquiers et de photos sépia des années 1930 de dîners en cravate noire.

Quand Spiegel arriva à New York après son transfert de Duke à Columbia, elle avait à peine 20 ans et passait ses week-ends à disputer des tournois à Marshall et à s'imprégner de l'atmosphère. Aujourd'hui, Marshall propose chaque année quelques inscriptions gratuites à l'IS 318, et environ une fois par mois, Spiegel vient jouer avec quelques élèves. C'est une expérience très différente de celles auxquelles ils sont habitués. Les tournois scolaires qui se déroulent régulièrement à New York le week-end sont assez folkloriques. Des centaines de joueurs et de parents s'entassent dans une école publique pendant que les mères servent des gratins de macaroni. Les parties ne durent qu'une heure, et en général, les joueurs de l'IS 318 gagnent ou du moins se classent bien. Quand les élèves vont à Marshall, les parties durent généralement quatre heures contre des adversaires dont les notes dépassent de loin les leurs.

Les élèves sont intimidés, mais Spiegel leur rappelle que le meilleur moyen d'améliorer leur jeu est de jouer contre les meilleurs, même s'ils vous mettent en pièces.

Le jour où j'étais à Marshall, James joua contre Yuri Lapshun, un maître international originaire d'Ukraine qui faisait partie des 30 ou 40 meilleurs joueurs américains. Lapshun avait été le champion du club en 2000 et 2001, ce qui lui vaut de voir son nom figurer deux fois sur le grand panneau de bois où sont recensés tous les champions du club depuis 1917. Les échecs, surtout à Marshall, suscitent souvent des rencontres improbables – une adolescente lunatique et gothique contre un génie des mathématiques barbu et à lunettes ; un vieil excentrique vêtu de tweed contre un jeune Chinois. La rencontre Black contre Lapshun était encore plus bizarre. Lapshun, 35 ans, n'avait pas seulement trois fois l'âge de James. Il pesait au moins 50 kg de plus que lui. Pendant les quatre heures que dura la partie, Lapshun garda un air renfrogné, se calant dans sa chaise et caressant son épaisse moustache, ses gros bras charnus croisés sur son ventre proéminent. En face de lui, James, le menton posé sur les mains, disparaissait dans son grand sweat-shirt à capuche et son jeans surdimensionné, regardant de temps à autre autour de lui avant de reporter son regard sur l'échiquier en clignant de ses longs cils bruns. James a beaucoup de mal à rester assis. Pendant les parties, il se lève souvent et fait quelques pas en observant les autres joueurs, à la grande consternation de ses professeurs et de ses entraîneurs. À un moment du match contre Lapshun, James monta jusqu'au deuxième étage, où Spiegel et moi étions en train de discuter. Elle lui cria de redescendre à la salle de jeu et lui dit que s'il ne restait pas assis à sa place jusqu'à la fin de la partie, elle appellerait son père.

À l'époque, Lapshun était classé 2 546 points, et James 2 068. James était battu sur tous les plans, sauf peut-être sur l'échiquier. Dès le sixième coup, James surprit Lapshun avec une tactique astucieuse, et au trentième coup, il apparut clairement aux observateurs que James dominait la partie. Il avait établi une ligne de défense incroyable au centre de l'échiquier, bloquant les uns après les autres les coups de Lapshun, le piégeant dans une position inconfortable où presque tous les mouvements qu'il pouvait faire lui faisaient perdre une pièce ou une position avantageuse. Au cinquante-neuvième coup, Lapshun jeta l'éponge.

Plus tard, à l'étage, James revit la partie avec Spiegel et Lapshun, qui eut la gentillesse de les accompagner, ponctuant ici et là son analyse de remarques fatalistes : « C'est la catastrrrophe », disait-il en montrant l'échiquier. Puis, quelques coups plus tard, d'un geste éploré : « Che suis fffoutu. » James montra, tour après tour, comment il avait condamné toutes les issues possibles aux pièges que son adversaire lui avait tendus pour le paralyser. Spiegel était impressionnée. Il ne s'était pas contenté de battre un maître international ; il l'avait surclassé du début à la fin. C'était, lui dit-elle, « un jeu d'un niveau exceptionnel ».

Grâce à sa victoire contre Lapshun et contre d'autres adversaires de cet automne-là, le classement de James grimpa au-delà de 2 150. Son objectif à court terme était d'atteindre 2 200, un score clé aux échecs qui vous permet d'être certifié maître national par l'U.S. Chess Federation. Un mois avant la victoire de James sur Lapshun, Justus était passé maître national, devenant ainsi le plus jeune maître afro-américain. James, qui avait cinq mois de moins que Justus, était bien parti pour battre le record de ce dernier. Mais il sembla plafonner. Il redescendit même à près de 2 100 en janvier, puis oscilla pendant quelques mois juste au-dessus de 2 100. Le jour d'avril où il monta dans le bus pour le tournoi de Columbus, James avait laissé passer sa chance de battre le record de Justus et son classement plafonnait à 2 156 Elo.

7. MAÎTRISE

À Columbus, James ne reprit pas ses parties avec Spiegel, mais avec Matan Prilleltensky, un champion d'échecs de 23 ans de Miami qui travaillait à temps partiel comme assistant entraîneur pour l'équipe de l'IS 318 tout en suivant ses études en éducation spécialisée. L'intérêt de Prilleltensky pour l'éducation spécialisée venait du fait qu'il avait lui-même souffert d'un trouble de déficit de l'attention avec hyperactivité, ou TDAH, dans son enfance. Il avait eu des difficultés à l'école élémentaire et au collège. À l'époque, il était incapable de se concentrer plus de quelques minutes en classe ou sur ses devoirs. Jusqu'au jour où il avait découvert les échecs. C'était la première fois qu'il s'était senti capable de se concentrer. Les échecs, qui exigent des heures d'étude et de patience, semblaient une activité improbable pour une personne atteinte de trouble de l'attention, mais pour Prilleltensky, ce n'était pas aussi étrange qu'il y semblait. « Les personnes souffrant de problèmes d'attention recherchent des expériences intenses et des stimulations fortes, expliqua-t-il. Elles veulent s'absorber dans une activité très prenante. » Pour Prilleltensky, les échecs s'avérèrent le parfait antidote au TDAH ; quand il s'asseyait devant un échiquier, ses symptômes s'envolaient.

Au lycée, Prilleltensky devint un grand joueur, atteignant le classement de 2 000 juste après ses 18 ans. À l'université, il continua à jouer, sans toutefois faire de réels progrès. Quand il obtint son diplôme en 2009, son classement était bloqué autour de 2 100. Il voulait faire mieux, mais son jeu ne semblait pas s'améliorer. Puis en janvier 2010, il participa à un tournoi à Palatka, en Floride ; il était sur le point de le remporter quand il perdit un match crucial. Cette défaite le dévasta. Quand il analysa la partie avec le lycéen qui l'avait battu, il réalisa que son adversaire n'avait pas joué particulièrement bien, mais qu'il s'était mis tout seul en difficulté. Ce fut un sentiment épouvantable, me confia-t-il. Il en avait assez d'être un joueur d'échecs qui n'avait rien d'exceptionnel.

En rentrant à Miami, Prilleltensky eut une série d'entretiens avec des grands maîtres, dont une conversation par e-mail avec Jonathan Rowson, le grand maître écossais qui avait écrit sur l'importance des émotions et de la psychologie dans la réussite aux échecs. Les propos de Rowson semblèrent lui parler – ils faisaient également écho à la théorie d'Angela Duckworth sur la différence essentielle entre motivation et volonté. « En matière d'ambition, écrivait Rowson, il est indispensable de faire la distinction entre "vouloir" quelque chose et "choisir" quelque chose. Décidez que vous *voulez* devenir champion du monde, expliquait Rowson, et il est évident que vous ne fournirez pas le travail nécessaire. Non seulement vous ne deviendrez pas champion du monde, mais vous ferez en plus la désagréable expérience de ne pas atteindre le but désiré, avec toute la déception et le regret que cela implique. Par contre, si vous *choisissez* de devenir champion du monde (comme le fit Kasparov jeune), vous affirmerez votre choix au travers de votre comportement et de votre détermination. Tous vos actes diront : "Voilà qui je suis"[16]. »

Fin janvier 2010, inspiré par ces propos, Prilleltensky prit une résolution tardive pour la nouvelle année : il atteindrait 2 200[17]. Il consacra près d'une année entière aux échecs, écartant presque tout le reste (à l'exception de sa petite amie compréhensive) : pas de sorties, pas de Facebook, pas de chaîne sportive, pas de rencontres superflues. Seulement des heures et des heures d'échecs. (« Voilà qui je suis. ») Ses efforts furent payants. Le 10 octobre 2010, il atteignit pour la première fois 2 200. Il était maître national.

Je fis la connaissance de Prilleltensky peu de temps après cette consécration. Ce qui me surprit, en l'entendant en parler, c'est que ces mois de vie monacale lui inspiraient non seulement de la fierté au vu du résultat, mais aussi des souvenirs agréables. Qu'y avait-il de si agréable, lui demandai-je, à s'immerger une année complète dans les échecs ? « C'était surtout le sentiment d'être intellectuellement productif, répondit-il. La plupart du temps, j'ai l'impression de ne pas vraiment me lancer de défi ou de ne pas me forcer, et de me contenter de gaspiller mes facultés. Je n'ai jamais cette impression quand j'étudie, quand je joue ou quand j'enseigne les échecs. »

Je fus frappé par le mot qu'employa Prilleltensky : « productif ». Spiegel avait choisi le même mot pour décrire, avec une pointe de nostalgie, ce qu'elle avait perdu quand elle avait troqué son obsession des échecs contre le bonheur conjugal avec Jonathan. « La productivité que j'avais me manque », avait-elle dit.

C'était un mystère. Je pouvais comprendre le plaisir de maîtriser les échecs, au même titre que je pouvais comprendre le plaisir de maîtriser n'importe quelle autre compétence pour laquelle je n'étais pas bon – la peinture à l'huile, la trompette ou le saut à la perche. Mais si j'admettais que les échecs étaient une activité intellectuelle difficile, « productive » était bien le dernier mot qui me serait venu à l'esprit pour la décrire. Les joueurs d'échecs, me semblait-il, ne produisaient littéralement rien du tout. Il se trouve que ce point avait été abordé dans l'entretien de Rowson dont la lecture avait incité Prilleltensky à viser les 2 200. L'intervieweur avait demandé à Rowson s'il était gêné d'avoir déployé une telle énergie intellectuelle pour devenir un grand maître « plutôt que quelque chose d'utile comme neurochirurgien. » Rowson reconnut que « la question de la futilité des échecs me taraude... Je me dis parfois que les milliers d'heures que j'ai consacrées aux échecs, même si elles ont participé à mon développement personnel, auraient pu être mieux utilisées. »

Mais Rowson poursuivit en défendant les joueurs d'échecs avec des arguments essentiellement esthétiques : « Les échecs sont une activité créative et magnifique qui nous permet d'expérimenter un large éventail de caractéristiques propres à l'homme, écrivit-il. Ce jeu est une célébration de la liberté existentielle, au sens où nous jouissons de la possibilité de nous créer nous-mêmes au travers de nos actes. En choisissant de jouer aux échecs, nous préférons la liberté à l'utilité[18]. » Aux yeux de Rowson, deux joueurs d'échecs face à face autour d'un échiquier créent une œuvre d'art unique et collective. Mieux ils jouent, plus l'œuvre est belle.

Dans son livre paru en 2008 sous le titre *Outliers* (« Valeurs aberrantes »), Malcolm Gladwell porta à l'attention du grand public la théorie du psychologue suédois K. Anders Ericsson[19]. Selon lui, 10 000 heures de pratique active sont nécessaires pour véritablement maîtriser une compétence – que ce soit jouer du violon ou programmer des ordinateurs. La théorie d'Ericsson est en partie basée sur les échecs. Personne ne naît champion d'échecs. Vous ne pouvez tout simplement pas devenir grand maître sans consacrer des milliers d'heures à jouer et à étudier. Ericsson découvrit que les meilleurs joueurs d'échecs ont tous commencé jeunes. En fait, tout au long de l'histoire des échecs, l'âge auquel un futur champion doit commencer à jouer pour atteindre des sommets n'a cessé de baisser. Au XIXe siècle, il était possible de devenir un grand maître en commençant à jouer à 17 ans. Mais au XXe siècle, aucun joueur ayant commencé à jouer après quatorze ans n'est jamais devenu grand maître. Ericsson observa qu'à la fin du XXe siècle, les futurs maîtres avaient commencé à jouer en moyenne à 10 ans et demi, et les grands maîtres généralement aux alentours de 7 ans[20].

L'expérience la plus célèbre menée pour démontrer l'importance de la pratique active sur la réussite aux échecs nous vient de Laszlo Polgar, un psychologue hongrois qui, dans les années 1960, publia un livre intitulé *Bring Up Genius!* (« Comment élever un génie »). Il y écrit qu'avec suffisamment de travail, les parents peuvent faire de n'importe quel enfant un prodige intellectuel. Quand il écrivit ce livre, Polgar était célibataire et sans enfant[21]. Il n'était donc pas en position de vérifier sa théorie. Pour y remédier, il gagna le cœur de Klara, une enseignante de hongrois qui vivait en Ukraine. Il la persuada de venir s'installer à Budapest après lui avoir écrit des lettres lui décrivant en détail comment, ensemble, ils élèveraient une famille de génies.

Et ils y parvinrent. Laszlo et Klara eurent trois filles, Susan, Sofia, et Judit. Laszlo leur fit l'école à domicile, leur dispensant un programme scolaire centré presque exclusivement sur les échecs (les fillettes apprirent aussi plusieurs langues étrangères, dont l'espéranto.) Chaque fillette commença très tôt à étudier les échecs et elles se mirent très vite à jouer 8 à 10 heures par jour[22]. Susan, l'aînée, remporta son premier tournoi à l'âge de 4 ans. À 15 ans, elle fut la meilleure joueuse d'échecs du monde. Et en 1991, à l'âge de 21 ans, elle devint la première femme grand maître. Son succès était la parfaite démonstration de la théorie de son père selon laquelle le génie est acquis, et non inné – et encore Susan n'était même pas la meilleure joueuse de la famille. C'est Judit, la cadette, qui devint grand maître à 15 ans, battant le record de Bobby Fischer. Judit obtint son meilleur classement en 2005 en devenant la huitième joueuse mondiale avec 2 735 points ; elle est aujourd'hui reconnue comme la meilleure joueuse d'échecs de la planète. (Sofia était assez bonne elle aussi puisqu'elle atteignit 2 505 points. Elle était alors la sixième joueuse mondiale, un résultat remarquable pour n'importe qui, sauf un Polgar.)

Si l'histoire des Polgar est un peu effrayante, celle de Gata Kamsky est carrément angoissante. Né en Russie soviétique en 1974, Gata commença à étudier les échecs à l'âge de 8 ans sous l'égide de son père, un ancien boxeur irascible du nom de Rustam. (La mère de Gata avait quitté le foyer familial quand il était encore enfant.) À l'âge de 12 ans, Gata battait déjà des grands maîtres ; en 1989, son père et lui fuirent aux États-Unis. Le président de la banque Bear Stearns, qui pensait que Kamsky était destiné à devenir champion du monde, les installa dans un appartement de Brighton Beach et leur accorda une allocation annuelle de 35 000 dollars[23]. À 16 ans, Gata devint grand maître ; à 17 ans, il remporta le championnat d'échecs américain. Mais le prix à payer pour tous ses succès fut une éducation que d'aucuns jugeraient draconienne. Sous la tutelle de son père, il pratiquait et étudiait les échecs 14 heures par jour dans l'appartement de Brighton Beach ; il n'allait pas à l'école, ne regardait jamais la télévision, ne faisait pas de sport, n'avait pas d'amis. Dans le monde des échecs, son père était réputé pour son tempérament violent. Il lui arrivait souvent de crier après Gata et de renverser des meubles. Lors d'un match, il aurait même menacé physiquement l'adversaire de son fils.

En 1996, à l'âge de 22 ans, Kamsky abandonna les échecs. Il se maria, obtint un diplôme du Brooklyn College, passa un an à la faculté de médecine, puis obtint un diplôme dans une école de droit de Long Island, mais échoua à l'examen d'avocat[24]. Son histoire est le récit édifiant des ravages de l'enseignement dans la petite enfance et de l'éducation agressive. En 2004, Kamsky revint à la compétition. Il commença par de petits tournois à Marshall. En quelques années, il dépassa ses résultats d'adolescent. Il remporta le championnat américain en 2010, dix-neuf ans après avoir décroché pour la première fois le titre, et réitéra cet exploit en 2011. Il est aujourd'hui le joueur américain le mieux classé, et le dixième joueur mondial. Il semble donc que les 10 000 heures de travail – dans le cas de Kamsky, à raison de 14 heures par jour pendant toute son enfance, le chiffre de 25 000 heures est probablement plus proche de la vérité – aient eu un impact trop puissant pour être effacées par une interruption de huit ans.

8. FLUX

Quand Spiegel et les autres joueurs d'échecs parlent de l'enfance des joueurs comme Gata Kamsky et les Polgar, leurs sentiments sont souvent partagés. D'un côté, ils admettent qu'une enfance organisée de manière obsessionnelle autour d'une seule activité est déséquilibrée, voire perturbée. De l'autre, ils ne peuvent s'empêcher d'éprouver quelque jalousie : « Si mon père m'avait fait jouer 10 heures par jour, imaginez comme je serais bon aujourd'hui ! » La première fois que je suis allé dans la classe de Spiegel, elle revenait d'une semaine de camp d'échecs de haut niveau. Sa classe avait passé cinq jours à analyser des stratégies avec les meilleurs jeunes de 9 à 14 ans du pays. L'expérience ne fut pas agréable du tout, me dit-elle. « Je me sentais si stupide, expliqua-t-elle. C'était pénible d'être au milieu de tous ces enfants tellement plus rapides que moi. J'ai dû demander à un garçon de 9 ans de m'expliquer une partie. » À un moment, me dit-elle, elle se réfugia dans les toilettes pour pleurer.

À l'époque où je rédigeais ce chapitre, j'avais installé un échiquier sur une petite table de mon bureau, et de temps à autre, mon fils Ellington, qui avait 2 ans à l'époque, entrait et jouait avec les pions. J'arrêtais alors de travailler et je lui apprenais le nom des différentes pièces. Il aimait les faire tomber, puis les disposer à sa façon sur l'échiquier. Je savais que l'intérêt d'Ellington pour l'échiquier n'était ni plus inhabituel ni plus significatif que son intérêt pour les trombones dans les tiroirs de mon bureau. Mais à l'époque, je me disais quand même : « Hmmm, il connaît la différence entre une tour et un cavalier, et il n'a que 2 ans. C'est peut-être un prodige ! Si je lui apprends maintenant comment déplacer les pièces et si nous nous mettons à jouer une heure par jour, quand il aura 3 ans… »

Aussi séduisant que fût mon rêve *polgaresque*, je résistai à la tentation. Je réalisai qu'en réalité, je ne voulais pas qu'Ellington devienne un prodige des échecs. *Pourquoi* ? J'avais du mal à l'expliquer ou à le justifier. J'avais l'impression que si Ellington étudiait les échecs 4 heures par jour (et plus encore 14 heures), il passerait à côté de quelque chose. Mais je n'étais pas sûr d'avoir raison. Vaut-il mieux passer son enfance, ou sa vie, à s'intéresser un peu à beaucoup de choses (comme j'ai tendance à le faire), ou à s'intéresser beaucoup à une seule chose ? Spiegel et moi avons souvent débattu de cette question, et je dois admettre qu'elle a su me convaincre des bienfaits d'un dévouement unique – un argument qui me rappelle en fait beaucoup la définition de la détermination donnée par Angela Duckworth : une autodiscipline au service de la poursuite d'un objectif.

« Je pense qu'il est vraiment libérateur pour les enfants de comprendre ce que signifie se passionner pour quelque chose, expliqua un jour Spiegel lors d'un tournoi. Ils vivent des expériences capitales dont ils se souviendront toute leur vie. Je pense que le pire est de repenser à son enfance et de se revoir vaguement assis en classe à s'ennuyer et rentrer à la maison pour regarder la télévision. Au moins, quand les enfants de l'équipe d'échecs regardent en arrière, ils se souviennent des championnats nationaux, d'une partie qu'ils ont disputée, ou d'un moment où ils ont eu une poussée d'adrénaline et où ils ont sorti leurs tripes. »

Vu de l'extérieur, il peut être difficile d'appréhender pleinement le charme des échecs. Quand Spiegel essayait de me l'expliquer, elle se référait souvent aux travaux du psychologue Mihaly Csikszentmihalyi, qui participa avec Martin Seligman aux débuts de la psychologie positive. Csikszentmihalyi étudia ce qu'il appelait les expériences optimales, ces rares moments de l'existence où une personne est libérée des distractions terrestres et prend en mains son destin en s'impliquant totalement dans le moment présent[25]. Csikszentmihalyi donna un nom à cet état d'intense concentration : le *flux*, ou *flow*. Il écrivit que les moments de flux se produisent le plus souvent « quand le corps ou l'esprit d'une personne sont poussés à leurs limites dans un effort volontaire d'accomplir quelque chose de difficile ou d'utile[26] ». Au début de ses recherches, Csikszentmihalyi interviewa des joueurs d'échecs, des danseurs classiques et des alpinistes, et il découvrit que ces trois groupes décrivaient tous ces moments de flux comme un sentiment de bien-être et de contrôle intenses. Un joueur d'échecs dit à Csikszentmihalyi que « la concentration est comme la respiration : vous n'y pensez jamais. Le toit pourrait s'écrouler, si vous n'êtes pas touché, vous ne le remarquez même pas[27] ». (Une étude a montré que les changements physiologiques observés chez les grands joueurs d'échecs dans les tournois rappellent ceux des athlètes en compétition : contractions musculaires, hausse de tension, et rythme respiratoire trois fois supérieur à la normale[28].)

On ne peut expérimenter le flux que si on est bon en quelque chose – et je ne l'ai jamais senti en jouant aux échecs. Mais Justus et James le sentaient tout le temps. Un jour, je demandai à Spiegel si elle ne s'était jamais dit que ses élèves sacrifiaient trop aux échecs. Elle me regarda comme si j'étais fou. « Ce que tu oublies, c'est que jouer aux échecs est *merveilleux*, dit-elle. On prend du plaisir à jouer. C'est là que l'on se sent le plus heureux, que l'on est vraiment soi et que l'on se sent le mieux. Il est facile d'y penser en termes d'opportunité, mais je pense que Justus et James se disent qu'ils n'auraient aucune envie de faire autre chose. »

9. OPTIMISME ET PESSIMISME

Les psychologues ont longtemps supposé qu'il fallait plus que de l'intelligence pour jouer aux échecs. Depuis plus d'un siècle, les chercheurs s'efforcent de découvrir quelles compétences sont importantes. Qu'est-ce qui différencie les champions d'échecs des joueurs non classés, si ce n'est le QI ? La première personne à se pencher sérieusement sur la question fut Alfred Binet, un psychologue français qui participa à la création de l'un des tout premiers tests d'intelligence. Dans les années 1890, certains, dans le monde des échecs et ailleurs, étaient captivés par le phénomène bizarre des échecs à l'aveugle, dans lesquels les maîtres jouent plusieurs parties en même temps les yeux bandés. Binet chercha à comprendre quelle faculté cognitive se cachait derrière cette compétence inhabituelle. Il émit l'hypothèse que les maîtres des échecs à l'aveugle possèdent une mémoire photographique. Ils doivent avoir la capacité, se disait-il, de capturer une photographie précise de chaque échiquier et de la garder en mémoire. Binet interviewa des joueurs à l'aveugle et découvrit qu'il faisait fausse route. Les joueurs n'avaient pas de mémoire visuelle particulière. Ce dont ils se souvenaient, c'étaient des schémas, des vecteurs et même des humeurs[29] – ce que Binet décrivait comme « un univers bouillonnant de sensations, d'images, de mouvements, de passions et un paysage d'états de conscience en constante mutation[30] ».

Près de cinquante ans plus tard, en 1946, le psychologue hollandais Adriaan de Groot reprit les travaux de Binet et testa les facultés mentales de plusieurs maîtres. Ses conclusions vinrent remettre en cause une croyance ancienne. Jusque-là, on avait toujours pensé que l'un des ingrédients essentiels des échecs était la capacité à calculer vite ; qu'à chaque coup, les meilleurs joueurs étaient capables d'envisager beaucoup plus de solutions que les novices. De Groot découvrit qu'en réalité, un joueur d'échecs typique classé 2 500 envisage à peu près le même nombre de coups qu'un joueur classé 2 000[31]. L'avantage des joueurs mieux classés est que ces coups s'avèrent être les bons. L'expérience leur permet de savoir intuitivement quels coups envisager sérieusement ; ils ne considèrent jamais les options moins bonnes.

Mais si les meilleurs joueurs d'échecs n'ont pas une meilleure mémoire visuelle et n'analysent pas plus vite que les autres les solutions potentielles, qu'est-ce qui les différencie des amateurs ? La réponse tient peut-être à leur capacité à effectuer une tâche intellectuelle qui repose autant sur les forces psychologiques que sur la capacité cognitive : une tâche appelée falsification.

Au début du XXe siècle, le philosophe autrichien Karl Popper écrivit que la nature de la pensée scientifique est telle que nul ne peut vraiment vérifier les théories scientifiques ; le seul moyen de tester la validité d'une théorie en particulier est de prouver qu'elle est fausse, un procédé qu'il qualifia de falsification, ou réfutation. Cette idée fit son chemin dans les sciences cognitives avec la constatation que la plupart des individus maîtrisent en réalité mal la falsification – pas uniquement dans les sciences mais aussi dans la vie de tous les jours. Pour tester une théorie, qu'elle soit grande ou petite, nous ne cherchons pas instinctivement les preuves qui la réfutent ; nous cherchons les preuves qui vont dans son sens, une tendance appelée biais de confirmation. Cette tendance et la capacité à la surmonter s'avèrent être un point crucial aux échecs.

En 1960, le psychologue anglais (et joueur d'échecs) Peter Cathcart Wason mit au point une expérience ingénieuse pour démontrer notre tendance naturelle à confirmer plutôt qu'à réfuter nos propres idées. Il annonça aux personnes testées qu'on allait leur donner une série de trois nombres qui suivaient une règle connue uniquement de l'expérimentateur. À eux de trouver cette règle. Ils pouvaient pour cela soumettre à l'expérimentateur des séries de trois nombres et lui demander si elles respectaient la règle.

La série de nombres donnée aux sujets était assez simple :

2-4-6.

À vous de jouer : quelle idée vous vient d'instinct concernant la règle qui gouverne ces nombres ? Quelle autre série pourriez-vous soumettre à l'expérimentateur pour vérifier que vous avez deviné juste ?

Si vous êtes comme la plupart des gens, votre premier instinct vous dit que cette règle est celle de « nombres pairs ascendants » ou « nombres plus deux ». Vous tentez donc une combinaison comme :

8-10-12.

Et l'expérimentateur dit : « Oui ! Cette série de nombres respecte elle aussi la règle. » Vous prenez confiance en vous. Pour confirmer votre habileté, vous testez une autre possibilité du type :

20-22-24.

« Oui ! » dit l'expérimentateur. Nouvelle poussée de dopamine. Et vous annoncez fièrement votre hypothèse : « La règle est : des nombres pairs, augmentant de deux en deux. »

« Non ! » répond l'expérimentateur. Car la règle est : « tout nombre ascendant ». Ainsi, 8-10-12 respecte la règle, mais également 1-2-3. Ou 4-23-512. Le seul moyen de gagner à ce jeu est de deviner des séries de nombres qui prouvent que votre hypothèse est *fausse* – et c'est une chose que notre nature nous pousse à éviter.

Vous vous dites peut-être que vous ne seriez jamais tombé dans ce piège. Que vous auriez fait plus attention. Peut-être, mais dans ce cas, vous faites partie d'une minorité. Dans l'étude de Wason, seul un participant sur cinq réussit à deviner la règle[32]. Si nous sommes tous aussi mauvais à des jeux comme celui-ci, c'est à cause du biais de confirmation : nous avons tendance à préférer chercher des preuves qui confirment ce que nous pensons être vrai plutôt que chercher des preuves qui le réfutent. Après tout, pourquoi chercherions-nous la déception ?

Il s'avère que le biais de confirmation est un gros écueil pour les joueurs d'échecs. Partant des travaux de Wason, deux chercheurs de l'université de Dublin, Michelle Cowley et Ruth Byrne, interviewèrent deux groupes de joueurs, tous membres de l'Irish Chess Union : un groupe d'amateurs expérimentés classés autour de 1500, et un groupe d'experts classés entre 2000 et 2500. Ils leur présentèrent un échiquier en milieu de partie et leur demandèrent de choisir le meilleur coup à jouer – en commentant les rouages de leur pensée devant un micro : quels coups ils envisageaient, quel coup ils pensaient que leur adversaire ferait en réaction à chaque coup possible, comment ils pensaient jouer en réaction –, ce que fait précisément tout bon joueur d'échecs devant un échiquier. Cowley et Byrne utilisèrent ensuite un logiciel d'analyse appelé Fritz pour étudier la précision de l'analyse de chaque joueur[33].

Ils découvrirent sans surprise que les excellents joueurs analysent le jeu avec plus de précision que les débutants. Ce qui est surprenant, c'est *leur manière* de les analyser. En un mot, ils sont plus pessimistes. Quand les débutants trouvent un coup qui leur plaît, ils ont tendance à tomber dans le biais de confirmation, à ne voir que la victoire à laquelle il peut conduire et à ignorer les pièges[34]. Par opposition, les bons joueurs, plus pessimistes, ont plus de chances de percevoir les chausse-trappes. Ils sont capables de falsifier, ou de réfuter, leurs hypothèses, donc d'éviter les pièges.

Quand je l'interrogeai sur l'étude de Dublin, Spiegel admit qu'il est bon qu'un joueur d'échecs se montre un peu pessimiste quant aux conséquences d'un coup particulier. Mais pour ce qui est des capacités en général, dit-elle, mieux vaut être *optimiste.* « C'est comme parler en public. Si tu n'as pas un peu *trop* confiance en toi quand tu prends le micro, tu es mal. Les échecs sont par essence une expérience pénible. Aussi bon que vous soyez, vous n'arrêtez pas de faire des erreurs stupides, si stupides que vous avez envie de mourir. » Être bon aux échecs, c'est avoir confiance dans son pouvoir de gagner.

J'observai ce phénomène le jour où je visitai le Marshall Chess Club avec Spiegel et ses élèves. Le matin où Yuri Lapshun perdit contre James Black, Lapshun joua contre un autre élève de l'IS 318, Shawn Swindell, un Afro-Américain de *eighth grade* qui portait un brillant en boucle d'oreille et qui était classé 1 950 à l'époque. Quand Shawn apprit qu'il allait jouer contre un joueur classé plus de cinq cents points de plus que lui, il se sentit condamné d'avance. Il tomba sur les pions blancs, ce qui lui donna le léger avantage de jouer en premier, et il me dit plus tard que sa première pensée fut : « À quoi bon avoir les blancs ? » James Black, en revanche, commença la partie contre Lapshun en étant totalement convaincu qu'il était capable de battre un maître international – une conviction qui aurait pu s'avérer ridicule et vaniteuse, mais qui se révéla entièrement juste.

10. DIMANCHE

À Columbus, chaque joueur disputa sept parties – deux le vendredi, trois le samedi et deux le dimanche. Le dimanche matin, la plupart des jeunes de l'équipe de l'IS 318 n'étaient pas sortis du centre de conférences depuis le début du tournoi. Ils tournaient en rond entre la cafétéria, la salle de bal où se jouaient les parties, leurs chambres d'hôtel et Union B, où se réunissait l'équipe. Nul ne semblait avoir envie d'air frais. Sur le tableau des scores, l'IS 318 avait une avance confortable en K-8 et moins confortable en K-9. James Black avait remporté ses cinq premières parties et disputait sa sixième le dimanche matin. Pour le tour final, l'équipe K-8 semblait pratiquement certaine de remporter le trophée par équipe, et James était l'un des cinq joueurs pressentis pour la première place, toutes catégories confondues. S'il remportait sa dernière partie, il pourrait remporter le trophée individuel, chose qu'aucun joueur de l'IS 318 n'avait jamais réussie en championnat junior.

Le dimanche matin se passa mal pour l'équipe K-9. Contre toute attente, Justus perdit, et parmi les quatre autres joueurs de l'équipe ayant une chance de gagner, deux perdirent, un fit match nul et un seul remporta sa partie. Ils étaient encore bien placés, mais leur avance s'était beaucoup réduite. Pour Spiegel, la situation réveillait les mauvais souvenirs de l'année précédente, quand son équipe K-9, qui affichait une avance d'un demi-point au septième et dernier tour, échoua près du but : les six meilleurs joueurs de l'équipe perdirent leur partie, et l'IS 318 dégringola de la première à la troisième place. (« L'ampleur du désastre, écrivit Spiegel sur son blog à l'époque, était incroyable. »)

Cette année, le tour final était prévu pour 14 h. À 13 h 40, James discutait stratégie avec Prilleltensky. Il allait jouer sur l'échiquier numéro un. Il serait donc assis sur les contremarches, face à la salle de bal, en surplomb et séparé des quelque mille autres joueurs. Il jouait les noirs contre Brian Li, un élève de *eighth grade* d'une banlieue de Washington. Il avait le sentiment que Li allait jouer l'attaque grand prix. La conversation était technique et j'étais dépassé – James devait-il jouer d5 ou e5 au troisième coup ? Avec quel pion devait-il attaquer d6 ? Mais je compris vite que ce que James attendait de Prilleltensky était un regain de confiance : l'assurance de connaître la bonne ouverture et, plus encore, de savoir ce qu'il faisait en général.

Quelques minutes avant 14 h, ils prirent le chemin de la salle de bal. James portait un sweat-shirt noir à capuche et un jeans foncé. Il semblait anxieux. Ils empruntèrent ensemble l'escalier roulant.

« James, souviens-toi : calme, concentré, confiant. D'accord ? »

James rabattit sa capuche sur sa tête et regarda le plafond. « Je suis nerveux », dit-il d'une voix calme.

« Tu es nerveux ? » dit Prilleltensky. Il se baissa tout près de James, comme un entraîneur de boxe avec son boxeur avant un match. « Tu sais qui est *vraiment* nerveux en ce moment précis, James ? C'est Brian Li. Et tu sais pourquoi ? Parce qu'il y a probablement une vingtaine de minutes, il est allé consulter le panneau d'affichage, et il a vu qu'il allait jouer contre James Black au dernier tour. Et je peux te dire, James, qu'il n'y a pas un seul adversaire dans tout le tournoi, voire pas un seul adversaire dans toute sa *vie,* qui lui fait plus peur que lui. Compris ? »

James sourit. Isaac Barayev, le coéquipier de James, qui les précédait de quelques marches sur l'escalier roulant, se retourna. « Hey, James, dit-il, si tu gagnes, je pense que tu as… »

« Isaac, Isaac, Isaac ! » le coupa Prilleltensky. Il ne voulait pas que James pense aux victoires, aux trophées ou aux résultats, juste aux échecs. Il se retourna vers James. « Fais ce que tu as à faire, James, dit-il. Joue lentement, prends ton temps, sois confiant. Tu as bien compris ? »

James avait bien compris. La partie dura 3 h 10. À un moment, James crut qu'il allait devoir se contenter d'un match nul, puis au vingt-septième coup, Brian fit un échange surprenant, troquant sa reine contre une tour et un fou. À partir de là, James sentit qu'il prenait le contrôle de la partie. Enfin, au quarante-huitième coup, son cavalier captura un pion essentiel, et Brian, réalisant que la défaite était inévitable, abandonna. James retourna à Union B, où il fut accueilli à grands renforts d'embrassades et de poignées de main. Il avait remporté le championnat individuel, et sa victoire signifiait que les K-8 remportaient le championnat par équipe. (Les K–9 réussirent eux aussi à l'emporter dans leur division.) James prit son téléphone et appela son père.

Spiegel était ravie de la victoire de James. Mais pour elle, le moment le plus émouvant du tournoi fut l'arrivée de Danny Feng, un élève de *eighth grade* taciturne aux cheveux longs, annonçant qu'il avait lui aussi gagné, ce qui lui donnait six victoires dans le tournoi à sept tours. Ce n'est pas tant le résultat qui l'émut que son jeu. Elle avait été le principal professeur d'échecs de Danny depuis le début du *sixth grade*, à l'époque où il était encore un débutant qui savait à peine comment déplacer les pièces. C'est elle qui lui avait appris presque tout ce qu'il savait.

Danny installa un échiquier pour lui montrer comment il avait gagné. C'était une victoire arrachée de haute lutte. Il avait commencé par faire une grosse erreur à l'ouverture, une erreur de débutant, perdant immédiatement un pion. Mais il avait lentement remonté la pente et en fin de partie, il disposait même d'un léger avantage – une tour et un pion, contre la tour de son adversaire. C'était une position difficile à gagner, le genre de fin de partie qui se termine souvent par un *ex-æquo*. Mais Danny avait fini par l'emporter, rapprochant coup après coup son pion de la dernière rangée, où il le transforma en reine. En général, quand Danny analysait ses parties avec un professeur ou un entraîneur, il déplaçait timidement ses pièces. Mais là, il les faisait fièrement claquer sur le plateau, comme le faisaient Shawn et James. Spiegel ne put se contenir – c'était une fin de partie qu'elle lui avait enseignée. Quand elle le vit exécuter les derniers coups à la perfection, elle se mit à pleurer. Les élèves qui assistaient à la scène n'en revenaient pas. Plus tard, dans l'ascenseur de l'hôtel, Warren Zhang dit à Prilleltensky : « Mrs Spiegel pleurait-elle vraiment à cause de la partie de Danny ? » « Bien sûr, répondit Prilleltensky. C'était une partie magnifique[35]. »

11. LE TEST

Le mois suivant, l'IS 318 faillit connaître un sort encore plus remarquable. James, Justus, Isaac et Danny furent à un demi-point de la victoire aux championnats de lycée, bien qu'aucun d'eux ne fût au lycée. Ils battirent des équipes de quelques-uns des meilleurs lycées du pays – Bronx Science et Stuyvesant de New York, Whitney Young de Chicago, Lakeside School (l'ancienne école de Bill Gates) de Seattle – avant de perdre au dernier tour face à l'équipe du Hunter College High School.

Malgré ses victoires retentissantes à Columbus, James Black ne gagna que onze points au classement junior, passant de 2 149 à 2 160 – à quarante points du statut de maître. Le reste du printemps, son classement continua de fluctuer, frôlant 2200, puis retombant. Enfin, le 17 juillet, à Marshall, James battit Michael Finneran, un garçon de 18 ans du Connecticut, et il atteignit 2 205 points. Il était maître national. Début septembre, James fêta l'événement à l'ombre des arbres de Fulton Park, au cœur de Bedford-Stuyvesant. Les invités étaient assis sur des chaises pliantes et James reçut un gâteau surmonté d'une photo comestible de lui devant un échiquier. Maurice Ashley, le premier et jusqu'ici le seul grand maître afro-américain, était là, et il intronisa James, Justus et Joshua Colas, un joueur de 12 ans de White Plains, New York, dans une toute nouvelle société baptisée le Young Black Masters

Club. Un an après que Justus était devenu le premier maître afro-américain de moins de 15 ans, il y en a eu trois nouveaux de moins de *13 ans,* suscitant une grande fierté non seulement dans leur famille mais aussi pour les Afro-Américains joueurs et fans d'échecs de tout le pays.

Spiegel prononça un discours. Elle se dit fière de la réussite de James, mais encore plus fière de la détermination qu'il avait montrée. Elle raconta cette dernière année où il avait souvent frôlé 2 200 au classement avant de redescendre, encore et encore. « Imaginez à quel point ça doit être frustrant, dit-elle à l'assemblée. Et ajoutez à cette frustration le fait que tout le monde vous regarde, vous demande ce que vous avez fait, s'attendant à ce que vous touchiez au but. Pendant plus d'un an, poursuivit Spiegel, James étudia les tactiques, analysa ses parties et se confronta à ses propres erreurs. Jamais il ne baissa les bras. La dernière année, il disputa 65 tournois et 301 parties notées. Il joue dans des tournois jusqu'à onze heures du soir, puis se lève tôt tous les matins pour faire trente minutes de tactique avant d'aller à l'école. Il a travaillé si dur, avec tant de patience, pendant si longtemps. C'est ce que je respecte le plus chez lui[36]. »

Au printemps, juste après le tournoi junior, Spiegel s'était donné une nouvelle mission. En octobre, des milliers de collégiens de *eighth grade* de New York City passeraient le tant redouté examen d'admission au lycée. Les meilleurs élèves seraient admis dans les prestigieux lycées sélectifs de la ville, dont Stuyvesant, Brooklyn Tech, et Bronx Science. Elle décida de préparer James à ce test. John Galvin, le principal adjoint, lui dit qu'elle se fixait une mission impossible, que rien ne permettrait à un élève qui a toujours obtenu un score inférieur à la moyenne aux tests standardisés de réussir haut la main l'examen d'admission au lycée. Mais Spiegel avait vu James assimiler les connaissances en échecs à une vitesse époustouflante, et elle avait confiance en ses propres compétences pédagogiques. Comme elle me l'expliqua dans un e-mail qu'elle m'envoya en avril : « Je me dis qu'en six mois, s'il s'y met et s'il travaille, je peux tout enseigner à un enfant intelligent, non ? »

Mais mi-juillet, Spiegel m'avoua qu'elle commençait à perdre confiance. Elle travaillait dur avec James pour l'examen, et il s'appliquait, même les jours de grosse chaleur, mais elle était impressionnée par tout ce qu'il ne savait pas. Il ne savait pas situer l'Afrique ou l'Asie sur une carte. Il ne pouvait pas nommer un seul pays européen. Quand ils faisaient des exercices de lecture-compréhension, il ne reconnaissait pas des mots comme *nourrisson, collectif* et *bénéfique*. En septembre, ils travaillaient plusieurs heures d'affilée après l'école et le week-end. Elle essayait de lui remonter le moral alors que le sien plongeait. Quand il se décourageait et disait qu'il n'était tout simplement pas bon en analogie ou en trigonométrie, elle répondait avec entrain que c'était exactement comme les échecs : il y a quelques années, il n'était pas bon aux échecs, mais après avoir suivi un entraînement spécial et travaillé dur, il l'est devenu. « Je lui disais : "Nous allons te faire suivre un entraînement spécial, là aussi, et tu deviendras bon", me dit-elle. Il était content et me disait : "Okay, pas problème". Mais je ne lui disais pas vraiment à quel point c'était difficile. »

James représentait une véritable énigme. Ce garçon possédait clairement une intelligence affûtée. (Quoi que signifie ce mot « intelligence », il est impossible de battre les grands maîtres ukrainiens sans en être richement doté.) Et il semblait être un modèle de détermination : il avait un objectif clair qu'il poursuivait passionnément, et il y travaillait dur, sans relâche et efficacement. (Je n'ai jamais rencontré un garçon de 12 ans capable de travailler plus que lui.) Et pourtant, selon les critères standard de la réussite scolaire, il était au-dessous de la moyenne et voué au mieux à un avenir médiocre. Quand on compare les perspectives de James et celles de Mush ou des autres garçons de Roseland, son histoire est une belle réussite. Mais on peut aussi la voir comme une histoire moins impressionnante – l'histoire d'un potentiel inaccompli. Cet automne-là, quand Spiegel me parlait de la préparation de James à l'examen, elle semblait parfois choquée par le peu de connaissances qui lui avait été enseignées jusque-là en dehors des échecs. « Je suis en colère pour lui, me dit-elle. Il connaît les fractions de base, mais il ne connaît rien à la géométrie et il ne sait pas poser une équation. Il a le niveau que j'avais en *second* ou *third grade.* »

L'examen d'entrée au lycée est difficile à préparer. Comme le SAT, il reflète la connaissance et les compétences qu'un élève a accumulées au fil des années, dont beaucoup sont assimilées de manière inconsciente tout au long de l'enfance dans la famille et dans les échanges avec les autres. Et si James avait commencé à préparer l'examen d'admission au lycée en *third grade* plutôt qu'en *seventh grade* ? S'il avait dépensé la même énergie et reçu la même aide en mathématiques, en lecture et en culture générale qu'aux échecs ? Et s'il avait travaillé tous les sujets avec des enseignants aussi inventifs et impliqués que Spiegel et Prilleltensky ? Je suis persuadé qu'il aurait réussi l'examen d'admission au lycée de la même manière qu'il a remporté les championnats juniors.

Bien sûr, parler de James au passé n'a aucun sens ; après tout, il n'a que 12 ans. Il n'est pas entré à Stuyvesant, mais il a encore quatre ans de lycée devant lui (quatre ans pendant lesquels il va sans aucun doute écraser tous les joueurs de l'équipe d'échecs de Stuyvesant). Il n'a pas été possible de faire de lui un élève brillant en six mois, comme l'avait espéré Spiegel. Mais peut-être en quatre ans ? Pour un élève aussi prodigieusement doué, tout semble possible – du moment qu'un enseignant qui peut rendre la perspective de la réussite scolaire aussi séduisante que la réussite aux échecs.

Chapitre 4

Apprendre à réussir

1. L'ÉNIGME UNIVERSITAIRE

Pendant la majeure partie du XXe siècle, les États-Unis furent les champions toutes catégories pour la qualité de l'enseignement supérieur et les taux de réussite à l'université. Au milieu des années 1990, le taux de diplômés du supérieur était le plus haut du monde[1] – plus de deux fois plus élevé que le taux moyen des autres pays occidentaux. Mais la hiérarchie mondiale de l'éducation est en train de changer rapidement. De nombreux pays, riches ou émergents, enregistrent depuis plusieurs années un boom sans précédent du nombre de leurs diplômés. En une décennie à peine, les États-Unis ont rétrogradé de la première à la douzième place dans le classement des 25-34 ans titulaires d'un *bachelor's degree*, passant derrière des pays très différents comme le Royaume-Uni, l'Australie, la Pologne, la Norvège et la Corée du Sud[2].

En réalité, le taux de réussite à l'université n'a pas baissé aux États-Unis : il a simplement augmenté très lentement, alors qu'il s'est envolé dans d'autres pays[3]. En 1976, 24 % des Américains de plus de 25 ans étaient titulaires d'un *bachelor's degree* ; trente ans plus tard, en 2006, le chiffre n'avait pas dépassé 28 %[4]. Ce pourcentage apparemment stable masque une fracture sociale croissante. Entre 1990 et 2000, le taux d'obtention d'un *Bachelor of Arts* (*BA)* est passé de 61 à 68 % chez les étudiants aisés dont au moins un parent est diplômé de l'université. Dans le même temps, selon une analyse, chez les jeunes Américains les plus défavorisés – des étudiants dans le quartile de revenu le plus bas dont les parents ne sont pas diplômés de l'université – ce taux est *tombé* de 11,1 à 9,5 %[5]. Dans un contexte de creusement des inégalités, cette tendance peut ne pas surprendre : elle n'est qu'un indicateur de plus de la fracture sociale qui s'accentue aux États-Unis. Il faut toutefois savoir que pendant la majeure partie du siècle dernier, la situation était très différente.

Comme le rappelèrent les économistes de Harvard Claudia Goldin et Lawrence Katz dans leur livre référence paru en 2008 *The Race Between Education and Technology* (« La compétition entre l'éducation et la technologie »), l'histoire de l'enseignement supérieur américain au XXe siècle est avant tout une histoire de démocratisation. Seuls 5 % des garçons nés en 1900 obtinrent un diplôme universitaire, et ces 5 % constituaient l'élite du pays, dans tous les sens du terme : riches, blancs, bien introduits. Le pourcentage des jeunes diplômés de sexe masculin doubla une première fois entre 1925 et 1945 environ, passant de 5 à 10 %[6], puis une seconde fois entre 1945 et 1965, notamment grâce au GI Bill, qui permit à des millions de soldats américains d'entrer à l'université à leur retour de la guerre. (Du côté des femmes, l'augmentation du taux de diplômées resta assez modeste jusqu'au début des années 1960, après quoi elle dépassa de loin l'augmentation chez les hommes.)

En conséquence, les campus devinrent moins élitistes et plus mélangés ; dans les amphithéâtres et les laboratoires, les enfants d'ouvriers côtoyaient les enfants d'industriels. Dans ces années-là, « l'ascenseur social de l'éducation était au cœur de la société américaine, écrivent Goldin et Katz. Chaque génération d'Américains accédait à un niveau d'éducation qui dépassait largement celui de la génération précédente[7]. » Mais aujourd'hui, la progression a cessé, ou du moins stagne, et le système d'enseignement supérieur a cessé d'être l'instrument de la mobilité sociale et de l'égalité croissante qu'il fut pendant la majeure partie du XXe siècle.

Jusqu'à une époque récente, les responsables de l'éducation qui se souciaient des problèmes de l'enseignement supérieur américain se concentraient essentiellement sur l'accès à l'université – comment augmenter le nombre des jeunes, et surtout des jeunes défavorisés, qui obtenaient leur diplôme de fin d'études secondaires et entraient à l'université[8]. Depuis quelques années, il est clair que le problème n'est pas tant la limitation ou l'inégalité de l'*accès* à l'université que la limitation ou l'inégalité de la *réussite* à l'université. Sur les 34 pays membres de l'OCDE (Organisation de coopération et de développement économique), le taux d'entrée à l'université des États-Unis arrive encore à une respectable huitième place[9]. Mais en matière de réussite à l'université – le pourcentage d'étudiants de première année qui arrivent au diplôme – le pays arrive en avant-dernière position devant l'Italie[10]. Il y a peu, les États-Unis étaient encore le premier producteur mondial de diplômés d'université ; aujourd'hui, le pays est le premier producteur mondial de décrocheurs de l'université.

Or, dans le même temps, la valeur monétaire de l'enseignement supérieur américain s'est envolée. Un Américain titulaire d'un *Bachelor of Arts* peut espérer gagner 83 % de plus qu'un Américain diplômé du secondaire[11]. Cette prime au diplôme, comme l'appellent les économistes, est l'une des plus élevées du monde développé[12], et elle a fait un bond depuis 1980[13]. À cette époque, les diplômés d'université américains gagnaient seulement 40 % de plus que les diplômés du secondaire[14]. Comme le disent Goldin et Katz, un jeune Américain qui est capable d'obtenir un diplôme universitaire mais ne le fait pas « passe à côté d'une manne[15] ».

Nous nous trouvons donc face à une énigme : pourquoi tant d'étudiants américains abandonnent-ils l'université au moment même où le diplôme universitaire est devenu si précieux et où des jeunes du monde entier sont de plus en plus nombreux à décrocher des diplômes ?

2. LA LIGNE D'ARRIVÉE

La meilleure réponse à cette question nous a été donnée en 2009 dans un livre intitulé *Crossing the Finish Line: Completing College at America's Public Universities* (« Franchir la ligne d'arrivée ou Comment décrocher un diplôme dans les universités publiques américaines »), fruit d'une collaboration entre deux anciens présidents d'université, tous deux économistes : William G. Bowen, président de l'université Princeton de 1972 à 1988, et Michael S. McPherson, qui fut pendant près d'une décennie président du Macalester College du Minnesota. Leur aura dans le monde de l'éducation leur a permis – avec un troisième confrère, le chercheur Matthew Chingos – de convaincre 68 universités publiques, ainsi que les services du College Board et de l'ACT (American College Test), de leur donner accès aux dossiers scolaires détaillés de quelque 200 000 élèves[16]. Ils y découvrirent des données surprenantes sur les étudiants qui réussissent à l'université et ceux qui abandonnent, et sur les raisons du succès ou de l'échec.

Certains attribuent le phénomène des décrocheurs à un problème d'ambition irréaliste de la part de nombreux étudiants, en particulier ceux issus de familles à faible revenu. En 2008, dans *Real Education,* le conservateur Charles Murray expliqua que la vraie crise de l'enseignement supérieur américain n'est pas que *trop peu* de jeunes Américains aillent à l'université ; mais que *trop* y vont. La tendance naturelle américaine au « romantisme éducatif[17] », écrit Murray, pousse vers l'université des jeunes qui ne sont tout simplement pas assez intelligents pour être là. Les conseillers d'orientation et les bureaux d'admission des universités, perdus dans un « brouillard de rêves irréalistes, d'euphémismes et d'égalitarisme bien intentionné[18] », encouragent des jeunes à faible QI et à faible revenu à aller dans des universités intellectuellement exigeantes. Et quand ces étudiants découvrent qu'ils ne possèdent pas l'intelligence nécessaire pour suivre, ils décrochent. Murray, coauteur de

The Bell Curve (« La courbe en cloche »), est probablement le déterministe cognitif le plus connu du pays. La thèse qu'il développe dans *Real Education* est l'expression pure de l'hypothèse cognitive : ce qui compte dans la réussite, c'est le QI, qui se fige assez tôt dans la vie ; instruire, ce n'est pas tant transmettre des compétences que sélectionner les candidats et donner à ceux qui ont le QI le plus élevé la possibilité d'exploiter tout leur potentiel.

En examinant de plus près ces données, Bowen, McPherson et Chingos découvrirent que les élèves issus de foyers à faible revenu ne surévaluent généralement pas leurs capacités quand ils choisissent leur université. En fait, beaucoup fréquentent des universités bien *en deçà* de celles auxquelles leur GPA et leurs résultats aux tests standardisés pourraient leur permettre de prétendre. Ce phénomène, que les auteurs appellent autocensure, ne se produit pas chez les étudiants issus de familles aisées ; c'est un problème qui concerne presque exclusivement les adolescents issus de milieux défavorisés. En Caroline du Nord, l'État dans lequel les chercheurs réussirent à rassembler les données les plus complètes, trois étudiants à fort revenu sur quatre ayant un GPA et des résultats aux tests suffisants pour être admis dans l'une des universités publiques très sélectives de leur État finirent par entrer dans une université très sélective. Pour eux, le système fonctionna. Mais parmi les élèves ayant les mêmes résultats scolaires excellents et dont les parents n'étaient pas allés à l'université, seul un tiers opta pour une université très sélective[19]. Le choix d'une université moins prestigieuse n'augmenta pas les chances de réussite de ces étudiants hautement qualifiés – il a même eu l'effet inverse. Les auteurs observèrent en effet que l'autocensure fut presque toujours une grosse erreur. Mais, aussi importante soit-elle, cette information sur l'autocensure ne constitue pas la découverte la plus étonnante ni la plus importante de *Crossing the Finish Line.* La conclusion la plus inattendue révélée par les trois chercheurs, c'est que le meilleur indicateur de la réussite future d'un étudiant n'est ni son score au SAT (Scholastic Aptitude

Test) ni son score à l'ACT (American College Test), les deux tests standardisés d'admission à l'université. À l'exception des universités publiques les plus sélectives, les scores à l'ACT sont très peu révélateurs de la réussite future. Le meilleur indicateur est en réalité le GPA (Grade Point Average) d'un élève au lycée[20].

Pour les services d'admission à l'université, cette découverte fit l'effet d'une bombe; elle sonnait comme le désaveu de l'un des fondements de la méritocratie à l'américaine de la fin du XXe siècle. Dans *The Big Test,* Nicholas Lemann rappelle l'histoire des tests standardisés d'admission à l'université. Il explique que le SAT fut créé dans les années qui suivirent la seconde guerre mondiale pour répondre au scepticisme croissant des Américains sur le potentiel prédictif des bulletins scolaires[21]. Comment les services d'admission des universités pouvaient-ils comparer un 3,5 obtenu dans un lycée d'une banlieue californienne à un 3,5 d'un lycée de la campagne de Pennsylvanie ou d'une école du South Bronx? Le SAT était censé corriger ce problème en fournissant un outil objectif qui ramènerait la capacité d'un élève à réussir à l'université à un nombre unique et indiscutable. Mais dans les universités que Bowen, Chingos et McPherson examinèrent, les notes obtenues au lycée s'avérèrent d'excellents indicateurs de la réussite à l'université[22] – quel que soit le lycée fréquenté. Il est vrai qu'un élève ayant un GPA de 3,5 dans un excellent lycée a un peu plus de chances de décrocher un diplôme universitaire qu'un élève ayant un GPA de 3,5 dans un lycée moyen, mais la différence est somme toute modeste. Comme le disent les auteurs, « un grand nombre d'élèves ayant d'excellentes notes dans des lycées moyens ont obtenu un diplôme, quelle que soit l'université qu'ils ont fréquentée[23] ».

Quand Angela Duckworth, grande prêtresse du self-control et de la détermination à l'université de Pennsylvanie, analysa les GPA et les résultats aux tests standardisés des collégiens et des lycéens, elle découvrit que les résultats aux tests standardisés étaient conformes à ceux des tests de QI et le GPA conforme à ceux des tests de self-control[24]. Associez les découvertes de Duckworth à celles de *Crossing the Finish Line,* et vous aboutissez à une conclusion plutôt édifiante : la capacité d'un étudiant à obtenir dans une bonne université américaine ne dépend pas tant de son intelligence que des forces de caractère qui permettent d'obtenir un bon GPA au collège et au lycée. « De notre point de vue, écrivent Bowen, Chingos et McPherson, les notes obtenues au lycée révèlent bien plus que la maîtrise du contenu. Elles révèlent des qualités de motivation et de persévérance, des bonnes habitudes de travail et une capacité à gérer son temps qui en disent long sur les chances de sortir de l'université avec un diplôme[25]. »

Il est possible qu'à l'adolescence ces compétences et ces habitudes ne soient plus assimilables. Si vous les possédez, vous avez des chances de sortir diplômé de l'université, mais si vous ne les possédez pas, vous n'ayez aucune chance. Pourtant, rappelez-vous comment Elizabeth Spiegel a réussi à reconstruire les compétences cognitives de ses collégiens joueurs d'échecs. Ou comment Lanita Reed a aidé Keitha Jones à repenser sa vision de la vie – en l'aidant avant tout à reconstruire sa personnalité – à l'âge avancé de 17 ans. Dans les deux cas, un enseignant ou un mentor ont trouvé un moyen d'aider un jeune à opérer une transformation rapide et inattendue en utilisant ce que James Heckman appellerait des compétences non-cognitives et David Levin des forces de caractère. Que se passerait-il si nous pouvions faire la même chose auprès d'un grand nombre d'adolescents – non pas pour les aider à bien jouer aux échecs ou pour les persuader de cesser de se bagarrer à l'école, mais pour les aider à développer les facultés mentales et les forces de caractère nécessaires pour décrocher un diplôme universitaire ?

3. UN SUR TRENTE

Au premier abord, Jeff Nelson, PDG de OneGoal, n'a rien d'un révolutionnaire. Il a le teint frais, les cheveux courts, la politesse d'un homme du Midwest, et un épi de cheveux blonds qui lui donne des allures de Tintin. Il porte une chemise à col boutonné et s'en tient à un emploi du temps strict ; une fois le rendez-vous téléphonique fixé, il m'envoya un e-mail avec un ordre du jour précis prévoyant trois « objectifs » et dix minutes pour « boucler » l'entretien. Il ne se sent jamais plus à l'aise que quand il est entouré des outils typiques du réformateur de l'éducation moderne – présentations PowerPoint, consultants en management, plans stratégiques et mugs XXL – et pourtant, sa vision de la réforme de l'éducation est profondément contraire à l'orthodoxie. C'est une complète remise en cause de l'hypothèse cognitive.

Nelson grandit à Wilmette, une riche banlieue blanche du nord de Chicago, qui servit de décor à *Maman, j'ai raté l'avion* et *The Breakfast Club* de John Hughes. C'est une ville à majorité démocrate, un havre de paix pour les causes progressistes de justice sociale, même si ces idées s'expriment le plus souvent de manière distante par des dons à Amnesty International ou à Habitat for Humanity ou par des pétitions en faveur des réfugiés du Darfour. Nelson s'intéressa dès son plus jeune âge à un problème plus proche de lui : les difficultés rencontrées par les enfants grandissant dans la métropole, à 25 km au sud de chez lui. En *eighth grade*, il lut le livre d'Alex Kotlowitz, *There Are No Children Here*[26] (« Il n'y a pas d'enfant ici »), qui raconte la terrible histoire de deux jeunes Afro-Américains vivant à Henry Horner Homes, une cité dangereuse du West Side de Chicago. Ce livre, me confia Nelson, « bouscula quelque peu ma vision du monde. Il produisit en moi une étincelle ».

Nelson était scolarisé au New Trier Township High School, réputé pour son campus luxuriant et ses installations somptueuses, financés par les taxes foncières des luxueuses propriétés de Wilmette et des alentours. Dans son livre *Savage Inequalities* (« Inégalités sauvages »), paru en 1991, le journaliste Jonathan Kozol fit de New Trier l'archétype du lycée privilégié de banlieue, dressant le catalogue de ses studios de danse, de ses salles d'escrime et de ses cours de latin, comparant le « caractère superflu de la chance[27] » dont jouissent les élèves au « déni de chance » des élèves DuSable High School, un lycée du South Side qui, selon Kozol, serait « fui comme la peste – voire probablement fermé – s'il se trouvait dans un quartier blanc de la classe moyenne[28] ». Nelson lut le livre de Kozol au cours de sa première année de sociologie à l'université du Michigan, ce qui ne fit qu'accroître son besoin d'agir vite et sa détermination à tenter d'inverser les schémas que décrivait Kozol et à donner au moins un peu de la chance dont jouissaient les élèves de New Trier aux élèves des écoles comme DuSable.

Une fois son diplôme en poche, Nelson entra à Teach for America et enseigna en *sixth grade* à O'Keeffe Elementary, une école publique en grande difficulté du South Side, à moins de 2 km de DuSable. C'était un excellent enseignant. En un an, ses élèves rattrapèrent deux ans de retard en lecture et en mathématiques. La deuxième année, il obtint le titre de meilleur enseignant de Teach for America de la région de Chicago. Il entraînait également l'équipe de football américain de l'école et participa à la création d'une association d'élèves. Il était proche de ses élèves. Il leur rendait visite chez eux et faisait la connaissance de leurs parents.

Dès le début, Nelson parlait sans cesse de l'université à ses élèves de O'Keeffe. Tous étaient des Afro-Américains issus de milieux modestes, et rares étaient ceux dont les parents avaient des diplômes universitaires – mais Nelson leur promit que s'ils travaillaient dur, ils iraient à l'université et obtiendraient leur diplôme. Un matin d'avril 2006, en ouvrant le *Chicago Tribune*, il découvrit en première page un article citant un rapport du Consortium on Chicago Schools Research qui mettait en doute cette promesse[29]. Selon le consortium, à peine 8 % des étudiants ayant commencé leur scolarité dans une école publique de Chicago obtenaient un *bachelor's degree*[30]. Pour les Afro-Américains, les perspectives étaient encore pires : à l'âge de 25 ans, moins de un garçon noir sur trente en première année de lycée était susceptible de décrocher le *bachelor's degree*[31]. Ces chiffres troublèrent profondément Nelson : il aurait beau créer la meilleure classe de *sixth grade* de la ville, ce ne serait peut-être pas suffisant pour aider ses élèves à faire mentir ces chiffres désespérants.

Son expérience à O'Keeffe Elementary le persuada de deux choses : premièrement, il passerait le reste de sa vie à œuvrer à la réforme de l'éducation ; deuxièmement, malgré les progrès de sa classe, il n'était pas fait pour enseigner. Au moment où il se préparait à quitter O'Keeffe, le bureau national de Teach for America lui proposa le poste de directeur exécutif de l'organisation à Chicago, une lourde responsabilité pour un jeune homme de 24 ans. C'était le job de ses rêves, mais au dernier moment, pour des raisons qu'il ne comprenait pas lui-même et qu'il arrivait encore moins à formuler, il refusa le poste. Ce fut un véritable crève-cœur. Dire non à Teach for America « me troubla plus que vous ne pouvez l'imaginer, me dit-il. J'étais tout près d'avoir trouvé le moyen de jouer un rôle important, mais pour une raison ou pour une autre, ça ne me semblait pas être le bon rôle ».

L'article de la *Tribune* avait achevé de le convaincre qu'il y avait une pièce manquante dans le dispositif de la réforme de l'éducation – un programme, un système ou un outil capable d'aider les enfants comme ceux auxquels il avait enseigné à O'Keeffe à entrer à l'université *et aussi* à décrocher un diplôme. « Je voulais à tout prix trouver une organisation, ou en créer une, qui comble le fossé entre lycée et université, me dit-il. À Teach for America, nous travaillions tous très dur et nous obtenions des résultats dans nos classes. Mais si nos élèves n'allaient pas jusqu'au diplôme universitaire, qui s'en souciait ? »

Refuser le poste à Teach for America plongea Nelson dans une crise intérieure qui marqua le début de près de six mois de profond tourment. Lui qui avait toujours été un hyperactif et un bourreau de travail, même au lycée, n'avait soudain plus aucune responsabilité officielle, ni rien à faire si ce n'est s'interroger sur le sens de la vie et ce qu'il faisait de sa propre existence. De temps à autre, cet automne-là, il recevait des appels de parents des élèves qu'il avait eus l'année précédente à O'Keeffe. Les enfants étaient maintenant en *seventh grade* et les progrès qu'ils avaient faits l'année précédente s'estompaient, lui rapportaient les parents. Désemparés, ils demandaient des conseils à Nelson pour remettre leurs enfants sur la bonne voie. L'un d'eux éclata même en sanglots au téléphone. Nelson ne savait pas quoi dire. Il ne savait pas comment les aider.

Nelson se mit à prier, en quête de réponses pour soulager sa dépression. Il se fixa comme rituel de visiter un lieu de culte différent chaque jour – un jour dans une église catholique, le lendemain dans un temple bahá'i. Il entama une thérapie. Il écrivait des pages et des pages de poésie. Ce fut une période étrange et intense pour Nelson. Quand il en reparle aujourd'hui, il ne sait toujours pas bien quoi penser de cette errance. Mais il se dit que ce qu'il cherchait sans doute, c'était sa *vocation*. Il essayait de se trouver un but.

4. L'APPEL

En janvier 2007, Nelson reçut un appel d'Eddie Lou, un jeune spécialiste du capital-risque de Chicago qui avait créé quelques années plus tôt une association à but non lucratif avec deux amis, dont l'un, Matt King, enseignait au lycée professionnel de Dunbar, dans le South Side. Leur jeune organisation, qu'ils avaient baptisée Urban Students Empowered Foundation, gérait et finançait un programme extrascolaire à destination d'une poignée de lycéens de Dunbar que King dirigeait. C'était une sorte d'atelier de préparation à l'université : King donnait des cours particuliers aux élèves pour qu'ils améliorent leur GPA et leurs résultats à l'ACT, les aidait à choisir leur université et à trouver le financement, et leur donnait les clés pour survivre à l'université. Le programme était modeste – la première classe de King (7 élèves) était en première année à l'université et une deuxième classe (7 élèves également) était en dernière année de lycée à Dunbar –, mais les résultats étaient impressionnants. Les étudiants avaient amélioré leurs résultats à l'ACT d'environ 15 à 18 en *junior*, passant, au niveau national, du quinzième au trente-cinquième centile. Leur GPA augmenta aussi, et tous les élèves du programme allèrent à l'université.

Lou, entrepreneur compulsif ayant déjà créé plusieurs start-ups, voulait étendre le programme au-delà d'un simple atelier extrascolaire, mais King décrocha un poste de principal adjoint dans une *charter school* locale et décida de ne pas poursuivre l'aventure. Lou, King et leur troisième partenaire, Dawn Pankonien, doctorante à Northwestern, se mirent en quête d'un nouveau directeur exécutif capable non seulement de relancer le programme de King mais d'en faire un projet plus ambitieux. Ils reçurent plus de vingt candidats, mais aucun ne semblait avoir la carrure. Ils étaient sur le point de dissoudre l'organisation quand ils entendirent parler de Jeff Nelson par une connaissance commune à Teach for America.

Cet hiver-là, Nelson commençait à émerger de sa longue traversée du désert. L'appel de Lou tomba à pic. Quand le conseil d'administration – les trois fondateurs, plus quelques loups de la finance – lui proposa le poste de directeur exécutif, il accepta rapidement, me dit-il, « sans beaucoup réfléchir ». S'il l'avait fait, il aurait peut-être appris avant sa première journée de travail que l'organisation n'avait ni salarié, ni bureau, ni business plan, et seulement 6 000 dollars sur un compte en banque, tout juste de quoi couvrir dix jours de dépenses de fonctionnement. Au terme de cette première journée, Nelson prit conscience qu'il avait réussi à refuser un poste dans l'organisation de lutte contre les inégalités scolaires la plus grande et la plus prestigieuse des États-Unis pour accepter un poste dans l'une des plus petites et des moins reconnues. Mais il lui semblait avoir fait le bon choix.

Le conseil mit six semaines à élaborer un projet pour l'avenir de l'organisation. Nelson recruta deux enseignants de Teach for America comme stagiaires non payés pendant les vacances d'été. Pankonien proposa de travailler quelques mois sans salaire. Elle louait une chambre chez un courtier du Mercantile Exchange qui les laissait disposer de son appartement dans la journée quand il était dans la salle des marchés. Cet été-là, l'appartement devint le siège officieux de l'organisation – ils travaillaient dans les canapés du salon, utilisant leurs propres téléphones mobiles et leurs propres ordinateurs portables. Le seul bien de l'organisation était une imprimante. Cinq ans plus tard, Urban Students Empowered, rebaptisée OneGoal, avait un personnel administratif de quinze personnes, un budget annuel de 1,7 million de dollars et s'occupait plus de 1 200 élèves dans vingt lycées de Chicago inscrits dans un programme de trois ans sur le modèle du programme de King, mais en beaucoup plus ambitieux et intensif.

Pour Nelson, les mauvais lycéens peuvent assez vite devenir de très brillants étudiants d'université, mais il leur est presque impossible d'opérer cette transformation sans l'aide d'un enseignant hautement performant. Nelson et son équipe arpentèrent donc la ville à la recherche d'enseignants de lycée motivés et ambitieux, parfois dans des *charter schools*, mais le plus souvent dans des lycées traditionnels des quartiers défavorisés de Chicago. (Fenger est l'un d'entre eux.) OneGoal a signé un partenariat unique avec les écoles publiques de Chicago, qui permet à l'organisation de travailler directement avec chaque enseignant pour l'aider à mettre en œuvre les programmes de OneGoal. Les enseignants restent employés à plein-temps par l'enseignement public, mais reçoivent un revenu en plus de leur salaire pour ce surcroît de travail. Quand un enseignant s'engage avec OneGoal, il recrute une classe de 25 enfants en *sophomore* – pas les meilleurs élèves, pas ceux dont la voie vers l'université est toute tracée, mais les élèves en difficulté qui montrent au moins une once d'ambition. (Le GPA moyen des nouvelles recrues est de 2,8.) Il les suivra pendant trois ans. En *junior* et en *senior*, OneGoal assure un cursus scolaire à plein-temps. Le programme est mis au point par Nelson et son équipe. La classe se réunit généralement une fois par jour jusqu'à la fin de la *senior*. Puis, pendant la première année universitaire, l'enseignant reste en étroite liaison avec les jeunes, par téléphone, e-mail ou Facebook, pour répondre à leurs questions, tenir régulièrement des conférences en ligne et apporter soutien et conseil.

Les trois principaux ingrédients du programme OneGoal sont les suivants : le premier, et le plus simple, est un cours intensif de préparation à l'ACT en *junior* pour donner aux élèves les connaissances essentielles et les stratégies indispensables pour améliorer leurs résultats. Les enseignants de OneGoal réussissent régulièrement à atteindre les résultats de Matt King et à aider leurs élèves à améliorer leur ACT d'environ trois points au cours de leur *junior*, les hissant du quinzième au trente-cinquième centile.

Le deuxième élément est ce que Jeff Nelson appelle une « feuille de route pour l'université ». En préparant son cours, Nelson repensa souvent à l'exemple de New Trier, dont le centre d'orientation emploie huit conseillers à plein-temps qui commencent à plancher dès la *sophomore* sur le projet universitaire avec les élèves et leurs parents. « C'est une machine, me dit Nelson en riant. Ils tracent une voie incroyablement claire et structurée qui mène du milieu du lycée au jour où vous mettez le pied sur le campus de l'université. » Il savait qu'il ne pouvait se permettre de transposer l'ensemble de ce dispositif dans le South Side. « Mais j'ai vu des choses à New Trier, dit-il, que je pensais pouvoir transposer dans les écoles défavorisées et qui pouvaient vraiment changer la donne. » Les élèves de OneGoal sont aidés non seulement pour les dossiers de candidature mais aussi pour toute leur stratégie d'entrée à l'université : choisir des universités à leur niveau plutôt que s'autocensurer ; décider de postuler dans des universités à proximité ou bien loin de la maison ; rédiger des lettres de candidature intéressantes ; trouver des bourses. « Pourtant, dit Nelson, il nous paraissait évident que cette feuille de route ne suffisait pas. Nous aurions beau donner à nos élèves toutes les clés pour entrer à l'université, nous devions également les entraîner à réussir une fois là-bas. Nous devions leur apprendre à être très performants. »

C'est là qu'intervient la troisième partie de l'équation. Nelson fut influencé par les recherches menées au lycée par le Consortium on Chicago School Research, et en particulier parles travaux de Melissa Roderick. Dans un article publié en 2006, cette analyste identifia les compétences scolaires non cognitives comme un élément décisif de la réussite à l'université, en particulier « la capacité de travail, les habitudes de travail, la gestion du temps et la capacité à chercher de l'aide et à résoudre des problèmes sociaux/scolaires[32] ». Roderick, qui emprunta le terme « non cognitif» à James Heckman, écrivit que ces compétences étaient au cœur du déphasage de plus en plus grand entre les lycées et les universités américaines. Lors de la création des lycées actuels, dit-elle, l'objectif était de préparer les élèves non pas à l'université mais au monde du travail, où, à l'époque, les exigences en matière de « pensée critique et de facultés de résolution des problèmes n'étaient pas très élevées[33] ». Le lycée traditionnel américain n'était pas pensé comme un lieu où les jeunes apprenaient à approfondir la réflexion, à acquérir une motivation interne ou à persévérer face aux difficultés – autant de compétences nécessaires pour réussir à l'université. C'était au contraire un lieu où les élèves étaient surtout récompensés pour leur présence.

Pendant quelque temps, écrit Roderick, cette formule fonctionna bien. « Les enseignants de lycée pouvaient avoir de très lourdes charges de travail et néanmoins les gérer efficacement car ils savaient que la plupart de leurs élèves travailleraient peu, se souvient-elle. La plupart des élèves pouvaient obtenir ce qu'eux et leurs parents voulaient, à savoir leur diplôme, sans trop d'efforts[34]. » Il y avait, dit-elle, « un contrat tacite entre les élèves et les enseignants qui disait : “Tiens bon, reste sagement assis, comporte-toi bien, et tu seras récompensé” ».

Depuis, le monde a changé, mais pas le lycée américain. Face à l’augmentation des écarts de salaire entre diplômés de l’université et non-diplômés, les lycéens sont de plus en plus nombreux à vouloir décrocher un diplôme universitaire – entre 1980 et 2002, le pourcentage d’élèves de *tenth grade* disant vouloir obtenir au moins un *BA* est passé de 40 à 80 %[35]. Mais la plupart de ces élèves n’ont pas les compétences non théoriques – les forces de caractère, dirait Martin Seligman – nécessaires pour survivre à l’université, et le lycée américain traditionnel ne possède pas de dispositif pour les aider à les acquérir. Nelson tente d’y remédier et pense que ce troisième élément de la stratégie de OneGoal est au cœur du succès naissant de son programme.

Nelson savait dès le début qu’il ne pourrait pas reprendre toutes les années de lycée de ses élèves, mais il pensait que ce n’était peut-être pas nécessaire. En aidant les élèves à développer les compétences non théoriques les mieux placées pour les conduire directement à la réussite universitaire, il espérait pouvoir compenser relativement vite le fossé des compétences théoriques qui séparait le *senior* d’un lycée public de Chicago d’un étudiant de première année. Se basant sur son instinct, Nelson identifia cinq compétences, qu’il appela principes de leadership, sur lesquels il voulait que les enseignants de OneGoal insistent : débrouillardise, résilience, ambition, professionnalisme et intégrité. Ces mots imprègnent désormais l’ensemble du programme, où ils sont encore plus omniprésents que le sont les sept forces de caractère de Seligman et Peterson à KIPP Infinity.

« Nous savons que la plupart de nos jeunes arriveront à l’université avec un niveau scolaire inférieur aux autres, m’expliqua Nelson un matin. Nous pouvons, certes, les aider à améliorer considérablement leurs résultats aux ACT. Mais il est peu probable qu’ils réussiront à combler l'écart sur ces tests, en raison du système scolaire dans lequel ils ont grandi. Pourtant nous savons aussi, et nous le leur disons, qu'il est possible de compenser ces disparités. La clé, ce sont ces cinq capacités de leadership. »

5. ACE TECH

Pendant quatre décennies, les Robert Taylor Homes dominèrent le South Side. La plus grande cité d'après-guerre de Chicago comptait 28 monolithes de béton s'étendant sur une bande de plus de 3 km coincée entre State Street et le Dan Ryan Expressway. Les immeubles commencèrent à se délabrer dès la fin de leur construction, au début des années 1960, et le quartier plongea très vite dans la violence et le chaos. Dans les années 1970 et 1980, les Robert Taylor Homes étaient considérés, selon le Chicago Housing Authority, comme « la pire zone des États-Unis[36] ». En 1980, un meurtre sur neuf à Chicago était commis sur ces 37 ha. À l'apogée de la cité, c'est-à-dire à son pire moment, les Robert Taylor Homes comptaient plus de 25 000 habitants, avec au moins deux tiers d'enfants, dont la grande majorité vivaient seuls avec leur mère grâce à l'aide sociale[37]. La cité a désormais disparu. Elle fut démolie dans le cadre du dernier projet de renouvellement urbain de Chicago, mais rien n'est venu la remplacer. Quand vous roulez sur State Street, il ne reste qu'un vide étrange là où se dressaient les tours. C'est une curieuse symphonie de mauvaises herbes et de béton ponctuée ici ou là de vieilles églises isolées ayant réussi à échapper à la démolition.

À l'extrême sud de cette longue bande de néant, sur 54th Street, quelques structures sont restées intactes – des maisons, pour la plupart condamnées ; un magasin de spiritueux ; une pizzeria ; un prêteur sur gages ; et la façade d'une église baptiste aujourd'hui fermée. Et puis, dans un bâtiment en briques bleues de deux étages juste au nord de la vieille église se dresse, incongru, un lycée : ACE

Tech Charter High School. Vu la désolation qui règne dans les environs, il est difficile d'imaginer voir quoi que ce soit de très positif dans ce bâtiment. Effectivement, ACE Tech n'a rien d'une école de la réussite : en 2009, à peine 12 % des *juniors* atteignaient ou dépassaient les normes des tests nationaux ; depuis son ouverture en 2004, l'école n'a jamais fait les « progrès annuels adéquats » fixés par la loi fédérale du No Child Left Behind. C'est à ACE Tech, peu après l'arrivée de Jeff Nelson en 2007, que OneGoal introduisit ses nouvelles méthodes. À commencer par un programme extrascolaire dans l'esprit de celui de Matt King : 2 heures par semaine pour une classe de *junior* et de *senior*. Puis, en 2009, Nelson instaura la version à plein-temps sur trois ans menée par un enseignant, qui est désormais la norme chez One-Goal. (C'est une coïncidence, mais peut-être une juste coïncidence, que ACE Tech ne se situe qu'à quelques pâtés de maison de DuSable High School, le lycée que Jonathan Kozol présenta dans *Savage Inequalities* comme le tragique contrepoint du lycée de Nelson de New Trier.)

La personne à l'initiative des deux programmes OneGoal à ACE Tech est Michele Stefl, une jeune professeur d'anglais trentenaire, qui grandit dans les banlieues au sud-ouest de Chicago et commença à enseigner à ACE Tech en 2005. Elle fit partie de la première vague d'enseignants sous contrat que Nelson engagea chez OneGoal peu après avoir lui-même accepté le poste de directeur exécutif. J'ai suivi une classe d'élèves OneGoal de Stefl tout au long de leur année de *senior*. Je l'ai observée les guider à travers le processus d'admission à l'université. Il y eut beaucoup de moments difficiles – expulsions, grossesses non désirées, candidatures rejetées –, mais dans le désert d'échecs qui caractérisait ACE Tech, la classe de Stefl ressemblait la plupart du temps à une oasis d'espoir et de perspectives.

Stefl n'avait pas une vision romantique de l'éducation ; elle était pragmatique, consciente des lacunes de l'école et du retard de ses élèves. Un matin, vers la fin de l'année de *junior*, elle aborda la question des lettres de motivation qui, dit-elle, seraient un élément essentiel de leurs candidatures à l'université. « Rappelez-vous qui sont vos concurrents, dit-elle. Vous êtes en compétition avec des jeunes qui ont des scores ACT supérieurs à trente. Vous êtes en compétition avec des jeunes qui, en toute honnêteté, ont reçu une meilleure éducation que beaucoup d'entre vous. Nous essayons de pallier, mais le niveau n'est pas encore celui qu'il devrait être. Ce n'est pas juste, nous sommes bien d'accord. » Elle montra un exemple de lettre. « C'est ce que vous devez dire. Vous devez parler des expériences qui vous ont menés là où vous êtes aujourd'hui. »

En sélectionnant sa classe de *sophomore* pour le programme OneGoal au printemps 2009, Stefl avait veillé à ne choisir ni les meilleurs élèves ni ceux issus de familles diplômées ; elle avait même fait un écrémage à l'envers : si un élève révélait qu'il avait un diplômé d'université dans sa proche famille, Stefl lui disait gentiment que le programme n'était pas fait pour lui mais pour ses camarades qui avaient moins de ressources et plus de besoins. L'une des plus grosses difficultés que rencontrait Stefl était de convaincre ses élèves OneGoal qu'ils avaient le potentiel pour réussir dans la vie, même si tout ce qu'ils voyaient chez eux et dans leur quartier tendait à prouver le contraire.

Quand je me trouvais dans la classe de Stefl, je repensais régulièrement aux recherches de Carol Dweck sur l'état d'esprit de développement. Dweck avait découvert que les élèves convaincus que l'intelligence est malléable obtenaient de meilleurs résultats que ceux qui étaient persuadés que c'est une caractéristique figée. Le projet de David Levin à KIPP à New York s'appuie essentiellement sur cette notion d'état d'esprit pour affirmer que le caractère est lui aussi malléable. Stefl semblait vouloir convaincre ses élèves que non seulement leur intelligence et leur caractère, mais aussi leur *destin*, étaient malléables ; que leurs résultats passés ne présageaient en rien de leurs résultats futurs. Elle ne prêchait pas une estime de soi vide de sens et ne se contentait pas de formuler des vœux pieux.

Elle disait à ses élèves qu'ils pouvaient faire beaucoup mieux, mais qu'il leur faudrait pour cela beaucoup de travail, de persévérance et de caractère.

Quand je parlai à Angela Duckworth du programme OneGoal, elle mit le doigt sur un élément auquel je n'avais pas pensé : la préparation aux ACT du cursus OneGoal permet de faire d'une pierre deux coups. D'un point de vue pratique, quelques points supplémentaires aux tests donnent aux élèves accès à plus d'universités de meilleur niveau. Et surtout, de meilleurs résultats à un test qui mesure ostensiblement l'intelligence ne font que renforcer et graver en mémoire le message propre à l'état d'esprit de développement : « Tu peux devenir plus intelligent. Tu peux faire mieux. »

Certains des élèves de Stefl prirent ce message plus à cœur que d'autres, qui semblaient continuer à ne pas croire qu'ils pourraient aller à l'université, – de même que certaines familles ne relayaient pas forcément le message de Stefl. Les extrêmes se côtoyaient. D'un côté, il y avait tel garçon admis à l'université de Purdue, mais que sa mère poussa à préférer le *community college* (en deux ans) du quartier pour qu'il ne s'éloigne pas de la maison. De l'autre, il y avait la confiante et optimiste Kewauna Lerma.

6. RÉSULTATS AUX TESTS

Quand je fis la connaissance de Kewauna au milieu de son année de *junior*, je fus épaté par le virage remarquable qu'avait pris sa vie : après une enfance difficile marquée par de multiples facteurs de risque et de nombreuses expériences négatives, elle avait traversé une période de délinquance au collège avant d'entamer un beau parcours au lycée, marqué par une détermination farouche à réussir à l'université et dans la vie. Pendant les deux années où nous fûmes en contact, sa vie à la maison ne fut jamais facile, et les finances familiales étaient toujours en péril – sa mère recevait 500 dollars par mois d'allocation handicapé. C'était, avec les bons alimentaires, l'unique revenu de la famille. Mais Kewauna semblait capable d'ignorer les difficultés quotidiennes liées à la pauvreté dans le South Side et de rester concentrée sur la perspective d'un avenir meilleur. « Personne ne veut d'une fille bête, me dit-elle lors de l'une de nos premières conversations, personne ne veut échouer. J'ai toujours voulu être comme ces femmes d'affaires qui se promènent avec leur sacoche, et à qui tout le monde dit : "Bonjour, Miss Lerma !" » Kewauna savait que pour mettre la main sur cette sacoche, il lui fallait au moins un *bachelor's degree*. Personne dans sa famille n'était jamais allé à l'université, mais elle était certaine qu'elle pourrait et qu'elle allait décrocher son diplôme.

À l'automne de son année de *senior*, Kewauna était totalement absorbée par les procédures d'admission à l'université. Elle partait de rien. Elle ne connaissait rien au système. Elle découvrait par exemple qu'il y avait à la fois une université DePaul et une université DePauw. En début d'année, elle avait tendance à en faire trop. Début septembre, elle me dit qu'elle prévoyait de postuler dans vingt-trois universités, dont certaines très compétitives comme Duke et l'université de Chicago. D'une certaine façon, Duke n'était pas un objectif entièrement déraisonnable pour Kewauna. En fin de *junior*, elle avait un bon bulletin – malgré une charge de travail considérable. Mais il y avait un problème : elle n'avait pas du tout réussi l'ACT.

À son premier ACT blanc, en début de *junior*, Kewauna avait obtenu 11 – un résultat très bas qui la plaçait dans le premier centile au niveau national, donc derrière 99 % des *juniors* américains. Elle s'entraîna dur pendant toute l'année, étudiant plusieurs heures par semaine sur un site en ligne appelé PrepMe avec lequel travaillait OneGoal. En avril, quand elle passa le test ACT officiel, elle se sentait beaucoup mieux préparée qu'au test blanc. La journée n'en fut pas moins décevante. Il y avait encore tant de choses qu'elle ignorait, même dans les parties qu'elle connaissait, qu'elle ne réussit pas à répondre aux questions aussi vite qu'elle l'aurait voulu. « Je suis sortie du test en pleurant, me dit-elle. J'ai dit à Miss Stefl que je ne pourrais jamais aller à l'université. Je m'en voulais tellement. » Un mois plus tard, elle recevait ses résultats. Elle avait obtenu un score de 15, soit une impressionnante progression de 4 points depuis le test blanc, mais qui ne la situait que dans le quinzième centile au niveau national. La moyenne des écoles publiques de Chicago est de 17 et la norme officielle pour l'admission à l'université est de 20[38]. Les étudiants qui entrent à Duke ont généralement plus de 30. (Le score maximum est de 36.)

Charles Murray aurait sans doute jugé les ambitions universitaires de Kewauna affligeantes. Dans *Real Education*, il affirme que seuls les 20 % d'élèves ayant obtenu les meilleurs résultats aux tests cognitifs devraient aller à l'université[39] ; dans l'idéal, seuls les 10 % les meilleurs devraient être admis. L'idée que quelqu'un qui se situe dans la seconde moitié du test d'aptitude standardisé, sans parler du dernier cinquième, comme c'était le cas de Kewauna, puisse sérieusement envisager d'aller à l'université lui paraîtrait, on l'imagine, pure folie. « Tant qu'il reste tabou de reconnaître que l'université n'est pas à la portée intellectuelle de la plupart des jeunes gens, nous continuerons de susciter des attentes follement irréalistes chez la nouvelle génération[40] », écrit Murray. Selon lui, les élèves qui, dans les tests cognitifs comme l'ACT, se situent dans le dernier tiers du classement ne sont pas capables de suivre des études supérieures ; ils ne sont « tout simplement pas assez intelligents pour maîtriser plus que les rudiments de la lecture et du calcul[41]. »

Mais Nelson n'est pas de l'avis de Murray. « Pour moi, l'ACT est un très bon indicateur de l'efficacité de l'éducation que vous avez reçue, me dit-il. Mais ce n'est pas un bon indicateur de l'intelligence. Le score moyen de nos élèves à leur arrivée ici tourne autour de quatorze, soit le dixième centile. Et je suis catégorique : je ne pense pas que 90 % des jeunes de cet âge sont vraiment plus intelligents que les jeunes avec lesquels nous travaillons. *Par contre,* je pense que 90 % de la population reçoit une meilleure éducation que celle que nos élèves ont reçue. »

Pour Nelson, la distinction est plutôt sémantique. Vous pouvez très bien appeler intelligence la qualité que mesure l'ACT, mais selon lui, quel que soit le nom que vous lui donniez, la capacité à obtenir un meilleur score au test n'est pas essentielle à la réussite à l'université. Pour affirmer cela, Nelson s'appuie sur les travaux de Melissa Roderick, sur le livre *Crossing the Finish Line* et sur les expériences des anciens élèves de OneGoal, qui fréquentent tous des universités jugées hors de portée de leurs scores ACT et réussissent mieux que leurs scores ACT n'auraient jamais permis d'imaginer. « Les compétences non cognitives comme la résilience, la débrouillardise et la détermination sont hautement prédictives de la réussite à l'université, me dit Nelson. Elles permettent à nos élèves de compenser certaines des inégalités qu'ils ont connues dans le système éducatif. Une élève comme Kewauna arrivera sur le campus avec des outils de réussite décisifs que d'autres n'ont pas. Ces compétences seront plus utiles pour arriver au diplôme qu'un bon score à l'ACT. »

7. LES AMBITIONS DE KEWAUNA

Quand Marla McConico, la mère de Kewauna, était en *junior*, à la fin des années 1980, elle passa l'ACT avec le reste de sa classe. Elle ne se souvient pas de son résultat exact, si ce n'est qu'il n'était pas très bon. « Quand j'ai reçu mes résultats, je me suis sentie nulle, me confia-t-elle un jour d'automne où je leur rendis visite, à elle et à sa fille. Je me suis dit : “Je ne peux pas aller à l'université avec ce résultat”. Et j'ai laissé tomber. »

Kewauna était proche de sa mère, mais leurs relations étaient souvent tendues. Elle semblait parfois choisir délibérément de faire l'exact opposé de ce que sa mère avait fait à son âge. À l'adolescence, sa mère était tombée amoureuse du père de Kewauna et avait par la suite pris une série de décisions irréfléchies ; Kewauna maintenait à distance son petit ami, déterminée à ne pas tenir compte de lui dans ses choix universitaires. Sa mère avait abandonné ses projets d'étude ; Kewauna gardait les yeux rivés sur les siens. Sa mère avait été découragée par son résultat à l'ACT ; Kewauna était déterminée à passer outre son mauvais score.

Mais en année de *senior*, le moral de la jeune fille s'assombrit dès l'automne. Quand je la vis mi-octobre, elle me parla de son avenir avec pessimisme. Elle avait commencé à recevoir les réponses de certaines des bourses auxquelles elle avait postulé et n'avait essuyé que des refus. Elle supposait que c'était à cause de ses faibles résultats à l'ACT. « Tout cela commence à me déprimer, me dit-elle. J'ai tellement travaillé sur chacune de ces demandes, et j'ai absolument besoin de cet argent pour aller à l'université. »

Ce jour-là, nous avons longuement parlé de ses années de collège à Plymouth, dans le Minnesota. Beaucoup de ses difficultés scolaires dataient du *sixth grade*. Cette année-là, ses mauvaises notes et son mauvais comportement lui avaient valu d'être placée dans une classe de remédiation appelée WINGS, pour Working Innovatively Now for Graduation Success. À Plymouth, les jeunes plaisantaient en disant qu'elle était appelée WINGS (« ailes ») parce que les enfants étaient assis en classe toute la journée à manger des ailes de poulet. « C'était exagéré, dit-elle – mais pas tant que ça. Nous ne faisions jamais *rien*. Cette classe était destinée aux enfants qui avaient besoin d'aide, mais on ne nous aidait pas du tout. On ne lisait pas. On ne travaillait pas. On jouait juste à des jeux vidéo, on regardait des films et on mangeait du pop-corn. C'était sympa, mais c'est aussi pour ça que j'ai du mal avec l'ACT aujourd'hui. C'est pour ça qu'on me refuse des bourses. Pendant ces deux ans, j'aurais dû apprendre la ponctuation, les figures de style et tout le reste. Quand ils en parlent aujourd'hui, ils disent : "Vous vous souvenez quand vous avez appris cela ? Et moi je me dis : "Non, je ne m'en souviens pas ! Je n'ai jamais appris tout ça." »

Un autre regret taraudait Kewauna : pendant sa première année de lycée à ACE Tech, elle avait gâché sa chance de se rattraper en séchant les cours, en faisant l'idiote et en traînant avec ses amis au lieu de travailler. Cette année-là, elle avait collectionné les mauvaises notes. Elle était même mauvaise en éducation physique. « Je ne pensais pas à l'avenir, me dit-elle. À l'époque, je voulais juste m'amuser. » Elle n'avait que 14 ans et elle pensait que rien n'était grave ; ce n'est qu'une fois en *sophomore*, quand elle commença à s'appliquer, qu'elle apprit que son GPA tenait compte des résultats de toutes les années de lycée. Ses notes de *freshman* affecteraient directement ses projets universitaires. Elle était donc déterminée à obtenir un GPA presque parfait en *junior* et en *senior* – faisant des devoirs pour avoir des points en plus et restant le soir après les cours pour se faire aider par ses professeurs. Elle parlait parfois du passé comme d'une tache sur son bulletin qu'elle ne parviendrait jamais à effacer.

Kewauna avait jeté son dévolu sur l'université d'Urbana-Champaign, le navire amiral du système universitaire public de l'Illinois. L'*U.S. News & World Report* la classait en treizième position des universités publiques du pays. Urbana est à 2 h 30 au sud de Chicago, apparemment la bonne distance pour Kewauna – pas assez loin pour avoir le mal du pays, mais suffisamment pour lui permettre d'être indépendante. Elle avait visité le campus lors d'un voyage de OneGoal en *junior* et elle avait adoré : la cour, les amphis, l'Applebee's du coin. « C'est mon rêve, mon choix numéro un, je les supplie de me prendre, me dit-elle. Si je ne peux pas y entrer, je pleurerai pendant au moins une semaine. »

Début février, Kewauna avait revu ses ambitions à la baisse. Elle avait postulé pour l'université de Chicago, l'université la plus prestigieuse de l'État, mais elle me dit qu'elle ne voulait plus y aller, même si elle était admise. Elle avait été admise dans deux des autres universités qu'elle avait sélectionnées, notamment l'université de l'Illinois de Chicago, mais elle avait espéré mieux. Elle n'avait pas abandonné tout espoir pour Urbana – qui restait son premier choix –, mais elle avait aussi clairement un second choix : la Western Illinois University, à Macomb, un peu moins compétitive qu'Urbana mais où les entrants affichaient quand même un résultat moyen à l'ACT de 21, bien au-delà de son score. Elle avait visité Western l'année précédente, et elle en avait conservé un bon souvenir : « Je suis tombée amoureuse de cette école, me dit-elle. Je me suis sentie vraiment bien là-bas. Les gens étaient sympathiques. Les dortoirs – tout était parfait. »

Cet hiver-là, sa vision de son avenir universitaire me parut plus sereine et portant sur un plus long terme que lors de notre première rencontre. « Si je n'obtiens pas l'un de mes premiers choix, c'est peut-être que ces universités ne sont pas faites pour moi, me dit-elle. Je serais déçue, mais je travaillerais dur où que j'aille, et peut-être qu'au bout d'un an ou deux, je pourrais être transférée dans l'un de mes premiers choix. » Elle décida aussi d'arrêter de se culpabiliser pour les erreurs qu'elle avait commises en *freshman*. « Je ne peux pas continuer à dire : "Oh mon dieu ! J'ai raté mon année de *freshman*", me dit-elle. C'est fait. J'ai fait ce que j'ai fait. Que cela me serve de leçon. Une fois à l'université, je vais veiller à ne pas refaire les mêmes erreurs. Je ne me relâcherai pas. Je planifierai mon temps. J'aurai un programme, je serai vraiment organisée, je serai concentrée et je fréquenterai les bonnes personnes. »

En février, Kewauna vécut dans l'angoisse. Elle ne cessait de vérifier ses mails, d'appeler les bureaux d'admission pour s'assurer qu'ils avaient tous les documents nécessaires. À la fin du mois, elle reçut une bonne nouvelle : elle avait été acceptée à Western Illinois. Ses faibles résultats à l'ACT lui valurent d'être inscrite dans un programme de soutien spécial qui prévoyait un tutorat et un accompagnement pendant la première année. Trois de ses amis proches d'ACE Tech étaient eux aussi admis à Western. Ils purent ensemble faire des projets pour se rendre à Macomb.

8. COMBLER LE FOSSÉ

Philip Babcock et Mindy Marks, deux économistes de l'université de Californie, ont examiné les statistiques de l'utilisation du temps par les étudiants des années 1920 à nos jours[42]. Ils ont découvert qu'en 1961, un étudiant passait en moyenne 24 heures par semaine à étudier en dehors des heures de cours. En 1981, ce chiffre était descendu à 20 heures, et en 2003 à 14 heures, soit deux fois moins que quarante ans plus tôt. Ce phénomène dépassait les frontières : « Le temps de travail a chuté pour les étudiants de tous les sous-groupes démographiques, écrivent Babcock et Marks, que les étudiants travaillent ou ne travaillent pas, quels que soient la discipline, l'université, le cursus, et le niveau de sélectivité. » Où sont passées toutes ces heures ? En socialisation et en loisirs essentiellement. Une autre étude menée auprès de 6 300 étudiants de premier cycle de l'université de Californie a montré que les étudiants passent aujourd'hui moins de 13 heures par semaine à étudier, contre 12 heures à fréquenter leurs amis, 14 heures à consommer du divertissement et à se livrer à divers loisirs, 11 heures devant leur ordinateur et 6 heures à faire du sport[43].

Pour de nombreux observateurs, ces statistiques sont alarmantes. Jeff Nelson, lui, y voit une chance pour ses élèves. Il se souvient de sa première année à l'université du Michigan. À l'époque, il faisait ce que beaucoup d'autres jeunes de la classe moyenne font au début de leurs études : il ne travaillait pas beaucoup. Pour certains élèves issus de milieux privilégiés, la première année est une année où ils boivent beaucoup ; pour d'autres, c'est l'année où ils font allégeance à une fraternité ou tentent d'écrire pour le journal des étudiants. Cette période n'est certainement pas toujours du temps perdu, mais elle n'apporte généralement pas grand-chose à l'avenir universitaire d'un étudiant. Nelson voit donc la première année d'université comme une « fenêtre magique » pour les élèves de OneGoal, une année « où ils peuvent radicalement combler le fossé de la réussite». Nelson m'exposa sa théorie lors de l'une de nos premières rencontres: «La première année est un moment unique. La plupart des jeunes qui n'ont pas eu de difficulté pour arriver à l'université se la coulent douce. Ou font la fête. Et à ce moment-là, si nos jeunes travaillent assidûment, s'ils tissent des relations avec leurs professeurs, s'ils étudient et utilisent toutes les compétences que nous leur avons appris à utiliser, ils peuvent combler le fossé. Combien de fois avons-nous vu tout à coup un jeune très en retard au lycée rattraper ses camarades en début de deuxième année?»

Ce premier automne à Western Illinois, Kewauna suivit des cours d'anglais, de mathématiques et de sociologie. Aucun n'était facile pour elle, mais elle eut encore plus de mal avec le cours d'introduction aux métiers de la santé. Le professeur était réputé, donc la salle était pleine, en majorité d'étudiants de fin de cycle. Le premier jour, Kewauna fit ce que Michele Stefl lui avait recommandé: elle se présenta poliment au professeur avant le cours, puis s'assit au premier rang, qui n'était occupé que par des étudiantes blanches. Les autres étudiants afro-américains avaient tous tendance à s'asseoir au fond. Kewauna était déçue. («C'est ce qu'ils *attendent* de toi, me dit-elle au téléphone cet automne-là. À l'époque de la lutte pour les droits civiques, si on vous disait de vous asseoir au fond, vous refusiez.»)

En cours, son professeur de biologie employait beaucoup de termes scientifiques que Kewauna ne connaissait pas. Elle mit donc au point une stratégie: à chaque fois qu'il utilisait un mot qui lui était inconnu, elle le notait et traçait une croix rouge à côté. À la fin du cours, elle attendait que tous les élèves souhaitant parler au professeur soient passés et revoyait avec lui un par un tous les mots marqués d'une étoile rouge en lui demandant des explications.

Kewauna passa beaucoup de temps avec ses professeurs. C'était une habituée des heures de permanence. Elle leur envoyait des e-mails dès que les devoirs ne lui semblaient pas clairs. Elle essaya également de se faire une ou deux connaissances dans chaque cours pour avoir quelqu'un à qui demander de l'aide au cas où elle ne pourrait pas joindre le professeur. Dans le cadre de son programme de soutien aux étudiants de première année, elle trouva un tuteur en écriture – elle avait toujours été « fâchée avec la grammaire », me dit-elle, mais aussi avec l'orthographe et la ponctuation – et elle s'astreignit à revoir tous ses devoirs avec son tuteur avant de les rendre. Enfin, en décembre, ayant le sentiment d'avoir assez progressé, elle rendit son dernier devoir d'anglais sans le relire avec son tuteur. Elle obtint un A.

Ce fut toutefois un semestre difficile pour Kewauna. Elle tirait constamment le diable par la queue et devait économiser sur tout. À un moment donné, n'ayant plus d'argent sur sa carte de cantine, elle ne mangea pas pendant deux jours. Elle avait l'impression de passer son temps à travailler. Chaque devoir était un défi. À la fin du semestre, elle passa trois nuits blanches d'affilée avant les derniers examens. Mais ses notes du semestre furent à la hauteur de son travail : deux B plus, un A, et un A plus en biologie. Quand je lui parlai, quelques jours avant Noël, elle semblait épuisée, mais fière. « Peu importe la difficulté, peu importe l'épuisement, il n'est pas question d'abandonner, dit-elle. Je ne suis pas du genre à baisser les bras. Quand je jouais à cache-cache dans mon enfance, je restais dehors jusqu'à huit heures du soir pour trouver quelqu'un. Je ne lâche jamais rien, quelle que soit la difficulté. »

Les notes de Kewauna s'améliorèrent au second semestre, et en fin de première année, son GPA atteignait 3,8 points. Il lui restait trois ans d'études – largement le temps pour que la situation tourne mal, pour des échecs, des erreurs et des crises. Mais elle semblait savoir où elle allait et pourquoi – c'en était presque troublant. Le plus remarquable chez Kewauna, c'était sa capacité à mobiliser sa prodigieuse capacité non cognitive – sa détermination, son caractère consciencieux, sa résilience, ou sa capacité à différer les gratifications – pour une récompense lointaine et presque abstraite pour elle. Elle ne *connaissait* aucune femme d'affaires ; elle ne connaissait même aucun diplômé d'université, à l'exception de ses professeurs. C'était comme si elle participait à une version longue de l'expérience du marshmallow, où elle devait choisir entre manger son marshmallow tout de suite ou travailler vraiment dur pendant quatre ans, économiser et compter tout le temps, veiller toutes les nuits, se battre, faire des sacrifices, avec pour objectif une pâtisserie raffinée dont elle avait à peine entendu parler, comme le mille-feuille. Miraculeusement, Kewauna opta pour le mille-feuille, même si elle n'en avait jamais mangé et ne connaissait même pas quelqu'un qui y avait goûté. Elle était juste persuadée que ce serait délicieux.

Tous les élèves de OneGoal ne font pas preuve de la même conviction. Et il faudra attendre encore quelques années avant de savoir si les compétences en leadership enseignées à Kewauna et à ses camarades seront suffisantes pour les mener au terme de ces quatre années d'études. Jusqu'ici, les chiffres de OneGoal sont assez bons. En mars 2012, sur les 129 élèves, dont Kewauna, sortis de dix lycées de Chicago qui commencèrent OneGoal en *junior* à l'automne 2009, 94 étaient inscrits dans des formations supérieures en quatre ans et 14 avaient intégré des formations supérieures en deux ans, soit une réussite totale de 84 %. Il restait donc 21 élèves qui n'avaient pas pris la voie universitaire : 12 avaient quitté OneGoal avant la fin du lycée, 2 s'étaient engagés dans l'armée après le lycée, 2 avaient obtenu leur diplôme du secondaire mais n'étaient pas allés à l'université et 5 étaient entrés à l'université mais avaient abandonné en première année. Les chiffres sont moins excellents mais restent néanmoins impressionnants pour la promotion pilote, lorsque OneGoal n'était encore qu'un programme extrascolaire hebdomadaire. Trois ans après leur sortie du lycée, 66 % des étudiants intégrés au programme en *junior* au lycée sont encore à l'université. Ces chiffres prennent toute leur importance quand on sait que les enseignants de OneGoal sélectionnent délibérément des élèves en difficulté qui ne semblent vraiment pas destinés à suivre des études supérieures.

Jeff Nelson serait le premier à admettre que ce qu'il a créé est loin d'être la solution idéale au dysfonctionnement généralisé de l'éducation américaine. Le mieux serait d'avoir un système d'enseignement et d'aide sociale qui *éviterait* aux adolescents du South Side d'avoir régulièrement deux, trois ou quatre ans de retard. Mais pour l'instant, OneGoal et les théories sur lesquelles il repose sont on ne peut plus précieux. Pour environ 1 400 dollars par an et par élève, ce programme transforme des adolescents en échec scolaire et en panne de motivation, issus de familles à faible revenu, en étudiants qui réussissent.

Chapitre 5

Une autre voie

1. DÉCROCHAGE

À l'automne 1985, alors que j'étais en première année à l'université de Columbia, dans le même état de fragilité que l'était Kewauna Lerma à l'automne 2011, je fis une chose que Kewauna était bien décidée à ne jamais faire : j'abandonnai mes études. À l'époque, c'était un choix lourd et déterminant, et ça l'est toujours. C'est d'ailleurs une décision que j'ai maintes fois réexaminée au cours des vingt-cinq dernières années et que j'ai souvent regrettée. J'y ai naturellement beaucoup repensé en travaillant sur ce livre. Parfois, pour être honnête, quand j'étais dans la salle 104 d'ACE Tech Charter High School avec Kewauna et les autres élèves de la classe de Michele Stefl à OneGoal, je me sentais un peu honteux face à ces élèves qui brûlaient de décrocher un diplôme universitaire. Je me pris souvent à regretter de ne pas avoir eu, à leur âge, leur sérieux et leur sens des responsabilités pour réfléchir à ce que j'attendais de mes années d'études.

Il ne m'a pas échappé que les chercheurs dont je parle dans ce livre – de James Heckman à Angela Duckworth en passant par Melissa Roderick et les auteurs de *Crossing the Finish Line* – ont souvent décrit le décrochage scolaire au lycée ou à l'université comme un symptôme de facultés non cognitives inférieures à la moyenne : manque de détermination, manque de persévérance, manque de capacités d'organisation. Je pense que je manquais vraiment de certaines de ces compétences essentielles au moment où je pris la décision d'abandonner mes études. Mais mon travail sur ce livre me fournit aussi une interprétation plus positive de cette décision. Mes conversations avec Dominic Randolph, proviseur de la Riverdale Country School, m'ont appris que l'échec – ou du moins le vrai risque d'échec – est souvent un pas décisif sur la voie de la réussite. Randolph s'inquiétait de voir ses élèves, pour la plupart issus de familles aisées, pris dans les rouages de la méritocratie américaine moderne, avec ses écoles privées, ses professeurs particuliers, ses universités de la Ivy League et ses carrières toutes tracées. Leur famille, leur école et même leur culture les privent de vraies opportunités de surmonter les épreuves, donc de forger leur caractère. « La détermination et le self-control se construisent par l'échec, soutient Randolph. Et aux États-Unis, dans la plupart des environnements scolaires privilégiés, personne n'échoue jamais. »

En septembre 2011, j'écrivis pour le *New York Times Magazine* un article sur KIPP, Riverdale et le caractère, article inspiré de mon travail pour le présent livre[1]. Il me valut un courrier inattendu de lecteurs, dont beaucoup me disaient adhérer aux idées de Randolph sur l'échec et la réussite. Certains relatèrent leur propre expérience sur le site Internet du *Times*. « Dave », par exemple, dit qu'il était l'un des enfants dont parle Randolph, ceux qui réussissent très bien aux tests et sont couverts d'éloges, mais ne développent jamais la détermination qui naît de la confrontation aux difficultés. « J'ai aujourd'hui 30 ans, écrit Dave, et je me demande souvent tout ce que j'aurais pu faire si je n'avais pas eu peur de l'échec, et si je ne m'étais pas systématiquement dérobé face aux expériences où mon succès n'était pas garanti[2]. »

Peu après la publication de l'article, alors que j'étais plongé dans mes recherches sur la persévérance à l'université, je repensai à ma décision d'abandonner mes études. Pourquoi avais-je pris cette décision ? Je ressortis une boîte de vieux papiers de cette époque à la recherche d'indices, et je découvris une lettre que j'avais pratiquement oubliée, une longue exégèse de ma décision que j'avais rédigée dans ma chambre de Columbia pendant le week-end de Thanksgiving cette année-là. Huit pages manuscrites. Je pris la lettre – maculée de taches de café mais encore lisible –, m'installai dans mon bureau et pris une profonde inspiration avant d'entamer la lecture. C'était, on peut l'imaginer, assez embarrassant. Il n'est pas âme plus tourmentée que celle d'un jeune homme de 18 ans sur le point de prendre une décision qui va changer le cours de sa vie. Mais j'étais content d'avoir retrouvé cette lettre, et malgré les passages d'immaturité adolescente, j'éprouvai une bonne dose de compassion pour les déchirements de mon jeune moi.

J'avais toujours été très bon élève au lycée. J'avais des bonnes notes et de bons résultats aux tests standardisés. À mon entrée à l'université, j'étais à la fois enthousiaste et désorienté, perdu au milieu d'un campus et d'une ville où je ne connaissais personne. J'étais content d'être à New York, mais je l'étais moins d'aller en cours. Même au lycée, à l'époque où j'étais un élève responsable, j'avais beaucoup douté de mon rapport à l'éducation formelle. J'avais un côté rebelle – à l'adolescence, je lisais Kerouac –, et comme des millions de lycéens rebelles avant moi, j'étais convaincu que ce que j'apprenais en cours n'avait pas vraiment d'importance. En ce jour de novembre à Columbia, je décidai que j'en avais assez. « On m'a instruit pendant quinze ans et trois mois, ce qui représente 84 % de ma vie, écrivais-je avec une précision toute caractéristique (je comptais à partir du premier jour de la maternelle). Aller à l'école, c'est tout ce que je sais faire. L'éducation est un jeu, et regardons la vérité en face : à ce jeu-là, je suis bon. Je connais les règles ; je sais jouer. Je sais même gagner. Mais j'en ai assez de jouer. Je veux empocher mes gains. »

Il est toujours difficile, écrivais-je à 18 ans, d'arrêter de faire quelque chose dont tout le monde dit que vous le faites bien, pour faire quelque chose que vous n'avez jamais essayé de faire. Mais c'était précisément ce dont j'avais besoin : être dans l'incertitude, me mettre en danger, faire quelque chose où je ne savais pas si j'allais réussir. Et ce que je voulais tenter, c'était un long voyage, une véritable odyssée : je prendrais une partie de l'argent que j'étais sur le point de dépenser en frais d'inscription, j'achèterais un vélo et une tente, et je partirais seul. J'irais d'Atlanta à Halifax, dormant dans des parcs ou dans les jardins de particuliers. C'était une idée saugrenue. Je n'avais encore jamais voyagé à vélo et je n'avais même jamais fait de balade à vélo seul. Je n'étais jamais allé dans le sud des États-Unis. Je n'étais pas non plus très doué pour parler aux inconnus. Mais c'était comme si j'avais une mission. J'avais l'intuition que j'en apprendrais plus sur les routes que sur le campus. « Ce sera peut-être un échec, un flop, un désastre aux proportions incalculables, écrivais-je. C'est peut-être la chose la plus irresponsable que je ferai jamais. Mais c'est peut-être aussi la plus responsable. »

Quelques jours après la parution de l'article sur KIPP et Riverdale dans le *New York Times Magazine*, je reçus l'e-mail d'un lecteur me conseillant de regarder le discours que Steve Jobs avait prononcé lors de la remise des diplômes à Stanford en 2005. Il y avait beaucoup de similitudes, disait-il, entre les idées de Jobs en matière d'échec et de caractère, et le débat que j'essayais de relayer dans mon article. Après la mort prématurée de Jobs, on reparla beaucoup de son discours de Stanford. Il l'avait prononcé quelques semaines avant sa mort, mais je ne l'avais jamais vu ni lu. Je cliquai sur le lien YouTube que le lecteur m'avait envoyé, et en voyant Jobs parler, je réalisai que je ne connaissais presque rien de sa vie. En écoutant son discours, j'appris qu'en première année d'université, Jobs avait abandonné ses études. C'était au Reed College, dans l'Oregon. Et croyez-moi, quand des décennies après avoir abandonné vos études, vous continuez d'essayer de justifier votre décision, rien n'est plus rassurant que d'apprendre que l'un des hommes d'affaires les plus brillants et les plus créatifs de notre époque a fait la même chose que vous. Et qui plus est, qu'il n'en éprouve aucun regret. Dans son discours, Jobs expliquait qu'abandonner ses études a été l'une des meilleures décisions qu'il avait prises[3]. Cette décision leur fut, à lui et à Apple, d'une utilité précise : libéré des contraintes, Jobs assista aux cours qui l'intéressaient plus que ses cours obligatoires, notamment la calligraphie et la typographie. « J'ai découvert les polices de caractère Sérif et Sans Sérif, j'ai appris à varier l'espace entre les caractères, j'ai compris ce qui fait la qualité d'une typographie, expliquait Jobs. Rien de tout cela n'avait la moindre once d'application concrète dans ma vie. » Jusqu'à ce que, dix ans plus tard, Steve Wozniak et lui conçoivent le Macintosh et décident d'inclure, pour la première fois, une typographie originale dans un micro-ordinateur. C'est ce détail qui aida le Mac à sortir du lot.

Ce qui me frappa le plus dans le discours de Jobs, ce fut toutefois le récit de son plus gros échec : son licenciement d'Apple, la société qu'il créa, juste après son trentième anniversaire. « Ce qui avait occupé toute ma vie d'adulte avait disparu, et j'étais dévasté, dit-il. C'était un échec retentissant. » Ce qu'il ne fut pas capable de voir à l'époque, dit-il, mais qu'il comprit plus tard, c'est que l'expérience d'un échec si spectaculaire lui permit de se réorienter et de s'atteler à ses plus grandes réussites : le rachat et la transformation de Pixar, son mariage et une nouvelle jeunesse chez Apple. Comme Jobs le dit dans son discours : « Le poids du succès fit place à la légèreté du débutant, moins sûr de tout. » C'était, je pense, exactement ce que je recherchais dans ma chambre de Columbia : la légèreté du débutant.

Un mois après avoir écrit ma lettre, je quittai l'université. J'achetai un vélo, une tente, un Camping-gaz et un vol aller simple pour Atlanta. De là, je pédalai jusqu'à Halifax, essuyant de nombreuses averses, crevant plusieurs fois et faisant d'étranges rencontres. Mon périple dura deux mois et, à la fin du voyage, j'avais le sentiment que c'était la meilleure chose que j'aie jamais faite. Je tentai de nouveau l'université quelques mois plus tard, dans mon Canada natal – à l'université McGill, pour être plus précis, là où dix ans plus tard Michael Meaney commencerait ses étonnantes découvertes sur les mamans rats et leurs habitudes de léchage. Trois semestres plus tard, je laissai de nouveau tomber mes études pour un stage au *Harper's Magazine.* Cette fois, ce fut définitif. Je ne retournai jamais à l'université, je n'obtins jamais de *BA* et je commençai timidement une carrière dans l'édition de presse et le journalisme. Je ne fondai pas Apple, ni même NeXt (l'autre société de Jobs, qui fut un échec), et pendant deux décennies, je continuai à me poser les mêmes questions que celles que je me posais dans ma chambre en résidence universitaire – dois-je faire ce pour quoi je suis bon ou ce que j'aime ? tenter ma chance ou jouer la sécurité ? Jusqu'à ce matin d'automne, vingt-quatre ans après avoir quitté Columbia, où j'abandonnai une autre prestigieuse institution new-yorkaise, le *New York Times,* là encore sans filet de sécurité. Cette fois-ci, l'étrange aventure que j'entreprenais n'était pas de traverser la moitié du pays à vélo mais d'écrire un livre. Ce livre.

2. ÉDUCATION À FORT LT

Aujourd'hui, quand je pense à la réussite et à l'échec, je pense moins à mes propres perspectives qu'à celles de mon fils, Ellington. Je me dis que je suis plus ou moins devenu ce que j'étais censé devenir. Mais Ellington ? Tout peut arriver. Quand j'ai commencé à travailler sur ce livre, il venait de naître. Et il aura trois ans quand le livre sortira. Les années que je consacrai à ce livre coïncident exactement avec la période de sa vie que les neuroscientifiques jugent la plus critique dans le développement de l'enfant. L'expérience de l'écriture – et surtout la découverte des recherches sur le cerveau dont je fais état au chapitre 1 – a profondément modifié ma vision de mon rôle de parent.

À la naissance d'Ellington j'étais, comme la plupart des parents préoccupés par l'hypothèse cognitive, inquiet qu'il ne réussisse pas dans la vie si je ne lui faisais pas écouter Mozart ni ne l'aidait à faire travailler son cerveau dès ses premiers jours, jusqu'à ce qu'il obtienne le score maximum à son test d'admission à la maternelle. Mais les chercheurs dont j'ai lu les travaux sur le cerveau m'orientèrent vers une autre piste. Oui, disaient-ils, ces premières années sont d'une importance capitale pour le développement du cerveau d'un enfant, mais les compétences les plus importantes qu'il acquiert pendant ces années-là ne s'enseignent pas avec des jeux de mémoire.

Je ne m'arrêtai pas subitement de me soucier de savoir si Ellington était capable de lire, d'écrire et de faire des additions. J'étais convaincu qu'il acquerrait tôt ou tard ces compétences, quoi que je fasse, simplement parce qu'il grandirait entouré de livres et que ses deux parents aimaient lire et étaient à l'aise avec les chiffres. Par contre, j'avais moins confiance dans ses compétences en caractère. Je sais, il est un peu ridicule d'employer le mot « caractère » pour parler d'un enfant aussi jeune. Je sais aussi que le développement du caractère d'un individu dépend de mystérieuses interactions entre la culture, la famille, les gènes, le libre arbitre et le destin. Mais à mon sens, la découverte majeure de cette nouvelle génération de neuroscientifiques est le lien puissant entre la chimie du cerveau du petit enfant et la psychologie de l'adulte. Ces scientifiques ont montré que, derrière ces qualités humaines complexes et nobles que l'on appelle caractère, se cache une banale interaction mécanique de certains produits chimiques dans le cerveau et l'organisme en développement des nourrissons. La chimie n'a certes rien à voir avec le destin. Mais ces scientifiques ont démontré que le moyen le plus sûr pour qu'un adulte soit courageux et curieux, gentil ou prudent, est de s'assurer que son axe hypothalamo-hypophyso-surrénalien fonctionne bien dans la petite enfance. Comment faire ? Ce n'est pas magique. Il faut premièrement le protéger le plus possible des traumatismes graves et du stress chronique. Puis, surtout, lui procurer une relation sûre et enrichissante avec au moins un parent, deux dans l'idéal. Ce n'est pas là tout le secret de la réussite, mais c'en est une part importante.

Quand Ellington était encore nourrisson, les recherches qui m'influencèrent le plus furent celles de Michael Meaney. C'est un peu embarrassant à admettre, mais quand je jouais avec mon fils, je pensais souvent aux bébés rats. Je passais beaucoup de temps à me demander exactement ce que signifiait être un parent à fort LT (léchage et toilettage). Je compris que les mamans rats à fort LT n'étaient pas des parents hélicoptères. Elles ne planaient pas avec anxiété au-dessus de leurs enfants. Elles ne passaient pas leur temps à les lécher et à les toiletter. Elles les léchaient et les toilettaient principalement dans une situation très précise : quand leurs bébés étaient stressés. On aurait dit qu'elles essayaient d'enseigner à leurs bébés, par la répétition, une compétence précieuse : apprendre à gérer l'inflammation de leurs systèmes de stress et à la réparer. Chez les bébés humains, l'équivalent est à mon avis d'être capable de se calmer après une colère ou une frayeur. C'est donc ce que je m'employai à essayer d'inculquer à Ellington. Soyons clair, je ne léchais pas mon fils. Pour être honnête, je ne le toilettais pas non plus beaucoup. Mais s'il existe un équivalent humain au léchage et au toilettage, il consiste à réconforter, à prendre dans ses bras, à parler et à rassurer. Ma femme, Paula, et moi l'avons beaucoup fait quand Ellington était petit. Je pense que ces gestes auront beaucoup plus d'impact sur son caractère, mais aussi sur son bonheur et sa réussite, que n'importe quoi d'autre.

Quand Ellington a commencé à grandir, je compris, comme d'innombrables parents avant moi, que l'amour et les câlins ne suffisaient pas. Il avait aussi besoin de discipline, de règles et de limites ; de quelqu'un qui lui dise non. Et ce dont il avait encore plus besoin, c'était d'épreuves de son âge, d'occasions d'échouer et de se remettre seul, sans aide. C'était plus difficile pour Paula et moi – cette attitude nous venait moins naturellement que les câlins et les gestes de réconfort. Je sais que ce n'est que le début d'un long combat que nous devons livrer, comme tous les parents, entre notre désir de pourvoir à tous ses besoins et de le protéger, et la certitude que si nous voulons vraiment qu'il réussisse, nous devons d'abord le laisser échouer. Plus précisément, nous devons l'aider à apprendre à *gérer* l'échec. Cette idée – qu'il est important d'apprendre à gérer et à tirer les leçons de nos échecs – est le fil conducteur de ce livre. C'est un domaine dans lequel excelle Elizabeth Spiegel. Elle sait que ses élèves subiront de nombreuses défaites, comme tous les joueurs d'échecs. Pour elle, son travail ne consiste pas à prévenir ces revers, mais à apprendre à ses élèves à tirer les leçons de chaque défaite, à regarder leurs défaites avec honnêteté, sans ciller, et à se demander exactement pourquoi ils ont échoué. S'ils y parviennent, pense-t-elle, ils feront mieux la fois suivante. Comme Steve Jobs chez Apple la deuxième fois.

Quand je discutais avec les enseignants et les administrateurs de la Riverdale Country School et, plus tard, avec les nombreux parents, enseignants et anciens élèves des écoles privées qui avaient lu mon article du *Times Magazine* sur le caractère et qui voulaient en parler, leur plus grosse inquiétude était précisément que leurs enfants soient tellement surprotégés qu'ils ne développent pas la faculté de surmonter l'échec et d'en tirer les enseignements. Pendant mes entretiens à Riverdale, j'avais souvent le sentiment de me heurter à une anxiété omniprésente, au sein des milieux les plus favorisés, un sentiment que quelque chose avait mal tourné sur la voie traditionnelle de la méritocratie américaine, que les jeunes sortaient diplômés de nos institutions les plus prestigieuses avec d'excellents diplômes et d'excellentes compétences pour réussir les tests, mais pas grand-chose d'autre qui leur permettrait de faire leur chemin dans la vie. De nos jours, il y a moins d'entrepreneurs qui sortent des meilleures universités, moins d'iconoclastes, moins d'artistes, moins de tout, en fait, sauf de banquiers d'investissement et de consultants en management[4]. En 2010, selon le *New York Times,* 36 % des jeunes diplômés de Princeton sont partis travailler dans la finance et 26 % dans une catégorie qu'à Princeton on appelle les services – en majorité le conseil en management[5]. En d'autres termes, plus de la moitié de la promotion travaille dans les banques d'investissement et le conseil – malgré la quasi-faillite du secteur de la finance en 2008. (Avant la crise économique, ces deux secteurs attiraient presque 75 % des diplômés de Princeton.)

Pour certains analystes, le fait d'envoyer autant de jeunes très brillants dans des professions qui ne sont guère réputées pour leur niveau d'épanouissement personnel ou la profondeur de leur éthique sociale n'est que le prolongement du phénomène dont tant d'enseignants de Riverdale m'ont parlé : ces enfants, qui ont beaucoup travaillé mais n'ont jamais eu à prendre une décision difficile ou à affronter une vraie épreuve, entrent dans la vie adulte compétents mais perdus. En 2010, le professeur de droit James Kwak posta sur son blog un article intéressant sur le sujet intitulé : « Why Do Harvard Kids Head to Wall Street[6] ? » (« Pourquoi les diplômés de Harvard vont-ils à Wall Street ? ») Comme beaucoup de ses camarades, Kwak alla travailler comme consultant en management. Il expliqua que si cette voie est tant prisée, ce n'est pas pour l'argent – même si ce critère n'est pas à négliger. C'est surtout que, pour ces diplômés privilégiés, l'entrée est tellement facilitée par les sociétés qui les recrutent qu'il est difficile de résister.

Actuellement, un étudiant de premier cycle de Harvard, écrit Kwak, « est plus motivé par la peur de ne pas réussir que par le désir de faire quelque chose en particulier ». Les choix des étudiants de la Ivy League, explique-t-il, « sont motivés par deux grandes règles décisionnelles : 1) se fermer le moins de portes possibles ; 2) ne faire que des choses qui améliorent les perspectives de progression. » Dans les banques d'investissement et les sociétés de conseil, les recruteurs le savent et exploitent à merveille la situation : les postes sont compétitifs et prestigieux, mais la procédure de candidature et d'acceptation est réglementée et prévisible. Les recruteurs font également valoir aux étudiants que s'ils entrent chez Goldman Sachs, chez McKinsey ou toute autre société du même type, ils ne font pas vraiment un *choix* – ils vont juste passer quelques années à gagner de l'argent et peut-être, suggèrent-ils, à faire quelque chose de bien sur cette terre[7]. Puis, à un moment donné, ils décideront *réellement* de ce qu'ils veulent faire et de qui ils veulent être. « Pour ceux qui ne savent pas comment décrocher un emploi dans l'économie, écrit Kwak, et qui ont conclu chacune des phases de leur vie par un test leur ouvrant les portes de l'option la plus prestigieuse dans la phase suivante, les choses se font naturellement. »

3. UN AUTRE DÉFI

Pour un étudiant en premier cycle à Harvard, des forces de caractère fragiles risque de déboucher sur un emploi peu passionnant dans une banque d'investissement. Mais pour un adolescent du South Side de Chicago, elles peuvent conduire à la prison ou au mieux à la Vivian E. Summers Alternative High School. S'il est difficile de prétendre qu'il incombe à la société d'aider les diplômés de la Ivy League à exploiter tout leur potentiel, il faut convenir qu'elle a un rôle à jouer dans la réussite des enfants qui grandissent dans la pauvreté et l'adversité. Les libéraux et les conservateurs sont opposés à toute politique d'aide aux familles issues de milieux défavorisés, mais tous s'accordent à dire que le gouvernement doit faire *quelque chose.* Aider à soulager l'impact de la pauvreté et fournir aux jeunes l'occasion d'y échapper, c'est l'une des missions essentielles d'un gouvernement, au même titre que la construction de ponts et la protection des frontières. Les chiffres d'un sondage du Pew Research Center montrent que la plupart des Américains sont d'accord sur cette question[8]. Le soutien public à l'aide aux plus démunis a beau avoir fléchi depuis 2008, comme c'est généralement le cas en période de crise économique, une nette majorité d'Américains continuent d'adhérer à l'idée que le gouvernement doit garantir que chaque citoyen ait de quoi manger et un endroit pour dormir et qu'il est de sa responsabilité de prendre soin de ceux qui ne peuvent pas prendre soin d'eux-mêmes. Et quand la question est formulée en terme d'*opportunité*, le consensus est encore plus net et plus marqué : depuis 1987, date à laquelle Pew commença ce sondage, entre 87 et 94 % des personnes interrogées à chaque sondage se dirent d'accord avec l'affirmation : « Notre société doit faire le nécessaire pour s'assurer que chacun ait les mêmes chances de réussir. »

Les Américains restent certes attachés au principe d'aide aux moins chanceux, mais quelque chose a bel et bien changé ces dernières décennies : ce qui faisait jadis l'objet d'un débat passionné, à savoir quels sont les meilleurs moyens de combattre la pauvreté, a été pratiquement réduit au silence. Dans les années 1960, la pauvreté était une question publique majeure. Aucun intellectuel ne pouvait se permettre de ne pas s'exprimer sur le sujet. Sous l'administration Johnson, tous les jeunes ambitieux de Washington rêvaient d'entrer à l'Office of Economic Opportunity, le quartier général de War on Poverty. Dans les 1990, il y eut de nouveau un vif débat public sur la pauvreté, en grande partie centré sur la question de la réforme de la protection sociale. Mais aujourd'hui, ces débats ont cessé. Nous avons un président démocrate qui a consacré le début de sa carrière à lutter contre la pauvreté, travaillant dans les mêmes quartiers que ceux dans lesquels travaillent aujourd'hui les ambassadeurs YAP – où ils font d'ailleurs plus ou moins le même travail. Mais depuis qu'il est président, il a passé moins de temps à parler de pauvreté que n'importe lequel de ses récents prédécesseurs démocrates.

Pourtant, la pauvreté n'a pas disparu. Loin de là. En 1966, au plus fort de la campagne War on Poverty, le taux de pauvreté était juste au-dessous de 15 % ; en 2010, il était de 15,1 %[9]. Chez les enfants, l'augmentation est nettement plus marquée : en 1966, le taux de pauvreté était juste au-dessus de 17 %, alors qu'il atteint aujourd'hui 22 %[10]. Ce qui signifie qu'entre un cinquième et un quart des enfants américains grandissent dans la pauvreté.

Si la pauvreté est encore plus grave aujourd'hui que dans les années 1960, pourquoi avons-nous cessé d'en parler – en public du moins ? La réponse vient en partie de l'attitude des intellectuels. La War on Poverty a laissé de profondes cicatrices sur les intellectuels qui l'ont menée. Les conseillers politiques sont victimes d'une sorte de trouble du stress post-traumatique. Le président Kennedy parla de mettre un terme à la pauvreté en même temps qu'il promit d'envoyer un homme sur la Lune. Le début des années 1960 fut une période de grand optimisme et de grand espoir à Washington. Les missions Apollo répondirent à cet espoir. Elles furent d'immenses triomphes nationaux qui firent passer le message suivant : si la nation s'attelle à un problème, nous pouvons le résoudre.

Sauf que nous n'avons pas résolu la pauvreté. Certaines des interventions de la War on Poverty ont prouvé leur efficacité, mais beaucoup ont échoué – et, plus encore, ont semblé faire plus de mal que de bien. Pour ceux qui pensent que les gens intelligents qui travaillent au gouvernement peuvent résoudre les grands problèmes, la pilule est amère. Il est difficile d'admettre que la lutte contre la pauvreté s'est avérée beaucoup plus difficile qu'on ne le croyait – et encore plus douloureux d'admettre que, quarante-cinq ans plus tard, nous ne savons toujours pas vraiment quoi faire.

Ces dix dernières années, un autre phénomène est venu expliquer la disparition du débat sur la pauvreté : il a fusionné avec le débat sur l'éducation. L'éducation et la pauvreté étaient jusque-là deux sujets de politique publique distincts. Il y avait d'un côté un débat sur les programmes de mathématiques et d'anglais et de l'autre un débat sur les cités, la faim dans le monde, la protection sociale et le renouveau urbain. Aujourd'hui, ces deux sujets se résument de plus en plus à un seul et même débat sur l'écart de réussite entre les riches et les pauvres – sur la réalité de la situation américaine où, globalement, les enfants qui grandissent dans les familles pauvres obtiennent de très mauvais résultats scolaires.

Plusieurs raisons expliquent cette fusion. La première remonte à *The Bell Curve,* le livre controversé sur le QI publié en 1994 par Charles Murray et Richard Herrnstein[11]. Malgré une conclusion erronée – à savoir que les différences raciales aux tests d'aptitude sont très probablement le résultat de différences génétiques entre les races –, *The Bell Curve* portait un regard nouveau sur les résultats scolaires et les résultats aux tests d'aptitude, qu'il jugeait « annonciateurs » de toutes sortes d'événements à venir : jusqu'où vous poursuivriez vos études et combien vous gagneriez en débutant dans la vie active, mais aussi si vous commettriez des délits, si vous consommeriez des drogues, si vous vous marieriez et si vous divorceriez. Ce que *The Bell Curve* montra, c'est que les enfants qui obtiennent de bons résultats à l'école ont tendance à réussir dans la vie, qu'ils viennent ou non d'un milieu pauvre. D'où l'idée – qui séduisit les réformateurs de tous bords – que si nous parvenons à aider les enfants pauvres à améliorer leurs compétences et leur cursus scolaire, ils pourront sortir par eux-mêmes du cycle de la pauvreté, sans aide financière supplémentaire.

Au début des années 2000, cette idée fit son chemin, portée par deux phénomènes majeurs. Le premier fut le passage de la loi No Child Left Behind en 2001. Pour la première fois, une loi obligeait les États, les villes et les écoles à rassembler des données détaillées sur les résultats de leurs élèves – à ne plus recenser seulement la population étudiante dans son ensemble mais aussi les sous-groupes : les élèves issus des minorités, les élèves issus de milieux défavorisés, les non-anglophones. Quand les chiffres commencèrent à tomber, il fut impossible de nier l'écart de réussite qu'ils révélaient. Dans chaque État, dans chaque ville, à tous les niveaux, dans presque toutes les écoles, les élèves issus de foyers à bas revenu obtenaient des résultats beaucoup moins bons que les élèves issus des classes moyennes – en fin de collège, ils avaient en moyenne deux ou trois ans de retard. Et l'écart de réussite entre les riches et les pauvres se creusait davantage chaque année[12].

L'autre phénomène fut l'émergence d'un groupe d'écoles qui semblaient défier cet écart de réussite : les écoles KIPP et autres écoles sorties du même moule, comme Amistad Academy à New Haven, Roxbury Prep à Boston et North Star Academy à Newark. Les premiers résultats étonnants obtenus par les élèves de David Levin ou Michael Feinberg marquèrent l'imagination du public. Ces enseignants semblaient avaient trouvé un modèle reproductible et fiable de réussite dans les écoles des quartiers défavorisés.

Ces trois faits menèrent ceux qui se souciaient de lutter contre la pauvreté au raisonnement suivant : premièrement, les résultats aux tests d'aptitude en disent long sur l'avenir d'un individu, quel que soit son milieu. Deuxièmement, les enfants des foyers à bas revenu font beaucoup moins bien aux tests d'aptitude que les enfants des foyers à revenu moyen et supérieur. Troisièmement, certaines écoles, grâce à un modèle très différent de celui des écoles publiques traditionnelles, réussissent à améliorer considérablement les résultats aux tests d'aptitude des enfants issus de milieux défavorisés. Donc, si nous parvenons à reproduire à l'échelle nationale le succès de ces écoles, nous ferons un grand pas dans la lutte contre l'impact de la pauvreté sur la réussite des enfants.

C'était un regard très nouveau sur la pauvreté. Et c'était passionnant pour beaucoup, en particulier parce que, jusqu'à présent, *rien* de ce qui avait été tenté n'avait vraiment marché. Nous avions essayé les allocations aux mères démunies, nous avions essayé les aides au logement, nous avions essayé la scolarisation précoce des plus pauvres, nous avions essayé la police de proximité. Dans la plupart des cas, les enfants issus de milieux pauvres ne parvenaient pas améliorer leurs résultats. Pour une fois, il semblait que si nous pouvions rendre les écoles publiques plus efficaces – beaucoup plus efficaces –, elles pourraient devenir une arme anti-pauvreté plus puissante que tout ce que nous avions essayé jusque-là. C'était une idée nouvelle, qui donna naissance au mouvement pour la réforme de l'éducation.

4. UN NOUVEAU TYPE DE RÉFORME

Au tout début du mouvement, ses partisans n'avaient pas réellement décidé de l'orientation à donner à leur action. Ils partageaient une vision commune – celle d'un paysage composé d'écoles aussi efficaces pour les enfants défavorisés que les écoles KIPP –, mais ils n'étaient pas d'accord sur les mécanismes les mieux placés pour les aider à transformer cette vision en réalité. Fallait-il un cursus national ? Plus de *charter schools* ? Moins d'élèves par classe ? Aujourd'hui, dix ans plus tard, les réformateurs se sont surtout mis d'accord sur un point précis : la qualité des enseignants. La plupart des partisans de la réforme font le même constat : trop d'enseignants ne font pas leur maximum, en particulier dans les écoles situées dans des quartiers de grande pauvreté, et le seul moyen d'améliorer les perspectives des élèves de ces écoles est de changer le mode de recrutement, de formation, de rémunération et de licenciement des professeurs[13].

Ce point de vue s'appuie sur une poignée de travaux de recherche publiés à la fin des années 1990 et au début des années 2000 par des économistes et des statisticiens, dont Eric Hanushek, Thomas Kane et William Sanders[14]. Ils affirment qu'il est possible d'identifier, grâce à une méthode statistique dite de la valeur ajoutée, deux groupes distincts d'enseignants : ceux qui ont régulièrement amélioré les résultats de leurs élèves et ceux dont les élèves ont systématiquement régressé. Cette idée a donné naissance à une théorie du changement : si un mauvais élève issu d'un foyer à bas revenu est suivi pendant plusieurs années d'affilée par un enseignant de qualité, ses résultats devraient s'améliorer continuellement et cumulativement, et au bout de trois, quatre ou cinq ans, il devrait rattraper l'écart de réussite qui le sépare des élèves qui réussissent. On peut même avancer que si le système scolaire et les contrats des enseignants pouvaient être remaniés pour permettre à *chaque* élève de foyer à bas revenu d'avoir un enseignant très compétent, il serait tout simplement possible de combler cet écart de réussite.

Ces dernières années, cette théorie a fait des émules au plus haut niveau de l'État. En matière d'éducation, la principale mesure de l'administration Obama a d'ailleurs été d'inciter les États à réécrire ou à revoir leur législation sur la profession d'enseignant. De nombreux États ont accepté l'offre du gouvernement fédéral. Résultat : divers systèmes de rémunération, d'évaluation et de titularisation des enseignants sont actuellement expérimentés, sous diverses formes, dans des écoles de tout le pays. Dans le même temps, la Gates Foundation, qui consacre plus de fonds à l'éducation que n'importe quelle autre fondation, a lancé un projet de recherche de 300 millions de dollars appelé Measures of Effective Teaching. Son but ? Essayer d'apporter une réponse définitive à des questions telles que : qu'est-ce qu'un bon enseignement ? et comment créer un meilleur corps enseignant au niveau national ?

Le consensus qui unit les réformateurs ne doit pas masquer la controverse qu'a suscitée le débat national sur la qualité des enseignants. Les syndicats d'enseignants, surtout, y voient une tentative à peine masquée de saper les garanties professionnelles pour lesquelles ils se sont battus au cours des dernières décennies. Quelle que soit votre position en matière de syndicats, il faut admettre que les études menées sur les enseignants ne sont pas concluantes. Premièrement, nous ne savons pas encore comment prédire de manière fiable qui sera un excellent enseignant d'une année sur l'autre. Il arrive que des enseignants apparemment incompétents fassent soudain des merveilles avec leurs élèves. À l'inverse, il arrive que de brillants enseignants se laissent aller[15]. Et deuxièmement, nul ne sait si une succession d'excellents enseignants aura un effet positif cumulatif sur les performances des élèves issus de foyer à bas revenu. Il *semble* raisonnable de penser qu'avoir un excellent enseignant trois ans d'affilée améliore les résultats d'un élève trois fois plus que l'avoir seulement un an – mais ce n'est peut-être pas le cas.

L'impact s'estompe peut-être au bout d'un an. Jusqu'ici, aucune preuve n'a été apportée, ni dans un sens, ni dans l'autre.

Il est vrai que le système tend depuis des années à affecter les enseignants les moins capables aux élèves qui ont le plus besoin d'un enseignement d'excellence. C'est un vrai problème. Nous avons laissé la réforme de la titularisation des enseignants devenir le pivot de notre effort national d'amélioration de la vie des enfants défavorisés. Pourtant, il était clair dès les premiers articles, ceux de Hanushek et de ceux qui sont actuellement cités par les défenseurs de la réforme, que la qualité des enseignants compte probablement pour moins de 10 % dans l'écart entre les bons et les mauvais élèves[16].

C'est l'inconvénient de la fusion du débat sur l'éducation et du débat sur la pauvreté – elle vous détourne du vrai problème. Vous pensez que la question importante est « Comment améliorer la qualité des enseignants ? », alors que ce n'est en réalité qu'une petite partie de la question beaucoup plus vaste et profonde qui est : « Que pouvons-nous faire en tant que pays pour améliorer sérieusement les chances de millions d'enfants pauvres ? »

Et à l'heure où le débat sur la pauvreté a été noyé dans celui sur la réforme de l'éducation, nous avons perdu de vue un autre élément important : les réformes scolaires les plus populaires, notamment la création des excellentes *charter schools*, semblent souvent mieux fonctionner avec les enfants pauvres les plus capables qu'avec les enfants les moins capables. Le problème est que la simplification dont le Département fédéral de l'Éducation use pour définir les besoins financiers a tendance à masquer ce fait. Le seul indicateur officiel de la situation économique d'un élève d'école publique américaine est son droit à une allocation déjeuner, une aide gouvernementale offerte à toute famille dont le revenu annuel se situe sous les 185 % du seuil de pauvreté, soit 57 000 dollars (41 348 euros) en 2012 pour un foyer de quatre personnes[17]. Quand une réforme ou une école se vante d'améliorer les chances des élèves issus de foyers à bas revenu, nous devons donc nous souvenir que ce que le département de l'Éducation désigne comme bas revenu concerne environ 40 % des enfants américains[18], y compris ceux qui grandissent dans des familles que beaucoup d'entre nous définiraient comme la classe ouvrière, voire la classe moyenne. (Dans les écoles publiques de Chicago, seul 1 élève sur 8 n'a *pas droit* à l'allocation déjeuner[19].) Parmi les élèves issus de familles à bas revenu telles que les définit le département de l'Éducation, environ la moitié est vraiment pauvre, c'est-à-dire vit sous le seuil de pauvreté. Et la moitié d'entre eux, soit 10 % de tous les enfants américains, grandit dans des familles qui vivent avec moins de la moitié du revenu définissant le seuil de pauvreté[20]. Pour un foyer de quatre personnes, cela signifie un revenu inférieur à 11 000 dollars (8 000 euros) par an[21].

Chacun des quelque 7 millions d'enfants américains qui grandissent dans une famille gagnant moins de 11 000 dollars par an est confronté, pour réussir à l'école, à des obstacles nombreux et importants que les enfants des familles gagnant 41 000 dollars par an ne connaissent probablement pas[22]. Ce sont des considérations financières simples – leur famille ne peut probablement pas se permettre d'avoir un logement décent ou une bonne alimentation, sans parler de vêtements neufs, de livres ou de jeux éducatifs. Mais les obstacles les plus graves à l'apprentissage dépassent très probablement ce que leur famille peut ou ne peut pas acheter. Si cette famille gagne aussi peu d'argent, il est presque certain qu'aucun adulte ne travaille à plein-temps dans le foyer. Peut-être simplement parce que les emplois sont rares, mais peut-être aussi parce que l'un des parents, voire les deux, souffre de handicap, de dépression ou de toxicomanie. Statistiquement, l'enfant est probablement élevé par une mère célibataire peu instruite. Les statistiques montrent aussi que ce parent a sans doute fait l'objet d'un signalement auprès d'une agence de protection de l'enfance suite à des soupçons de maltraitance ou de négligence.

Les neuroscientifiques et les psychologues ont démontré que les jeunes grandissant dans ces foyers ont plus de risques d'avoir un grand nombre d'ACE et moins de chances de nourrir envers leurs parents le type d'attachement qui les protège contre les effets du stress et des traumatismes ; ils risquent donc d'avoir des compétences en fonctions exécutives inférieures à la moyenne et d'avoir des difficultés à gérer les situations de stress. En classe, ils souffrent d'un manque de concentration, de problèmes relationnels, d'une incapacité à rester assis calmement et à suivre les règles – ce que beaucoup d'enseignants assimilent à un « mauvais comportement ».

Les besoins de ces enfants sont immenses. Pourtant, les réformes du système scolaire n'ont jamais vraiment réussi à mettre en place des actions efficaces pour eux. Par contre, elles ont beaucoup mieux réussi à instaurer des mesures efficaces pour les enfants issus de foyers un peu plus aisés gagnant 41 000 dollars par an. En fait, *nul* n'a trouvé de moyen fiable pour aider les enfants vivant dans la grande pauvreté. Nous n'avons fait que créer un système incohérent et disparate d'agences gouvernementales et de programmes qui les suivent au petit bonheur la chance de l'enfance à l'adolescence.

Ce réseau dysfonctionnel débute dans les cliniques Medicaid bondées et se poursuit dans les bureaux des services sociaux et de la protection de l'enfance ou aux urgences hospitalières. Une fois les enfants scolarisés, le système les oriente vers l'éducation spéciale, les classes de remédiation et les écoles alternatives. Ensuite, il y a les programmes GED et les cours de rattrapage sur Internet, qui trop souvent permettent d'obtenir un diplôme à la sortie du secondaire sans en avoir les compétences. En dehors de l'école, le système comprend des foyers d'accueil, des centres de détention pour jeunes et des agents de probation.

Au sein de ce système, seuls quelques organismes ont la chance de bénéficier d'une gestion très efficace ou d'un personnel particulièrement compétent (il n'existe pas d'équivalent Teach for America chargé de recruter des jeunes diplômés de l'université passionnés et idéalistes pour travailler pour eux), et leurs efforts sont rarement coordonnés. Pour les enfants et les familles impliqués, traiter avec ces organismes est souvent frustrant, aliénant, voire humiliant. Le système dans son ensemble est coûteux et incroyablement inefficace, et le taux de réussite très bas ; presque aucun des enfants qui passent par ce système dans l'enfance n'obtient un diplôme universitaire ou n'importe quel autre marqueur d'une vie heureuse et réussie : bonne carrière, famille intacte et foyer stable.

Pourtant, nous pourrions concevoir un système entièrement différent pour les enfants confrontés chez eux à des difficultés profondes et permanentes. À commencer par un vaste centre de bien-être pédiatrique, comme celui que Nadine Burke Harris est occupée à construire à Bayview-Hunters Point, où chaque visite médicale pourrait être accompagnée d'une prise en charge des traumatismes et d'un soutien des services sociaux. Des interventions éducatives pourraient améliorer les chances d'attachement sécure, comme le programme Attachment and Biobehavioral Catch-up, ou ABC, mis au point à l'université du Delaware. À la crèche, un programme du type Tools of the Mind pourrait venir stimuler les fonctions exécutives et l'autorégulation chez les jeunes enfants. Nous voudrions nous assurer que ces élèves sont scolarisés dans de bonnes écoles, bien sûr, pas de celles qui les envoient en classe de remédiation, mais de celles qui les incitent à mieux travailler. Et cette aide pédagogique en classe devrait être accompagnée de soutien social et psychologique et d'aide au caractère hors de la classe, comme ceux qu'Elizabeth Dozier a mis en place à Fenger ou qu'une association baptisée Turnaround for Children (Changement de cap pour les enfants) propose dans plusieurs écoles défavorisées de New York et de Washington. Au lycée, ces mêmes élèves pourraient bénéficier d'un programme inspiré de One-Goal et KIPP Through College qui les orienterai vers l'enseignement supérieur et tenterai de les préparer à l'université non seulement sur le plan scolaire, mais aussi sur le plan émotionnel et psychologique. Un tel effort de coordination ciblant les 10 à 15 % d'élèves affichant le plus grand risque d'échec serait sans doute coûteux, mais pas plus que l'actuel système. En plus, il épargnerait non seulement des vies mais aussi de l'argent, et dès aujourd'hui.

5. LA POLITIQUE DU HANDICAP

L'influence de la famille sur la réussite et l'échec des enfants pauvres est un sujet délicat. Les réformateurs de l'éducation préfèrent situer les principaux obstacles à la réussite au sein même du système scolaire et ne jurent que par l'idée que les solutions se trouvent également dans les salles de classe. Les sceptiques, au contraire, attribuent souvent les mauvais résultats des enfants issus de familles à bas revenu à des facteurs non scolaires. Mais quand ils énumèrent ces facteurs – j'en ai lu des listes et des listes –, ils ont tendance à mettre de côté ceux qui ont un rapport avec le fonctionnement familial. Ils préfèrent citer des facteurs largement impersonnels comme les toxines dans l'environnement, l'insécurité alimentaire, les difficultés de soin et de logement, la discrimination raciale. Tous ces problèmes sont réels et importants. Mais ils ne sont pas, sur la voie de la réussite scolaire, les principaux obstacles auxquels sont confrontés les enfants pauvres, et surtout les enfants très pauvres. Ces obstacles sont un foyer et un environnement qui génèrent de hauts niveaux de stress, et l'absence de relation sécurisante avec un parent qui permettrait à un enfant de gérer ce stress.

Donc, quand nous recherchons les causes de l'échec scolaire lié à la pauvreté, pourquoi avons-nous tendance à nous focaliser sur les faux coupables et à ignorer ceux dont la science nous dit qu'ils provoquent le plus de dégâts ? J'y vois trois raisons. La première est que la science elle-même n'est ni bien connue ni bien comprise, et si elle n'est pas bien comprise, c'est en partie qu'elle est difficile à comprendre. À chaque fois que vous devez employer le terme *hypothalamo-hypophyso-surrénalien* pour appuyer vos propos, le dialogue devient moins facile.

Deuxièmement, ceux qui ne vivent pas dans des foyers à bas revenu sont naturellement mal placés pour parler des dysfonctionnements familiaux de ces foyers. Il est malvenu de se montrer ouvertement critique à l'égard des pratiques éducatives d'autrui. Plus encore quand vous parlez de parents qui ne jouissent pas des mêmes avantages matériels que vous. Et si vous êtes Blanc et que les parents en question sont Afro-Américains, le niveau d'anxiété monte d'un cran des deux côtés. La conversation fait ressortir inévitablement des sujets douloureux dans la politique américaine et l'inconscient collectif.

Troisièmement, la théorie de l'adversité, dans toute sa complexité, constitue un véritable défi à certaines croyances politiques profondes, à droite comme à gauche. Pour les libéraux, la science dit que les conservateurs ont raison sur un point essentiel : *le caractère est important.* L'arme anti-pauvreté la plus précieuse que l'on peut fournir aux jeunes défavorisés, ce sont les forces de caractère que Keitha Jones, Kewauna Lerma et James Black possèdent en quantité impressionnante : un caractère consciencieux, de la détermination, de la résilience, de la persévérance et de l'optimisme.

Le problème du discours des conservateurs, c'est qu'il s'en tient souvent là : le caractère est important… point barre. La société ne peut rien faire si les pauvres ne se prennent pas en main. En attendant, nous nous en sortons bien. Nous pouvons donner des cours aux enfants pauvres, les punir s'ils ne se comportent pas comme nous leur disons de se comporter. Mais notre responsabilité ne va pas plus loin.

En fait, cette théorie suggère une réalité très différente. Elle dit que les forces de caractère qui comptent tant dans la réussite des jeunes ne sont pas innées ; elles n'apparaissent pas par magie, par chance ou comme un héritage génétique. Et elles ne sont pas non plus un choix. Elles naissent via la chimie cérébrale et sont façonnées, de manière mesurable et prévisible, par l'environnement dans lequel les enfants grandissent. Ce qui signifie que la société dans son ensemble peut influer sur le développement des plus précaires dès leur enfance. Nous savons aujourd'hui quels types d'interventions peuvent aider les enfants à développer ces forces et ces compétences, de la naissance à l'université. Les parents sont un excellent vecteur de ces interventions, mais ils ne sont pas le seul. L'aide au changement vient aussi régulièrement des travailleurs sociaux, des enseignants, des religieux, des pédiatres et des voisins. Nous pouvons nous demander si ces interventions doivent être assurées par le gouvernement, des associations, des institutions religieuses ou par les trois. Mais nous ne pouvons plus dire que nous ne pouvons rien faire.

Les partisans de cette nouvelle vision des enfants et des handicaps adossent souvent leur point de vue à un calcul économique : en tant que nation, nous devons modifier notre approche du développement de l'enfant, car nous économiserons ainsi de l'argent. Jack Shonkoff, directeur du Center on the Developing Child de Harvard, a soutenu avec force qu'un programme efficace de soutien aux parents de foyers à bas revenu dès l'enfance serait beaucoup moins coûteux et plus efficace que l'approche actuelle, qui consiste à financer plus tard des classes de remédiation et des formations professionnelles[23]. James Heckman poussa le raisonnement encore plus loin. Il calcula que, pour chaque dollar investi dans le projet, la Perry Preschool produit entre 7 et 12 dollars de bénéfices tangibles pour l'économie américaine[24].

Aussi convaincant que soit cet argument économique, ce qui pèse le plus à mes yeux en faveur de cette nouvelle vision est un argument purement personnel. Quand je passe du temps avec des jeunes qui grandissent dans une grande précarité et dans l'adversité, je ne peux m'empêcher de ressentir deux choses. J'éprouve d'abord un sentiment de colère en pensant à ce qu'ils ont déjà manqué.

Quand Kewauna évoque l'abandon qu'elle a ressenti quand elle été reléguée dans une classe WINGS où elle regardait des films en mangeant du pop-corn pendant que les autres faisaient des maths et de l'anglais, je me sens comme Elizabeth Spiegel quand elle réalisa le peu de connaissances que James Black avait acquis sur le monde en dehors des échecs : je me sens en colère pour elle. Car aujourd'hui elle doit travailler deux fois plus.

Et elle travaille *bel et bien* deux fois plus. Ce qui provoque ma seconde réaction : un mélange d'admiration et d'espoir face à ces jeunes qui font le choix difficile et souvent douloureux de suivre une autre voie, de se détourner de ce qui pouvait sembler être un destin inéluctable. James, Keitha et Kewauna – tous travaillent beaucoup plus que je ne l'ai jamais fait à l'adolescence pour se réinventer et améliorer leur vie. Chaque jour, ils se hissent un peu plus haut sur l'échelle qui les conduit vers un avenir meilleur. Nous ne pouvons pas nous contenter d'applaudir leurs efforts et d'espérer qu'un jour plus de jeunes suivront leur exemple. Ils ne sont pas arrivés seuls sur cette échelle. Ils n'y sont que parce que quelqu'un les a aidés à faire le premier pas.

Remerciements

La gratitude est l'une des sept forces de caractère que les enseignants de KIPP et de Riverdale s'efforcent d'encourager chez leurs élèves. Je suis heureux d'avoir ici l'occasion de me livrer moi-même à cet exercice. Ces quelques paragraphes ne suffiront certes jamais à remercier toutes celles et ceux qui m'ont aidé pour ce livre, mais ils me permettront néanmoins d'en citer quelques-uns.

Mes recherches doivent beaucoup à la générosité et à la sagesse de nombreux spécialistes et chercheurs, au nombre desquels James Heckman, Clancy Blair, Nadine Burke Harris et Angela Duckworth. Je leur suis particulièrement reconnaissant non seulement de m'avoir fait partager leur connaissance approfondie de leurs domaines respectifs, mais aussi de m'avoir aidé à entrevoir les liens qui dépassent les frontières académiques et scientifiques traditionnelles : les liens entre psychologie du développement et économie du travail ; entre criminologie et pédiatrie ; entre hormones du stress et réforme scolaire.

J'adresse également mes remerciements aux éducateurs qui m'ont laissé les observer en plein travail et ont pris tant de soin à expliquer le pourquoi de leur action, en particulier Elizabeth Spiegel, Jeff Nelson, David Levin, Elizabeth Dozier, Dominic Randolph, Tom Brunzell, K. C. Cohen, Michele Stefl et Lanita Reed. Steve Gates ne se voit peut-être pas comme un éducateur, mais je l'intègre dans cette catégorie ; il m'a bel et bien instruit. Ses conseils et sa générosité enrichirent le temps que je passai à Roseland.

Je suis très reconnaissant aux dizaines de jeunes de Chicago, New York et San Francisco qui me racontèrent leur histoire et répondirent à mes questions sur leur vie avec honnêteté, sagacité et élégance, en particulier Keitha Jones, Monisha Sullivan, Thomas Gaston, James Black et Kewauna Lerma.

Je remercie également tous les membres de Houghton Mifflin Harcourt qui ont permis à ce livre de voir le jour, en particulier mon éditrice, Deanne Urmy, dont les contributions sont visibles à chaque page. Je suis reconnaissant à mon agent, David McCormick, pour sa foi indéfectible dans ce projet, et à Alia Hanna Habib, pour son soutien, ses encouragements et ses conseils. Merci à Emmy Liss, pour son aide dans mes recherches ; elle m'a permis de mieux comprendre ce que signifie pour un enfant de grandir dans un milieu très défavorisé. Merci aussi à Charles William Wilson pour son travail de vérification minutieux. Je suis également reconnaissant à Katherine Bradley et à ses collègues de la CityBridge Foundation pour leur aide et leur soutien dans les débuts de mes recherches.

Je tiens aussi à remercier mes amis et collègues qui ont lu certaines épreuves et certains chapitres de mon travail et m'ont dispensé leurs conseils, notamment Matt Bai et James Forman Jr., ainsi que deux formidables éditeurs de magazine, Vera Titunik et Daniel Zalewski, grâce à qui certains de mes travaux pour ce livre parurent respectivement dans le *New York Times Magazine* et le *New Yorker*. Deux autres éditeurs se sont révélés indispensables : d'abord Joel Lovell, vers qui je me tournais invariablement quand j'étais perdu dans un chapitre et qui trouvait toujours une solution. Et ensuite Ira Glass qui, une fois le premier jet du livre terminé, me guida au fil des révisions, lisant et me conseillant sur de multiples ébauches. C'est une chance que d'avoir pu bénéficier de son regard avisé.

J'adresse enfin mes chaleureux remerciements à ma famille et à mes amis qui m'ont apporté leur soutien, leurs conseils et leur présence, notamment Susan Tough, Anne Tough, Allen Tough, Jack Hitt, Michael Pollan, Ethan Watters, Ann Clarke, Matt Klam, Kira Pollack, James Ryerson, Elana James et Ilena Silverman.

Et je remercie par-dessus tout Paula, Ellington et Georgie pour leur aide, leur soutien et leur amour. Dans les remerciements de mon dernier livre, je promettais à Paula que celui-ci serait plus facile. Il ne le fut pas. Mais elle n'en persévéra pas moins avec patience, bonne humeur et détermination. Les recherches dans lesquelles je m'immergeai m'en apprirent beaucoup sur le pouvoir de l'amour familial – mais cette connaissance n'est rien en comparaison de ce que Paula m'apprit au quotidien.

Notes bibliographiques

Introduction

1. Pour en savoir plus sur Tools of the Mind, voir Paul Tough, « Can the Right Kinds of Play Teach Self-Control ? », *New York Times Magazine,* 25 septembre 2009.

2. Garey Ramey et Valerie A. Ramey, *The Rug Rat Race* (Cambridge, MA : National Bureau of Economics Research, janvier 2010).

3. Kate Zernike, « Fast-Tracking to Kindergarten ? », *New York Times,* 13 mai 2011.

4. Carnegie Task Force on Meeting the Needs of Young Children, *Starting Points : Meeting the Needs of Our Youngest Children* (New York : Carnegie Corporation of New York, 1994).

5. Betty Hart et Todd R. Risley, *Meaningful Differences in the Everyday Experience of Young American Children* (Baltimore : Paul H. Brookes, 1995).

6. James J. Heckman, John Eric Humphries et Nicholas S. Mader, « The GED », *Handbook of the Economics of Education,* vol. 3, éd. Eric A. Hanushek *et al.* (Oxford : Elsevier, 2011), 455, figure 9.16. Pour plus d'informations sur les recherches de Heckman sur le GED, voir James J. Heckman, Jingjing Hsse et Yona Rubinstein, « The GED Is a 'Mixed Signal' : The Effect of Cognitive and Non-Cognitive Skills on Human Capital and Labor Market Outcomes », non publié, révisé en mars 2002 ; et James J. Heckman et Yona Rubinstein, « The Importance of Noncognitive Skills : Lessons from the GED Testing Program », *American Economic Review* 91, n° 2 (mai 2001).

7. Pedro Carneiro et James J. Heckman, « Human Capital Policy », *Inequality in America : What Role for Human Capital Policies ?,* éd. James J. Heckman et Alan B. Krueger (Cambridge, MA : MIT Press, 2003), 141.

8. James J. Heckman, Seong Hyeok Moon, Rodrigo Pinto, Peter A. Savelyev et Adam Yavitz, « The Rate of Return to the High/Scope Perry Preschool Program », *Journal of Public Economics* 94, nos. 1 et 2 (février 2010). Pour plus d'informations sur Perry, voir James Heckman, Lena Malofeeva, Rodrigo Pinto et Peter Savelyev, « Understanding the Mechanisms Through Which an Influential Early Childhood Program Boosted Adult Outcomes », non publié, 23 novembre 2011.

9. James Heckman, Lena Malofeeva, Rodrigo Pinto et Peter Savelyev, « Enhancements in Noncognitive Capacities Explain Most of the Effects of the Perry Preschool Program », non publié, 13 janvier 2010.

Chapitre 1 – Apprendre à échouer

1. Michael Martinez, « City's Schools Now Thinking Small », *Chicago Tribune,* 20 septembre 1996.

2. Martinez, « City's Schools. »

3. Jody Temkin, « Last-Minute Decisions Keep Fenger on Its Toes », *Catalyst Chicago,* octobre 1999.

4. Michael Martinez, « Magnet Programs to Expand in City Schools », *Chicago Tribune,* 16 mars 2001.

5. David Mendell, « City Dropouts Target of Grant », *Chicago Tribune,* 18 avril 2006.

6. Sarah Karp, « If at First You Don't Succeed . . . Turnaround and Go Big », *Catalyst Chicago,* 16 janvier 2009.

7. Mendell, « City Dropouts. »

8. Karp, « If at First » ; Sarah Karp, « Putting the Brakes on High School Transformation », *Catalyst Chicago,* April 28, 2009.

9. Sarah Karp, « Youth Murders Up, Money for School Violence Prevention in Doubt », *Catalyst Chicago,* 28 janvier 2011.

10. Vincent Felitti, « Belastungen in der Kindheit und Gesundheit im Erwachsenenalter : die Verwandlung von Gold in Blei », *Zeitschrift für Psychosomatische Medizin und Psychotherapie* 48 (2002).

11. Shanta R. Dube, *et al.*, « Childhood Abuse, Household Dysfunction, and the Risk of Attempted Suicide Throughout the Life Span », *Journal of the American Medical Association* 286, n° 24 (26 décembre 2001).

12. *Ibid.*

13. Robert Anda, « The Health and Social Impact of Growing Up with Adverse Childhood Experiences », non publié, www.acestudy.org.

14. Robert Anda, Vincent Felitti, *et al.*, « The Enduring Effects of Abuse and Related Adverse Experiences in Childhood : A Convergence of Evidence from Neurobiology and Epidemiology », *European Archives of Psychiatry and Clinical Neurosciences* 56 (2006). Pour plus d'informations sur les ACE, voir Vincent J. Felitti et Robert F. Anda, « The Relationship of Adverse Childhood Experiences to Adult Medical Disease, Psychiatric Disorders, and Sexual Behavior : Implications for Healthcare », *The Hidden Epidemic : The Impact of Early Life Trauma on Health and Disease,* éd. Ruth A. Lanius, Eric Vermetten et Clare Pain (Cambridge : Cambridge University Press, 2010) ; Valerie J. Edwards *et al.*, « The Wide-Ranging Health Outcomes of Adverse Childhood Experiences », in *Child Victimization,* éd. K. A. Kendall-Tackett et S. M. Giaromoni (Kingston, NJ : Civic Research Institute, 2005) ; et Vincent J. Felitti, Paul Jay Fink, Ralph E. Fishkin, et Robert F. Anda, « An Epidemiologic Validation of Psychoanalytic Concepts : Evidence from the Adverse Childhood Experiences (ACE) Study of Childhood Trauma and Violence », in *Trauma und Gewalt* 1 (2006).

15. Anda, Felitti *et al.*, « Enduring Effects », *op. cit.*

16. Edwards *et al.*, « Wide-Ranging Health Outcomes. »

17. Maxia Dong *et al.*, « Adverse Childhood Experiences and Self-Reported Liver Disease », *Archives of Internal Medicine* 163 (8 septembre 2003).

18. Dube *et al.*, « Childhood Abuse. »

19. Felitti et Anda, « Relationship of Adverse Childhood Experiences. »

20. Felitti *et al.*, « Epidemiologic Validation. »

21. Pour cette description de la fonction du stress, je me réfère à Robert M. Sapolsky, *Why Zebras Don't Get Ulcers* (New York : St. Martin's Press, 1994) ; Seymour Levine, « Stress : An Historical Perspective », in *Handbook of Stress and the Brain, Part 1 : The Neurobiology of Stress*, éd. T. Steckler, N. H. Kalin et J.M.H.M. Reul (Amsterdam : Elsevier, 2005) ; et Center on the Developing Child at Harvard University, *The Foundations of Lifelong Health Are Built in Early Childhood* (Cambridge, MA : Center on the Developing Child, 2010).

22. Ma connaissance des travaux de Bruce McEwen vient des conversations avec lui et de Bruce S. McEwen, « Protection and Damage from Acute and Chronic Stress », *Annals of the New York Academy of Sciences* 1032 (2004) ; Sapolsky, *Zebras Don't Get Ulcers ;* et Teresa Seeman *et al.*, « Modeling Multisystem Biological Risk in Young Adults : The Coronary Artery Risk Development in Young Adults Study », *American Journal of Human Biology* 22 (2010).

23. Seeman *et al.*, « Modeling Multisystem Biological Risk » ; et Teresa Seeman *et al.*, « Socio-Economic Differentials in Peripheral Biology : Cumulative Allostatic Load », *Annals of the New York Academy of Sciences* 1186 (2010).

24. Nadine J. Burke, Julia L. Hellman, Brandon G. Scott, Carl F. Weems, et Victor G. Carrion, « The Impact of Adverse Childhood Experiences on an Urban Pediatric Population », *Child Abuse and Neglect* 35, n° 6 (juin 2011).

25. Sara E. Rimm-Kaufman, Robert C. Pianta, et Martha J. Cox, « Teachers' Judgments of Problems in the Transition to Kindergarten », *Early Childhood Research Quarterly* 15, n° 2 (2000).

26. Janis B. Kupersmidt, Donna Bryant, et Michael T. Willoughby, « Prevalence of Aggressive Behaviors Among Preschoolers in Head Start and Community Child Care Programs », *Behavioral Disorders* 26, n° 1 (novembre 2000).

27. Center on the Developing Child at Harvard University, « Building the Brain's 'Air Traffic Control' System : How Early Experiences Shape the Development of Executive Function », document 11 (Cambridge, MA : Center on the Developing Child, février 2011).

28. Gary W. Evans et Michelle A. Schamberg, « Childhood Poverty, Chronic Stress, and Adult Working Memory », *Proceedings of the National Academy of Sciences* 106, n° 16 (2009).

29. Laurence Steinberg, « A Behavioral Scientist Looks at the Science of Adolescent Brain Development », *Brain and Cognition* 72 (2010).

30. Laurence Steinberg, « A Social Neuroscience Perspective on Adolescent Risk-Taking », *Developmental Review* 28, n° 1 (mars 2008) ; Laurence Steinberg, « A Dual Systems Model of Adolescent Risk-Taking », *Developmental Psychobiology* 52, n° 3 (avril 2010).

31. Karen M. Abram *et al.*, « Posttraumatic Stress Disorder and Trauma in Youth in Juvenile Detention », *Archives of General Psychiatry* 61 (avril 2004).

302. Roseanna Ander, Philip J. Cook, Jens Ludwig, et Harold Pollack, *Gun Violence Among School-Age Youth in Chicago* (Chicago : University of Chicago Crime Lab, 2009).

33. Dong Liu *et al.*, « Maternal Care, Hippocampal Glucocorticoid Receptors, and Hypothalamic-Pituitary-Adrenal Responses to Stress », *Science* 277, n° 5332 (12 septembre 1997).

34. Christian Caldji *et al.*, « Maternal Care During Infancy Regulates the Development of Neural Systems Mediating the Expression of Fearfulness in the Rat », *Proceedings of the National Academy of Sciences* 95, n° 9 (28 avril 1998).

35. Christian Caldji, Josie Diorio, et Michael J. Meaney, « Variations in Maternal Care in Infancy Regulate the Development of Stress Reactivity », *Biological Psychiatry* 48, n° 12 (December 15, 2 000).

36. Ian C. G. Weaver *et al.*, « Epigenetic Programming by Maternal Behavior », *Nature Neuroscience* 7, n° 8 (août 2004) ; Robert M. Sapolsky, « Mothering Style and Methylation », *Nature Neuroscience* 7, n° 8 (août 2004).

37. Patrick O. McGowan *et al.*, « Epigenetic Regulation of the Glucocorticoid Receptor in Human Brain Associates with Child Abuse », *Nature Neuroscience* 12, n° 3 (mars 2009) ; Steven E. Hyman, « How Adversity Gets Under the Skin », *Nature Neuroscience* 12, n° 3 (mars

2009) ; Hanna Hoag, « The Painted Brain : How Our Lives Colour Our Minds », *Montreal Gazette,* 18 janvier 2011.

38. Clancy Blair *et al.*, « Salivary Cortisol Mediates Effects of Poverty and Parenting on Executive Functions in Early Childhood », *Child Development* 82, n° 6 (novembre/décembre 2011).

39. Clancy Blair *et al.*, « Maternal and Child Contributions to Cortisol Response to Emotional Arousal in Young Children from Low-Income, Rural Communities », *Developmental Psychology* 44, n° 4 (2008). Voir aussi Clancy Blair, « Stress and the Development of Self-Regulation in Context », *Child Development Perspectives* 4, n° 3 (décembre 2010).

40. Gary W. Evans *et al.*, « Cumulative Risk, Maternal Responsiveness, and Allostatic Load Among Young Adolescents », *Developmental Psychology* 43, n° 2 (2007).

41. Robert Karen, *Becoming Attached : First Relationships and How They Shape Our Capacity to Love* (New York : Oxford University Press, 1998).

42. Sources : conversations avec Byron Egeland, L. Alan Sroufe et Andrew Collins, et autres chercheurs ; L. Alan Sroufe, Byron Egeland, Elizabeth A. Carlson et W. Andrew Collins, *The Development of the Person : The Minnesota Study of Risk and Adaptation from Birth to Adulthood* (New York : Guilford Press, 2005) ; L. Alan Sroufe et Daniel Siegel, « The Verdict Is In : The Case for Attachment Theory », *Psychotherapy Networker* (mars/avril 2011) ; Karen, *Becoming Attached.*

43. Sroufe *et al.*, *Development of the Person,* 132.

44. *Ibid.*, 133.

45. *Ibid.*,139-141.

46. L. Alan Sroufe, « Attachment and Development : A Prospective, Longitudinal Study from Birth to Adulthood », *Attachment and Human Development* 7, n° 4 (décembre 2005) : 357.

47. Sroufe *et al.*, *Development of the Person,* 211, 228 ; Shane Jimerson, Byron Egeland, L. Alan Sroufe et Betty Carlson, « A Prospective Longitudinal Study of High School Dropouts Examining Multiple Predictors Across Development », *Journal of School Psychology* 38, n° 6 (2 000).

48. Sroufe *et al.*, *Development of the Person,* 210 ; Jimerson *et al.*, « A Prospective Longitudinal Study. »

49. Dante Cicchetti, Fred A. Rogosch, et Sheree L. Toth, « Fostering Secure Attachment in Infants in Maltreating Families Through Preventive Interventions », *Development and Psychopathology* 18, n° 3 (2006).

50. Megan R. Gunnar, Philip A. Fisher, et l'Early Experience, Stress, and Prevention Network, « Bringing Basic Research on Early Experience and Stress Neurobiology to Bear on Preventive Interventions for Neglected and Maltreated Children », *Development and Psychopathology* 18, n° 3 (2006).

51. Mary Dozier *et al.*, « Developing Evidence-Based Interventions for Foster Children : An Example of a Randomized Clinical Trial with Infants and Toddlers », *Journal of Social Issues* 62, n° 4 (2006).

52. Kristin Bernard *et al.*, « Enhancing Attachment Organization Among Maltreated Children : Results of a Randomized Clinical Trial », *Child Development* 83, n° 2 (mars 2012).

53. Heather Mac Donald, « Chicago's Real Crime Story », *City Journal,* hiver 2010.

Chapitre 2 – Apprendre à forger le caractère

1. Jay Mathews, *Work Hard. Be Nice. : How Two Inspired Teachers Created the Most Promising Schools in America* (Chapel Hill, NC : Algonquin Books of Chapel Hill, 2009), 160.

2. Abby Goodnough, « Structure and Basics Bring South Bronx School Acclaim », *New York Times,* 20 octobre 1999.

3. New York Times : Jodi Wilgoren, « Seeking to Clone Schools of Success for the Poor », *New York Times,* 16 août 2000.

4. KIPP fait particulièrement attention aux chiffres des étudiants devenus diplômés en six ans, qui sont généralement un critère majeur dans les statistiques des diplômés d'université. Au printemps 2012, neuf ans après la date à laquelle les élèves de la promotion 2003 de la KIPP Academy étaient censés obtenir leur diplôme de fin du secondaire, deux membres de la promotion étaient encore en lice pour un

Bachelor of Arts, soit un taux de réussite de 26 %. Trois autres étudiants avaient obtenu un diplôme en deux ans. Les vingt-cinq restants n'ont pas de diplôme d'enseignement supérieur.

5. Martin E. Seligman, *Learned Optimism : How to Change Your Mind and Your Life* (New York : A. A. Knopf, 1991).

6. *Ibid.*, 44.

7. Christopher Peterson et Martin E. Seligman, *Character Strengths and Virtues : A Handbook and Classification* (Oxford : Oxford University Press, 2004), 4. 58

8. *Ibid.*, 9.

9. *Ibid.*, 15.

10. *Ibid.*, 10.

11. *Ibid.*, 4.

12. Voir notamment : Roger Rosenblatt, « Teaching Johnny to Be Good », *New York Times Magazine,* 30 avril 1995 ; Charles Helwig, Elliot Turiel, et Larry Nucci, « Character Education After the Bandwagon Has Gone », article présenté dans L. Nucci, « Developmental Perspectives and Approaches to Character Education », symposium conduit à la réunion de l'American Educational Research Association, Chicago, mars 1997.

13. Social and Character Development Research Consortium, *Efficacy of Schoolwide Programs to Promote Social and Character Development and Reduce Problem Behavior in Elementary School Children* (Washington, DC : National Center for Education Research, Institute of Education Sciences, U.S. Department of Education, 2010) ; Sarah D. Spark, « Character Education Found to Fall Short in Federal Study », *Education Week,* 21 octobre, 2010.

14. David Whitman, *Sweating the Small Stuff : Inner-City Schools and the New Paternalism* (Washington, DC : Thomas B. Fordham Institute, 2008).

15. *Ibid.*, 3.

16. Martin E. Seligman, *Flourish : A Visionary New Understanding of Happiness and Well-Being* (New York : Free Press, 2011), 103.

17. Angela Lee Duckworth et Martin E. Seligman, « Self-Discipline Outdoes IQ in Predicting Academic Performance of Adolescents », *Psychological Science* 16, n° 12 (2005).

18. Walter Mischel, « From Good Intentions to Willpower », in *The Psychology of Action : Linking Cognition and Motivation to Behavior*, éd. Peter M. Gollwitzer et John A. Burgh (New York : Guilford Press, 1996) ; Jonah Lehrer, « Don't ! », *New Yorker*, 18 mai 2009.

19. Lehrer, « Don't ! »

20. Walter Mischel, Yuichi Shoda, et Monica L. Rodriguez, « Delay of Gratification in Children », *Science* 244, n° 4907 (26 mai 1989).

21. Calvin V. Edlund, « The Effect on the Behavior of Children, as Reflected in the IQ Scores, When Reinforced After Each Correct Response », *Journal of Applied Behavior Analysis* 5, n° 3 (automne 1972).

22. Joy Clingman et Robert L. Fowler, « The Effects of Primary Reward on the I.Q. Performance of Grade-School Children as a Function of Initial I.Q. Level », *Journal of Applied Behavior Analysis* 9, n° 1 (printemps 1976).

23. Steven D. Levitt et Stephen J. Dubner, *Freakonomics : A Rogue Economist Explores the Hidden Side of Everything* (New York : HarperCollins, 2005).

24. Roland G. Fryer Jr., « Financial Incentives and Student Achievement : Evidence from Randomized Trials », *Quarterly Journal of Economics* 126 (2011) ; Roland G. Fryer, « Teacher Incentives and Student Achievement : Evidence from New York City Public Schools », NBER Working Paper 16850 (Cambridge, MA : National Bureau of Economic Research, mars 2011) ; Roland G. Fryer Jr., « Aligning Student, Parent, and Teacher Incentives : Evidence from Houston Public Schools », NBER Working Paper 17752 (Cambridge, MA : National Bureau of Economic Research, janvier 2012) ; Amanda Ripley, « Should Kids Be Bribed to Do Well in School ? », *Time* (8 avril 2010) ; Elizabeth Green, « Study : $75M Teacher Pay Initiative Did Not Improve Achievement », *Gotham Schools* (7 mars 2011).

25. Carmit Segal, « Working When No One Is Watching : Motivation, Test Scores, and Economic Success », *Management Science,* 58(8), 2012, *1438-1457.*

26. Voir par ex. « Introduction : Personality and Industrial and Organizational Psychology », in *Personality Psychology in the Workplace,* éd. Brent W. Roberts et Robert Hogan (Washington, DC : American Psychological Association, 2001) ; et Robert Hogan, *Personality and the Fate of Organizations* (Mahwah, NJ : Lawrence Erlbaum Associates, 2007).

27. Brent W. Roberts *et al.*, « The Power of Personality : The Comparative Validity of Personality Traits, Socioeconomic Status, and Cognitive Ability for Predicting Important Life Outcomes », *Perspectives on Psychological Science* 2 (2007) ; Angela Lee Duckworth et Kelly M. Allred, « Temperament in the Classroom », in *Handbook of Temperament,* éd. R. L. Shiner et M. Zentner (New York : Guilford Press, sous presse).

28. Samuel Bowles et Herbert Gintis, *Schooling in Capitalist America : Educational Reform and the Contradictions of Economic Life* (New York : Basic Books, 1976).

29. *Ibid.*, 130.

30. *Ibid.*, 135.

31. *Ibid.*, 137-138.

32. Peterson et Seligman, *Character Strengths and Virtues*, 515.

33. Tera D. Letzring, Jack Block, et David C. Funder, « Ego-Control and Ego-Resiliency : Generalization of Self-Report Scales Based on Personality Descriptions from Acquaintances, Clinicians, and the Self », *Journal of Research in Personality* 39, n° 4 (août 2005).

34. Terrie E. Moffitt *et al.*, « A Gradient of Childhood Self-Control Predicts Health, Wealth, and Public Safety », *Proceedings of the National Academy of Science* 108, n° 7 (février 2011). Voir aussi Paul Solman, « Self-Controlled Kids Prosper as Adults : 'Fatalistically Depressing' ? », *PBS NewsHour,* 13 juin 2011.

35. Angela Lee Duckworth et Patrick D. Quinn, « Development and Validation of the Short Grit Scale (Grit-S) », *Journal of Personality Assess-*

ment 91, nº 2 (2009) ; et Angela L. Duckworth, Christopher Peterson, Michael D. Matthews, et Dennis R. Kelly, « Grit : Perseverance and Passion for Long-Term Goals », *Journal of Personality and Social Psychology* 92, nº 6 (2007).

36. Character Education Partnership, *Performance Values : Why They Matter and What Schools Can Do to Foster Their Development* (Washington, DC : Character Education Partnership, avril 2008).

37. Madeline Levine, *The Price of Privilege : How Parental Pressure and Material Advantage Are Creating a Generation of Disconnected and Unhappy Kids* (New York : HarperCollins, 2006), 21.

38. *Ibid.*, 30.

39. Suniya S. Luthar et Chris C. Sexton, « The High Price of Affluence », in *Advances in Child Development,* vol. 32, ed. R. V. Kail (San Diego : Academic Press, 2004), 143 ; Suniya S. Luthar et Karen D'Avanzo, « Contextual Factors in Substance Use : A Study of Suburban and Inner-City Adolescents », *Development and Psychopathology* 11, nº 4 (1999).

40. Luthar et Sexton, « High Price of Affluence », 134.

41. Suniya S. Luthar et Shawn J. Latendresse, « Children of the Affluent : Challenges to Well-Being », *Current Directions in Psychological Science* 14, nº 1 (février 2005):51.

42. Luthar et Sexton, « High Price of Affluence », 135.

43. Dan Kindlon, *Too Much of a Good Thing : Raising Children of Character in an Indulgent Age* (New York : Hyperion, 2001), 10.

44. *Ibid.*, 18, 246.

45. Whitman, *Sweating the Small Stuff,* 3.

46. Mathews, *Work Hard,* 214.

47. Tom Brunzell, « Ka-boom ! Confronting Student Resistance at the Moment of Impact : A Case Study of KIPP Infinity Charter School », thèse non publiée (December 2006), 1.

48. *Ibid.*, 20.

49. Seligman, *Learned Optimism* (2ᵉ éd.), page ix.

50. Angela Lee Duckworth, Teri Kirby, Gabriele Oettingen, et Anton Gollwitzer, « Mental Contrasting with Implementation Intentions Improves Academic Performance among Economically Disadvantaged Children », *Journal of Applied Developmental Psychology* (s.d.s.p.).

51. *Ibid.*, 7.

52. David A. Kessler, *The End of Overeating: Taking Control of the Insatiable American Appetite* (New York: Rodale, 2009), 190.

53. Jeff Stone, Christian I. Lynch, Mike Sjomeling, et John M. Darley, « Stereotype Threat Effects on Black and White Athletic Performance », *Journal of Personality and Social Psychology* 77, n° 6 (décembre 1999).

54. Claude Steele, *Whistling Vivaldi: And Other Clues to How Stereotypes Affect Us* (New York: W. W. Norton, 2010), 99.

55. Voir par ex. Joshua Aronson, Carrie B. Fried, et Catherine Good, « Reducing the Effects of Stereotype Threat on African American College Students by Shaping Theories of Intelligence », *Journal of Experimental Social Psychology* 38, n° 2 (mars 2002).

56. Carol S. Dweck, *Mindset: The New Psychology of Success* (New York: Ballantine Books, 2008).

57. Lisa S. Blackwell, Kali H. Trzesniewski, et Carol S. Dweck, « Implicit Theories of Intelligence Predict Achievement across an Adolescent Transition: A Longitudinal Study and an Intervention », *Child Development* 78, n° 1 (janvier/février 2007) : 251.

58. Catherine Good, Joshua Aronson, et Michael Inzlicht, « Improving Adolescents' Standardized Test Performance: An Intervention to Reduce the Effects of Stereotype Threat », *Applied Developmental Psychology* 24, n° 6 (décembre 2003).

Chapitre 3 – Apprendre à réfléchir

1. Dylan Loeb McClain, « For School, National Chess Champions in 3 Grades », *New York Times,* 20 décembre 2008.

2. Mark Jacobson, « Mr. Times and His Knights of the Square Table », *New York,* 21 mai 2005.

3. National K–12 Championships 2010, site de la Fédération américaine des échecs ; voir http://www.uschess.org/tournaments/2010/k12/?page=RESULTS

4. Bruce Weber, « Swift and Slashing, Computer Topples Kasparov », *New York Times,* 12 mai, 1997.

5. Steven Levy, « Man vs. Machine », *Newsweek,* 5 mai 1997.

6. Weber, « Swift and Slashing. »

7. Jonathan Levitt, *Genius in Chess : Discover and Develop Your Chess Talent* (Seattle : International Chess Enterprises, 1997), 40.

8. Jonathan Rowson, « Beyond the Illusion of 'Talent,' » *New in Chess,* juin 2009.

9. Jonathan Rowson, *The Seven Deadly Chess Sins* (Londres : Gambit Publications, 2 000), 16.

10. *Ibid.*,17.

11. Elizabeth Vicary, « North American Open Round Two : Why Am I Such a Huge Baby ? », Blog d'Elizabeth Vicary, 31 décembre 2007, http:// lizzyknowsall.blogspot.com/2007/12/north-american-open-round-two-why-am-i.html. (Vicary est le nom de jeune fille d'Elizabeth Spiegel. Elle se maria en 2011).

12. Elizabeth Vicary, « I Hate Myself », blog d'Elizabeth Vicary, 13 juillet 2008, http://lizzyknowsall.blogspot.com/2008/07/i-hate-yself.html.

13. Elizabeth Vicary, « My Weekend : A Date, a Saturday Tournament, the Bus to Saratoga Springs », blog d'Elizabeth Vicary, 2 mars 2009, http://lizzyknowsall.blogspot. com/2009/03/my-weekend-date-saturday-tournament-bus.html.

14. Elizabeth Vicary, « Thoughts on Girls, High School Nationals », blog d'Elizabeth Vicary, 20 avril 2010, http://lizzyknowsall.blogspot.com/2010/04/thoughts-on-girls-high-school-nationals.html.

15. Dylan Loeb McClain, « One Move Ahead of Opponents, and Two Ahead of Trouble », *New York Times* City Room Blog, 28 juin 2011.

16. Aaron et Claire Summerscale, *Interview with a Grandmaster* (Londres : Everyman Chess, 2001), 126.

17. Matan Prilleltensky, « Choosing to Break 2 200 », *Chess Life Online*, 15 janvier 2011.

18. Aaron et Claire Summerscale, *Interview*, 128.

19. Malcolm Gladwell, *Outliers : The Story of Success* (Boston : Little, Brown and Company, 2008).

20. K. Anders Ericsson, Ralf Th. Krampe, et Clemens Tesch-Romer, « The Role of Deliberate Practice in the Acquisition of Expert Performance », *Psychological Review* 100, n° 3 (1993).

21. « The Grandmaster Experiment », *Psychology Today*, 1er juillet 2005.

22. David Shenk, *The Immortal Game : A History of Chess* (New York : Anchor Books, 2007), 132.

23. Fred Waitzkin, « A Father's Pawn », *New York Times Magazine*, 13 mai 1990.

24. Dylan Loeb McClain, « A Chess Master Returns Older, and Maybe Wiser », *New York Times*, 27 janvier 2008.

25. Mihaly Csikszentmihalyi, *Flow : The Psychology of Optimal Experience* (New York : Harper and Row, 1990), 3.

26. *Ibid.*

27. *Ibid.*, 53-54.

28. Robert M. Sapolsky, *Why Zebras Don't Get Ulcers* (New York : St. Martin's Press, 1994), 419–420.

29. Ma connaissance des recherches de Binet sur les échecs viennent de Shenk, *Immortal Game ;* Philip E. Ross, « The Expert Mind », *Scientific American*, août 2006 ; Adriaan D. de Groot, *Thought and Choice in Chess* (Amsterdam : Amsterdam Academic Archive, 2008).

30. Shenk, *Immortal Game*, 127.

31. Ross, « The Expert Mind. »

32. Michelle Cowley et Ruth M. J. Byrne, « When Falsification Is the Only Path to Truth », non publié, 2004.

33. Michelle Cowley et Ruth M. J. Byrne, « Chess Masters' Hypothesis Testing », non publié, 2004.

34. *Ibid.* ; Mark Peplow, « Science Secret of Grand Masters Revealed », *Nature,* 6 août 2004 ; Jonathan Rowson, *Chess for Zebras : Thinking Differently about Black and White* (Londres : Gambit Publications, 2005), 35-36.

35. Elizabeth Vicary, « A Game That Made Me Cry », blog d'Elizabeth Vicary, 3 mai 2011, http://lizzyknowsall. blogspot.com/2011/05/game-that-made-me-cry.html.

36. Elizabeth Vicary, « James Black's Master Celebration Party », blog d'Elizabeth Vicary, 5 septembre 2011, http://lizzyknowsall.blogspot.com/2011/09/james-blacks-master-celebration-party.html.

Chapitre 4 – Apprendre à réussir

1. OCDE, *Regards sur l'éducation : indicateurs OCDE 1995* (Paris : Centre pour la recherche et l'Innovation dans l'enseignement de l'OCDE), 20.

2. *Ibid.*, 40, tableau A1.3a, diplômes tertiaires de type A. (Ces chiffres, les plus récents, datent de 2009. Les États-Unis arrivent en douzième position avec le Japon dans cette catégorie.)

3. *Ibid.*, 69, table A3.2.

4. « Percent of People 25 Years and Over Who Have Completed High School or College, by Race, Hispanic Origin and Sex : Selected Years 1940 to 2010 », U.S. Census Bureau, Current Population Survey, Educational Attainment, table A-2, http://www.census.gov/hhes/socdemo/education/data/cps/historical/index.html.

5. William G. Bowen, Matthew M. Chingos, et Michael S. McPherson, *Crossing the Finish Line : Completing College at America's Public Universities* (Princeton, NJ : Princeton University Press, 2009), 27. D'aurtes chercheurs pensent que les taux de réussite à l'université ont augmenté chez les étudiants défavorisés, bien que plus lentement que chez les étudiants issus de milieux favorisés. Voir par ex. Martha J. Bailey et Susan M. Dynarski, « Gains and Gaps : Changing Inequality in U.S. College Entry and Completion », NBER Working Paper 17633

(Cambridge, MA : National Bureau of Economic Research, décembre 2011).

6. Claudia Goldin et Lawrence Katz, *The Race Between Education and Technology* (Cambridge, MA : Harvard University Press, 2008), 248.

7. *Ibid.*, 289-290. 149

8. David Leonhardt, « The College Dropout Boom », *New York Times,* 24 mai 2005 ; Sarah Turner, « Going to College and Finishing College : Explaining Different Educational Outcomes », in *College Choices : The Economics of Where to Go, When to Go, and How to Pay for It,* ed. Caroline M. Hoxby (Chicago : University of Chicago Press, 2004), 14 ; et Tamar Lewin, « Once a Leader, U.S. Lags in College Degrees », *New York Times,* 23 juillet 2010.

9. OCDE, *Regards sur l'éducation : indicateurs OCDE 2011,* 316, table C2.1.

10. OCDE, *Regards sur l'éducation : indicateurs OCDE 2008*, 96, chart A4.2 ; 92, chart A4.1.

11. David Leonhardt, « Even for Cashiers, College Pays Off », *New York Times,* June 25, 2011.

12. OCDE, *Regards sur l'éducation : indicateurs 2011,* 150, tableau A8.2a.

13. Goldin et Katz, *The Race,* 290, figure 8.1.

14. Leonhardt, « Even for Cashiers. »

15. Goldin et Katz, *The Race,* 325.

16. David Leonhardt, « Colleges Are Failing in Graduation Rates », *New York Times,* 9 septembre 2009.

17. Charles Murray, *Real Education : Four Simple Truths for Bringing America's Schools Back to Reality* (New York : Crown Forum, 2008), 11.

18. *Ibid.*, 12.

19. Bowen, Chingos et McPherson, *Finish Line,* 104, 110.

20. *Ibid.*, 113.

21. Nicholas Lemann, *The Big Test : The Secret History of the American Meritocracy* (New York : Farrar, Straus and Giroux, 2 000).

22. Bowen, Chingos et McPherson, *Finish Line,* 122.

23. *Ibid.*

24. Angela Duckworth, Patrick Quinn, et Eli Tsukayama, « What No Child Left Behind Leaves Behind : The Roles of IQ and Self-Control in Predicting Standardized Achievement Test Scores and Report Card Grades », *Journal of Educational Psychology,* mai 2012, 104(2) : 439-451.

25. Bowen, Chingos, et McPherson, *Finish Line,* 123.

26. Alex Kotlowitz, *There Are No Children Here : The Story of Two Boys Growing Up in the Other America* (New York : Anchor Books, 1991).

27. Jonathan Kozol, *Savage Inequalities : Children in America's Schools* (New York : Crown Publishers, 1991), 67.

28. *Ibid.*, 68.

29. Jodi S. Cohen et Darnell Little, « Of 100 Chicago Public School Freshmen, Six Will Get a College Degree », *Chicago Tribune,* 21 avril 2006. Après la publication de l'article de la *Tribune,* le rapport du consortium fut remis à jour, annonçant que huit élèves en première année de lycée à Chicago sur cent sortiraient diplômés de l'université, et non six sur cent.

30. Melissa Roderick, Jenny Nagaoka, et Elaine M. Allensworth, *From High School to the Future* (Chicago : Consortium on Chicago Schools Research, 2006).

31. Cohen et Little, « Of 100 Chicago Public School Freshmen, Six Will Get a College Degree » ; Roderick, Nagaoka, et Allensworth, *From High School to the Future ;* échange de mails avec Emily Krone du Consortium on Chicago Schools Research. L'article de la *Tribune* montre que les chances sont de un sur quarante ; ce chiffre fut modifié lors de la mise à jour du rapport.

32. Melissa Roderick, *Closing the Aspirations-Attainment Gap : Implications for High School Reform* (New York : MDRC, avril 2006), 25.

33. *Ibid.*, 26.

34. *Ibid.*, 22-23.

35. *Ibid.*, 3.

36. Pam Belluck, « Razing the Slums to Rescue the Residents », *New York Times,* 6 septembre 1998.

37. William Julius Wilson, *The Truly Disadvantaged* (Chicago : University of Chicago Press, 1987), 25.

38. Rosalind Rossi, « CPS High School ACT Scores Go Down and They Go Up », *Chicago Tribune,* 3 novembre 2011.

39. Murray, *Real Education,* 67, 75.

40. *Ibid.*, 104.

41. *Ibid.*, 44.

42. Philip Babcock et Mindy Marks, « Leisure College, USA : The Decline in Student Study Time », *AEI Education Outlook* (Washington, DC : American Enterprise Institute for Public Policy Research, août 2010) ; Philip Babcock et Mindy Marks, « The Falling Time Cost of College : Evidence from Half a Century of Time Use Data », non publié (24 mars 2010).

43. Steven Brint et Allison M. Cantwell, *Undergraduate Time Use and Academic Outcomes : Results from UCUES 2006* (Berkeley, CA : Research and Occasional Paper Series, Center for Students in Higher Education, University of California, Berkeley, octobre 2008).

Chapitre 5 – Une autre voie

1. Paul Tough, « What If the Secret to Success Is Failure ? », *New York Times Magazine,* 18 septembre 2011.

2. http://community.nytimes.com/comments/www.nytimes.com/2011/09/18/magazine/what–if-the-secret-to-success-is-failure.html?permid=141#comment141.

3. « 'You've Got to Find What You Love,' Jobs Says », *Stanford Report,* 14 juin 2005.

4. Paul Kedrosky et Dane Stangler, *Financialization and Its Entrepreneurial Consequences* (Kansas City, MO : Kauffman Foundation Research Series, mars 2011).

5. Catherine Rampell, « Out of Harvard, and Into Finance », *New York Times* Economix blog, 21 décembre 2011.

6. James Kwak, « Why Do Harvard Kids Head to Wall Street? », blog Baseline Scenario, 4 mai 2010, http://baselinescenario.com/2010/05/04/why-do-harvard-%20kids-head-to-wall-street/

7. Marina Keegan, « Another View : The Science and Strategy of College Recruiting », blog DealBook du *New York Times*, 9 novembre 2011.

8. « September 22-25, 2011, Omnibus », Pew Research Center.

9. Carmen De Navas-Walt, Bernadette D. Proctor, et Jessica C. Smith, U.S. Census Bureau, Current Population Reports, *Income, Poverty, and Health Insurance Coverage in the United States : 2010* (Washington, DC : U.S. Government Printing Office, 2011), 14, figure 4.

10. « Poverty Among Children », Congressional Budget Office, 3 décembre 1984 ; DeNavas-Walt, Proctor, et Smith, *Income, Poverty*, 17, figure 4.

11. Richard J. Herrnstein et Charles Murray, *The Bell Curve : Intelligence and Class Structure in American Life* (New York : Free Press, 1994). Voir aussi James J. Heckman, « Lessons from the Bell Curve », *Journal of Political Economy* 103, n° 5 (1995).

12. Sean F. Reardon, « The Widening Achievement Gap Between the Rich and the Poor », in *Whither Opportunity?*, éd. Greg Duncan and Richard Murnane (New York : Russell Sage, 2011). Voir aussi Sabrina Tavernise, « Education Gap Grows Between Rich and Poor, Studies Say », *New York Times*, 9 février 2012.

13. Steven Brill raconte comment le mouvement pour la réforme de l'éducation s'est concentré sur la qualité des enseignants dans Steven Brill, *Class Warfare : Inside the Fight to Fix America's Schools* (New York : Simon and Schuster, 2011).

14. William L. Sanders et June C. Rivers, *Cumulative and Residual Effects of Teachers on Future Student Academic Achievement* (Knoxville : University of Tennessee Value-Added Research and Assessment Center, novembre 1996) ; William L. Sanders et Sandra Horn, « Research Findings from the Tennessee Value-Added Assessment System (TVAAS) Database : Implications for Educational Evalua-

tion and Research», *Journal of Personnel Evaluation in Education* 12, n° 3 (1998); Heather R. Jordan, Robert L. Mendro, et Dash Weerasinghe, *Teacher Effects on Longitudinal Student Achievement: A Report on Research in Progress* (Dallas: Dallas Public Schools, July 1997); Kati Haycock, «Good Teaching Matters... a Lot», *Thinking K–16* 3, n° 2 (été 1998); Eric A. Hanushek, John F. Kain, et Steven G. Rivkin, «Teachers, Schools, and Academic Achievement», NBER Working Paper 6691 (Cambridge, MA: National Bureau of Economic Research, août 1998); Eric A. Hanushek, «Efficiency and Equity in Education», *NBER Reporter* (printemps 2001); Robert Gordon, Thomas J. Kane, et Douglas O. Staiger, *Identifying Effective Teachers Using Performance on the Job,* Hamilton Project White Paper 2006-01 (Washington, DC: Brookings, 2006).

15. Voir par ex. Michael Marder, «Visualizing Educational Data», non publié, Department of Physics, université du Texas à Austin, 9 février 2011; et Michael Marder, «Failure of U.S. Public Secondary Schools in Mathematics: Poverty Is a More Important Cause than Teacher Quality», non publié, 2011.

16. Hanushek, Kain, et Rivkin, «Teachers, Schools»; Eric Eide, Dan Goldhaber, et Dominic Brewer, «The Teacher Labour Market and Teacher Quality», *Oxford Review of Economic Policy* 20, n° 2 (été 2004): 232.

17. United States Department of Agriculture Food and Nutrition Service, *National School Lunch Program Fact Sheet* (Washington, DC, octobre 2011).

18. Bureau du recensement américain, sondage actuel, *2011 Annual Social and Economic Supplement,* http://www.census.gov/hhes/www/cpstables/032011/pov/ new01_185_01.htm.

19. Au printemps 2012, 87 % des élèves des écoles publiques de Chicago venaient de foyers à bas revenu, selon les normes de l'éducation fédérale. Page «Stats and facts», site Internet des écoles publiques de Chicago, http://www.cps.edu/about_cps/at-a-glance/pages/ stats_and_facts.aspx.

20. DeNavas-Walt, Proctor et Smith, *Income, Poverty,* 19, tableau 6.

21. *Ibid.*, 61. Voir aussi Hope Yen et Laura Wides-Munoz, « Poorest Poor in US Hits New Record : 1 in 15 People », Associated Press, 3 novembre 2011.

22. DeNavas-Walt, Proctor, et Smith, *Income, Poverty,* 19, tableau 6.

23. Voir, par ex., le discours de Jack Shonkoff au NBC News Education Nation Summit, 26 septembre 2011, http://developingchild.harvard.edu/index.php/ resources/multimedia/lectures_and_presentations/education_na-tion/.

24. James J. Heckman, Seong Hyeok Moon, Rodrigo Pinto, Peter A. Savelyev, et Adam Yavitz, « The Rate of Return to the High/Scope Perry Preschool Program », *Journal of Public Economics* 94, n°s 1 et 2 (février 2010).

Achevé d'imprimé en juillet 2014
sur les presses de La Tipografica Varese S.p.A. en Italie.
Dépôt légal : août 2014
1311111 / 01
978-2-501-09554-9